国家社科基金青年项目（批准号：11CSH029）

社会认同视域下征地拆迁矛盾化解机制研究

周爱民 著

中国社会科学出版社

图书在版编目(CIP)数据

社会认同视域下征地拆迁矛盾化解机制研究/周爱民著.—北京：中国社会科学出版社，2016.6
ISBN 978 - 7 - 5161 - 8373 - 1

Ⅰ.①社… Ⅱ.①周… Ⅲ.①土地征用—民事纠纷—处理—研究—中国②房屋拆迁—民事纠纷—处理—研究—中国 Ⅳ.①D922.394②D922.181.4

中国版本图书馆 CIP 数据核字(2016)第 133310 号

出 版 人	赵剑英
选题策划	刘 艳
责任编辑	刘 艳
责任校对	陈 晨
责任印制	戴 宽

出 版	中国社会科学出版社
社 址	北京鼓楼西大街甲 158 号
邮 编	100720
网 址	http://www.csspw.cn
发 行 部	010 - 84083685
门 市 部	010 - 84029450
经 销	新华书店及其他书店

印 刷	北京明恒达印务有限公司
装 订	廊坊市广阳区广增装订厂
版 次	2016 年 6 月第 1 版
印 次	2016 年 6 月第 1 次印刷

开 本	710×1000 1/16
印 张	14.5
插 页	2
字 数	245 千字
定 价	56.00 元

凡购买中国社会科学出版社图书，如有质量问题请与本社营销中心联系调换
电话：010 - 84083683
版权所有 侵权必究

序

十几年来，征地拆迁中暴露了大量社会矛盾，这不仅是新闻媒体关注的热门话题，而且也成为社会学界高度重视的重要课题。大量的媒体报道和社会学调查表明，征地拆迁中包含了尖锐的群体利益冲突，严重的政府、市场和社会之间的矛盾，以及制度安排欠缺和政策执行不当等各种严重问题。很多学者针对这些问题开展了大量实地调查，从利益分割、权力关系和政策与制度等方面开展了广泛研究，并提出了一些具有一定程度可行性的对策建议，对于化解社会矛盾、稳定社会秩序起到了积极作用。然而，从已有的研究成果可以发现，如何对征地拆迁中直接呈现出来的社会矛盾作进一步研究，特别是在错综复杂的事件演化中揭示各方的价值分歧和认同共识，是一个比较明显的薄弱环节。

周爱民的这本著作《社会认同视域下征地拆迁矛盾化解机制研究》，针对征地拆迁中的社会认同问题开展了深入分析，是一部研究视角和论述内容都富有新意的学术成果。本书不仅对地方政府、房地产开发商和被拆迁群体之间的利益纠纷、权利瓜葛和制度政策安排等十分复杂的可见事实作出了充分论述，而且更重要的是深入揭示了各方在征地拆迁事件中的价值立场、观点分歧、认同取向，论述了认同分化的根据、意见沟通的途径和共识达成的机制。这种把征地拆迁事件的外在客观性与内在主观性结合起来，物质利益的纷争与价值理想的诉求统一起来开展的研究，具有十分重要的实践意义和学术价值。

如同作者指出的那样，征地拆迁包含了十分复杂的社会矛盾，必须从综合性视角开展深入分析，才能对之发生的缘起、演化的过程和形成的结局作出符合实际的研究。应当承认，很多关于征地拆迁事件的对抗冲突、曲折历程、严重后果以及调节模式的研究均有其可取之处，对于了解这种不断发生的群体事件中的社会分化、分配不公、政策制度安排不当等问题都有重要参考价值。然而，仅仅开展这些研究还有一定的局限性。无论是被拆迁户还是房地产开发商，也无论是政府官员还是居民百姓，对征地拆迁的定价标准、权益划分、是非判断和认同赞成，都具有由己出发、区别对方甚至排斥他人的问题。并且，这些主要表现为主观性的因素，实在难以找到不容置疑的标准，只有在对话沟通中才能形成共识、达成一致。因此，关注心理、精神或价值的主观性，对于征地拆迁研究必不可少。

注重社会事实中的思想观念、价值取向和精神要求，这本是社会学研究的基本视角或基本内容，因为只有开展这方面的研究才能把社会真正当成人的社会去观察和思考。然而，令人遗憾的是，在很多社会学研究中，这个不可或缺的视角与内容却被狭隘的实证原则剔除了。但凡排斥对社会事实开展主观性观察与思考的研究，似乎都坚持了迪尔凯姆提出的"要把社会事实当作物去研究"的实证原则。其实，排斥对社会事实的主观性研究，是对迪尔凯姆的一种误解。"把社会事实当作物"的主张，其前提判断恰恰是："社会事实不是物，而是人！"因此，迪尔凯姆才提出"把社会事实当作物"去研究的主张。迪尔凯姆主张的实质是坚持观察思考的客观原则，而在这个原则下，他对集体表象、宗教情节、自杀心理和价值信念等主观性问题开展了大量研究。

面对中国社会问题，社会学研究就更应该注重主观性研究，而不应当仅仅关注社会问题的客观方面。费孝通晚年高度重视这个问题，他一再告诫中国社会学界，社会学研究不仅要重视客观描述，也要注重主观理解；既要坚持科学精神，也要坚持价值原则；既要研究外在社会现象，也要思考内在精神世界。这些是费孝通积一生社会学研究之经验，同时也是对中国文化传统、思维方式、行为方式和生活方式的深刻理解而做出的深刻论述，是对中国社会学界的谆谆嘱托。费孝通的这些主张，不仅切合中国社会的本土特点，而且也切中中国社会学研究的弊端。

如果从当代中国社会的一系列重大变迁来看，重视主观性的研究就更加必要。改革开放、发展市场经济，让一部分人先富起来，不仅提高了生产力、创造了巨大物质财富，同时也带来了社会分化、利益分割、价值分裂和信念冲突。这些问题在诸如征地拆迁等直接关系百姓生活、市场效益和政府权力的社会事件中，表现得就更为复杂。尤其是同近年快速发展的社会生活网络化联系起来，这些问题就变得更加尖锐。微信、微博和短信等灵活多样的网络沟通形式，为广大社会成员提供了十分便捷的信息浏览、观念沟通和意见表达的手段与途径，并为各种层面的社会生活或社会问题注入了空前丰富的精神因素，思想观念、价值信念和意愿诉求等主观性，在社会生活特别是群体事件中扮演了更加重要的角色。因此，在社会学研究中就更应当重视主观性因素或主观性问题。

周爱民在社会认同视角中对征地拆迁问题的研究，是在新形势下开展重视社会生活主观性的社会学研究的一项可贵探索，具有重要的学术价值和实践意义。虽然书中论及的一些社会问题和思想观点还可进一步深化或展开，但此种观察问题的视角和研究方式，已经为克服社会学研究中的仅仅关注客观性的局限做出了积极努力。书中关于征地拆迁的事实考察和矛盾分析，也为从事相近领域的社会研究和社会管理提供了有益的参考。

刘少杰
2015 年中秋节于长春

（作者系中国人民大学社会学理论与研究方法中心教授、博士生导师，中国社会学理论社会学副会长兼秘书长）

目 录

第一章 导论 …………………………………………………… (1)
  第一节 问题的提出及研究意义 ………………………………… (1)
    一 问题的提出 ……………………………………………… (1)
    二 研究的意义 ……………………………………………… (4)
  第二节 研究的主要内容 ………………………………………… (5)
  第三节 研究方法和研究设计 …………………………………… (7)
    一 研究方法 ………………………………………………… (7)
    二 研究设计 ………………………………………………… (8)
  第四节 研究的不足之处 ………………………………………… (14)

第二章 社会认同理论对征地拆迁的启示：相关文献综述 ……… (15)
  第一节 西方学者关于社会认同的研究 ………………………… (15)
    一 心理学（社会心理学）的研究 ………………………… (15)
    二 社会学的研究 …………………………………………… (22)
    三 小结 ……………………………………………………… (26)
  第二节 国内关于社会认同的研究 ……………………………… (26)
    一 心理学（社会心理学）的研究 ………………………… (26)
    二 社会学的研究 …………………………………………… (28)
    三 小结 ……………………………………………………… (31)
  第三节 征地拆迁矛盾与社会认同的关系研究 ………………… (32)
    一 社会认同理论与征地拆迁矛盾 ………………………… (32)

二　乡村社会的解体与征地拆迁矛盾的扩大…………………（38）

第三章　征地拆迁中的归类认同与意义沟通……………………（40）
　第一节　强制式征地拆迁：弱者身份的建构…………………（41）
　第二节　共议式征地拆迁：多元参与的建构…………………（45）
　第三节　征地拆迁中的不同归类与意义沟通…………………（50）

第四章　征地拆迁中的利益比较认同……………………………（52）
　第一节　经济补偿标准制定的分析……………………………（53）
　第二节　经济补偿的纵向比较分析……………………………（55）
　第三节　经济补偿的横向比较分析……………………………（58）

第五章　征地拆迁中的共享"意义"认同………………………（63）
　第一节　征地拆迁中共享"意义"的建构……………………（64）
　第二节　征地拆迁中共享"意义"的内容……………………（68）
　　一　征地拆迁中社会保障的认同……………………………（69）
　　二　征地拆迁中社会文化的认同……………………………（72）
　　三　征地拆迁中社会地域的认同……………………………（74）

第六章　征地拆迁中不同群体社会认同的实证研究……………（77）
　第一节　征地拆迁的社会认同模型分析………………………（77）
　　一　变量及测量说明…………………………………………（79）
　　二　征地拆迁认同模型的检验………………………………（80）
　第二节　不同群体对征地拆迁的影响评价……………………（82）
　　一　征地拆迁的整体影响评价………………………………（82）
　　二　征地拆迁的经济补偿评价………………………………（87）
　　三　征地拆迁的政策法规评价………………………………（90）
　　四　征地拆迁的政治维稳评价………………………………（93）
　　五　征地拆迁的社会效益评价………………………………（95）

第七章　讨论与结论……………………………………………（98）
第一节　"自上而下"：城市化认同的建构……………………（98）
第二节　"自下而上"：社会参与认同的建构…………………（101）
第三节　"上下联动"：制度认同的建构………………………（105）

第八章　化解征地拆迁矛盾的政策建议…………………………（107）
第一节　创新征地拆迁矛盾的化解机制………………………（108）
  一　构建平等的公民参与机制…………………………………（108）
  二　构建科学的价格评估机制…………………………………（109）
  三　构建畅通的利益诉求机制…………………………………（111）
  四　构建公正的利益协调机制…………………………………（114）
  五　构建完善的社会保障机制…………………………………（115）
  六　构建透明的社会监督机制…………………………………（116）
第二节　化解征地拆迁矛盾的路径选择………………………（118）
  一　区分不同角色特点，构建身份认同………………………（119）
  二　加强公共设施建设，构建社区认同………………………（121）
  三　促进失地农民就业，构建城市认同………………………（122）
  四　重构社会支持网，构建心理认同…………………………（123）
  五　健全法规制度，构建制度认同……………………………（126）
  六　完善社会保障体系，建构经济认同………………………（129）

附录……………………………………………………………………（134）
附录1　调查问卷…………………………………………………（134）
附录2　政府工作人员访谈提纲…………………………………（147）
附录3　访谈对象…………………………………………………（149）
附录4　国土资源部关于进一步做好征地管理工作的通知……（151）
附录5　国有土地上房屋征收与补偿条例………………………（156）
附录6　中华人民共和国征地拆迁补偿暂行条例………………（163）
附录7　最高人民法院关于坚决防止土地征收、房屋拆迁
    　强制执行引发恶性事件的紧急通知………………（172）

附录8　湖南省最新土地征收补偿标准……………………（175）
　　附录9　湖南省部分市县征地拆迁补偿条例………………（180）

参考文献 ……………………………………………………（209）

后记 …………………………………………………………（218）

图目录

图1—1 征地拆迁矛盾化解机制研究框架图 …………………（6）
图5—1 社会认同产生的时空背景 ……………………………（64）
图6—1 征地拆迁社会认同模型 ………………………………（78）

表目录

表 1—1	问卷基本情况	(11)
表 1—2	政府工作人员问卷基本情况（N = 133）	(12)
表 1—3	居民问卷基本情况（N = 407）	(13)
表 3—1	征地拆迁模式与社会认同的关系	(49)
表 6—1	征地拆迁的社会认同变量特征及测量	(79)
表 6—2	社会认同与自我归类、社会比较和城市化意义的多元回归模型分析（OLS）	(80)
表 6—3	社会认同与诸多变量之间的逐步回归分析结果（OLS）	(81)
表 6—4	不同群体对征地拆迁总体影响评价	(84)
表 6—5	不同群体对征地拆迁与城市发展关系的态度	(85)
表 6—6	不同群体对征地拆迁与城市规划之间关系的态度	(86)
表 6—7	不同群体对征地拆迁后生活改善状况的评价	(86)
表 6—8	不同群体对经济补偿的满意度评价	(88)
表 6—9	不同群体对经济补偿合理性的评价	(89)
表 6—10	不同群体对经济补偿落实情况评价	(90)
表 6—11	不同群体对征地拆迁政策法规及实施影响的总体评价	(91)
表 6—12	不同群体对征地拆迁法律法规的了解程度	(92)
表 6—13	不同群体对征地拆迁法规政策的评价	(93)
表 6—14	不同群体对政治维稳的态度评价	(94)
表 6—15	不同群体对征地拆迁过程中民众上访数量变化趋势的认识	(94)

表6—16 不同群体对征地拆迁所带来的社区和谐满意度
评价 ……………………………………………………（95）
表6—17 民众对征地拆迁过程中民主参与和邻里关系的影响
评价 ……………………………………………………（96）

第一章 导论

第一节 问题的提出及研究意义

一 问题的提出

改革开放三十多年来，特别是近十多年来，我国城市化快速推进的速度举世瞩目，但毫无疑问是以更多失地农民的出现为代价的。当人们为我国城市化率超过50%而欢呼雀跃时，因征地拆迁带来的社会矛盾也接踵而至，似乎正在同城市化进程展开一场争分夺秒的竞赛。由于征地拆迁是一种非自愿性拆迁，这一过程不具有市场选择性，是一种政府规划行为，这种行为的一个直接后果就是促进了社会的进一步分化，而这种社会分化是多方面的，特别是网络通信技术的快速发展导致了网络社会的迅速崛起，各种社会分化尤其是社会认同的分化变得更加复杂。

更为严重的是，快速的城市化不仅把已经深刻分化的社会差别集中到高度密集、范围窄小的地域空间，而且在有限的社会空间中使人们对社会差别的认识更加深刻，全面扩大了社会分化和社会差别。当作为社会分化的客观事实和对社会差别的主观认识都比较明确且在密集而窄小的城市空间中集中起来时，社会分化和社会差别必然引发种种社会矛盾，社会风险也就可能由潜在性转化为现实性。正因为如此，城市化过程中的征地拆迁矛盾已跃居为当前我国社会的首要矛盾。据国土资源部的统计数据显示：1/3的上访案件是由征地拆迁引起的，而于建嵘在我国农村地区的调查发现，农村发生的群体性事件中65%以上都是由土地问题引发的。征地拆迁矛盾如此突出，但征地拆迁是我国从乡村型社会向城市型社会转型过程之中的必经阶段，"拆迁"作为当代中国农民为了国家的工业化和城市化所必须要承担的"代价"，这种"牺牲"并不是中国所独有，全世界任何一个历经工业化和现代化洗礼的国家，都曾经历过这一阶段——非自愿性拆迁过程，虽然西方城市化也伴随着社会分化，但西方社会分化既不是在计划经济体制下整齐划一的社会基础上产生的，也不是在不平衡的发展中被不断扩大的，所以西方相同时期城市化进程中的社会分化远不及中国严重。究其原因，一方面与我国快速城市化的速度有关系，原本束缚在土地上的农民在尚未来得及考虑好自己未来的生活规划时，就被迅速地卷入到城市化浪潮之中；另一方面与我国农村的集体土地所有制有着不可分割的关系，我国农村土地集体所有，但是村委会并不能代表农民的集体利益，在经历了三十多年的联产承包责任制之后，农民每家每户所拥有的土地价值和房屋价值并不如当初分配时绝对平均和等价，当每家每户的利益诉求不尽相同的时候，冲突和纠纷的发生就在所难免。当前失地农民与地方政府之间的冲突不仅频繁发生于经济发达区域，而且已经蔓延到全国各地，成为普遍存在的社会问题，这对地方政府的权威与和谐社会的建设都形成了巨大的威胁。

如何直面城市化运动中的利益分化、减少暴力冲突、化解矛盾已成为政界、学界，乃至社会各界关注的焦点。学者们从不同学科视角对我国征地拆迁中的矛盾发生机制作了大量研究，经济学者从人的理性出发，认为各利益主体根据理性计算得失而做出有利于自己的行动，经济学家试图以博弈论的观点来解释和试图化解征地拆迁矛盾。而法学家侧重从相关法律制度层面进行研究，刘文忠（2010）、王蕾（2006）、鲍海君（2009）等均指出公共利益界限不清、征收程序混乱、争议解决制度尚未完善是导致拆迁矛盾频发的关键；[①] 政治学学者则从权利和权力的关系方面，指出政府行政体制缺陷和行政职能错位是导致征地拆迁中地方政府和拆迁户不断发生冲突的关键；而部分社会学者则从拆迁中利益主体之间信任感的缺失来探讨拆迁矛盾。总之，学者们站在不同的学术立场，对征地拆迁中许多现实问题都进行了深刻的学理分析，这对于厘清我国征地拆迁中的矛盾并提出化解机制做出了突出的学术贡献。但从整体上看，现有的研究过于强调制度、对立、物质利益等外部性因

---

① 京华时报：《征地补偿低致矛盾频发改革要动地方政府奶酪》，2012年11月，房天下网（http://news.jn.soufun.com/2012-11-12/8950279.htm3）。

素分析，而对于卷入利益矛盾中的深层次原因分析不够，尤其是对不同利益主体的社会心理、态度观念、价值评判、选择行为、冲突目的等深层次社会心理因素关注过少，这也是导致征地拆迁的相关法律、政策虽然陆续出台，但也无法遏制住拆迁矛盾不断升级和扩大化的趋势。有研究表明：如果拆迁户中存在着高度的反拆迁或者对补偿不满意的"集体认同"心理，爆发集体性反抗行动的可能性就会大大增加。[①] 可见，集体认同对于群体性反抗事件发生的内在机制影响十分巨大，其冲击力不可低估。集体认同是基层群众的社会共识，是个体认同的有机组合，正向的集体认同有利于促进社会稳定，负向的集体认同可将社会引向动荡不安，但相关的专项研究在国内依然处于起步阶段。

基于此，本书认为在征地拆迁中，社会认同是利益群体的分化与整合、价值冲突的生成与协调的主观根据，只有努力培育具有积极指向的社会认同，形成具有共享意义的共时性认同，才能有效化解征地拆迁中的社会矛盾。因此，社会认同的建构是对已有征地拆迁矛盾化解对策的一个批判性反思，为征地拆迁矛盾的化解提供了一个崭新的切入视角，可以有效理解征地拆迁过程中各利益主体之间的博弈关系和矛盾重点，从而为从制度设计、行为引导和社会结构的重组方面出发化解征地拆迁矛盾作出一点有益的探索。

有鉴于此，本书拟将社会认同作为重要的解释变量，以湖南本地"被征地拆迁户"发生的抗争实践为经验材料，通过深入的访谈和调查研究发现，随着被征地拆迁户抗争经验的积累，关于生存权、居住权与发展权的主张不断升级，权力意识的苏醒成为抵抗的动能，被征地拆迁群体的共识框架与反抗框架，构成了矛盾过程中集体认同的重点。本书试图通过建构主义的视角考察征地拆迁矛盾中集体认同的形成及其功能演进，剖析征地拆迁矛盾中反抗性认同形成的路径，进而揭示征地拆迁矛盾中集体性反抗行为的内在动力，并提出针对性的干预策略，从而丰富征地拆迁矛盾化解的微观范式，为中国和谐社会的建设提出有益的探索方案。

[①] 单松：《城市拆迁过程中的被拆迁者心理分析》，《辽宁行政学院学报》2011年第2期。

二 研究的意义

理论意义：

从农村向城市的转化，从前现代化阶段到现代化、后现代化时期的转变是当代中国社会最重要的转型，这场综合性的变迁，不仅体现为生产方式和经济体制的转变，更为深层次的是社会结构和社会心理层面的变化。通过社会认同理论来解释征地拆迁矛盾发生、发展的社会心理基础，有三大理论贡献：

（一）既有利于不同学科的学者共同关注这一交叉性领域——社会认同与征地拆迁，又有助于社会认同理论在当代中国的本土化研究，本书中所调查的湖南征地拆迁矛盾案例为传统的社会认同理论研究和国外的社会认同研究提供了相关的验证性经验材料。

（二）本书将侧重对社会认同理论和征地拆迁矛盾化解的关系进行详细的阐释，试图从群体社会认同的层面考察征地拆迁场域中各个利益群体的存在状况，分析征地拆迁矛盾生成的社会成因。在此基础上，进一步分析各利益群体的社会认同分化和冲突的根源及其演变逻辑，进而探索整合社会认同的有效途径。本书试图从群体的视角深化中国社会学的社会认同理论研究，为创新社会管理体制提供理论支持。

（三）通过社会认同理论来分析征地拆迁矛盾正是对近年来社会学过度理性化追求的一种修正，在当代社会学的发展思潮中，理性思维占据主流，利益关系、理性人成为话语分析的主要术语，因此，本书将丰富社会学视角下的社会认同理论。

现实意义：

三十多年的改革开放使得当代中国社会的变迁置身于一个全球化和民主化的社会大环境之中，征地拆迁或土地流转过程中的冲突不仅是一个利益补偿的问题，更牵涉到一场广泛而深刻的社会变迁过程中人们的心理适应问题，如何将对征地拆迁的"不满、怨恨、不公"心理转化为对国家"城市化"过程的支持与理解，这是形成从反抗性的集体认同到城市化发展的规划性认同的关键。因此，社会认同研究者必须时刻关注社会变迁对人们心理产生的影响，运用社会认同理论研究分析与解决各类人群不断出现的新的社会认同问题，提高社会认同理论的应用价值。随着我国城市化进程的加快,原有的稳定和固化的社会系统日益被高度流动性和多样性的现代社会所取代,新的群体不断涌现,人们要重新寻找自己稳定的生活方式和思维方式,这就意味着必须要用新的规划性认同来整合社会的心理基础。

征地拆迁是事关群众利益的一个最重要的问题,也是最容易引发群众不满的问题。征地拆迁矛盾作为和谐社会建设的重要阻力,深层次地折射出当下中国社会现代性变迁的困境,研究征地拆迁中各个利益群体社会认同分化的发生机制、展开形式、社会作用、演化趋势、整合方式等方面的问题,对于进一步认识中国社会转型的深刻性、复杂性,清楚地了解社会矛盾发生的现实基础和思想来源,采取有效整合策略,保持经济社会稳定协调的持续发展,具有重要的现实意义。

第二节 研究的主要内容

首先,本书旨在对征地拆迁过程中的"利益分化"导致的集体反抗行动作出一个批判性的"反思"。在导论部分,笔者将对研究的源起、研究的意义、研究的主要内容、研究的框架以及研究的创新之处与不足之处予以前置说明;在文献综述部分,重点对征地拆迁与社会认同的联系进行理论上的阐释,在讨论学术研究中将征地拆迁矛盾局限于法律和经济利益的层面的基础上,解释为什么本书的讨论将建立在国家、法律、社会的关系整合过程中形成"规划性认同",并阐述了规划性认同的力量不仅对征地拆迁矛盾的化解意义突出,而且力图摸清社会认同研究的脉络,为征地拆迁矛盾的化解提供一个背景性资料。

其次,本书基于社会认同的核心框架,花了大量笔墨来讨论征地拆迁中不同群体的归类、比较、意义,认为矛盾的分化中实际上也包含了大量认同的要素,没有对乡村社会中血缘、地缘、业缘关系的认同,就不可能产生大规模的集体行动,忽视这些认同要素才是导致冲突不断升级的重要原因,而这一点常常为研究者所忽视。征地拆迁矛盾作为社会冲突中的一种重要类型,能更深层次地折射出当下中国社会的现代性变迁,研究征地拆迁中各个利益群体社会认同分化的发生机制、展开形式、社会作用、演化趋势、整合方式等方面的问题,对于进一步认识中国社会转型的深刻性、复杂性,清楚地了解社会矛盾发生的现实基础和思想来源,采取有效整合策略,保持经济社会稳定协调的持续发展,都具有重大实践意义。

最后,从社会认同建构的自我归类、社会比较、意义构建三种机制对征地拆迁中的矛盾化解进行总结,并结合相关理论进行讨论。

基于此,本书的研究框架如图1—1所示。

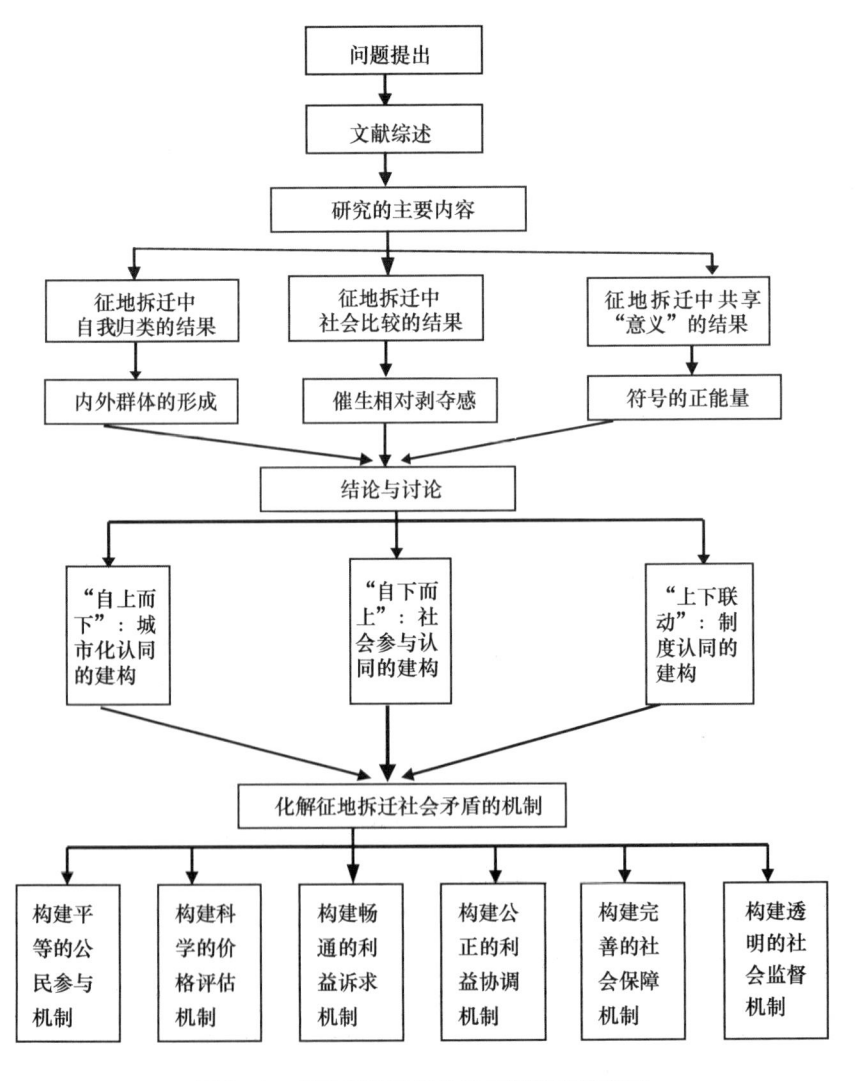

图1—1 征地拆迁矛盾化解机制研究框架图

第三节　研究方法和研究设计

一　研究方法

本书所运用的研究方法主要包括文献资料法、深度访谈法、比较法、问卷调查法。

文献资料法主要是获取如下三个方面的内容：一是总体上了解国内外有关社会认同的研究成果；二是征地拆迁矛盾化解的演变状况，社会经济、政治环境对征地拆迁的影响状况以及政府部门在应对征地拆迁中矛盾制定的政策和制度；三是了解征地拆迁过程中，政府官员、开发商、被征地居民社会评价与社会态度等的相关文献资料。

深度访谈法主要是获得如下资料：一是一些被征地拆迁的住户，重点了解该居住区的社会构成、演变情况，以及他们对于征地拆迁的态度；二是了解被征地拆迁住户对征地拆迁补偿、征地拆迁政策、社会保障、征地拆迁参与等方面的情况；三是了解被征地拆迁住户对征地拆迁后生活预期、生活满意度、社会公平感、社会安全感，以及冲突感等方面的评价与社会态度，加深对被征地拆迁居民在政策、补偿标准、社会保障与社会态度方面的了解。同时了解政府工作人员对国家征地拆迁政策的解读及对被征地拆迁居民的社会态度、工作方法等。主要根据选题需要，对法院、辖区派出所、政府拆迁办等相关部门负责人采取集体访谈和个案访谈等相结合的方式，获得第一手资料。个案的选取采取滚雪球的方法，从案例中所涉及的利益主体中选取适量做深入访谈，了解其思想动态、价值观念和行为方式等方面的情况。

观察法主要用于以下两方面内容：一是在访谈过程中的"察言观色"，笔者所访谈的征地拆迁内容涉及一些敏感性问题，无论是政府、开发商还是被征地居民均有隐瞒的内在冲动，他们往往不愿意"和盘托出"，特别是对国家公务员，尤其是了解一定级别的官员对征地拆迁的社会评价与社会态度，往往闪烁其词，在这种情况下对其语言、表情、行为的观察就显得尤为必要了，一方面可以帮助笔者对访谈到的材料进行"去伪存真"，另一方面也可以适时地挖掘一些背后的"隐秘"；二是对一些被征地拆迁社区等方面的观察，在实地调查中笔者发现，有些拆迁住户，内心是欢迎政府拆迁的，但为了获得更高的补偿，也确实存在"不要白不要"的漫天要价心理；而有些政府拆迁办的工作人员，也确实存在对政府政策解读上的误差，从而激化了社会矛盾，这些在文献上是虚无的，但在现场就能获得非常丰富而生动的感知。

问卷调查法主要采用政府工作人员问卷、征地拆迁居民问卷的形式，进行数据收集，再进行定量分析，挖掘数据中隐藏的信息。

二 研究设计

（一）基本概念的界定

本书所涉及的主要包括征地、征地拆迁、征地拆迁矛盾、认同、对抗性认同、规划性认同六个基本概念。这些概念可以定义的角度有很多。笔者将紧密结合研究的实际需要予以定义。

征地主要是指国家基于公共利益的客观需要，在法定范围内依法征收农民集体所有土地，并根据政府在充分调研的基础上经各方同意达成的补偿标准一次性给予被征地者一定的货币补偿和必要的就业安置。依法征收农民集体所有土地，要提高农民在土地增值收益中的分配比例，确保被征地农民生活水平有提高、长远生计有保障[1]。

征地拆迁是指因国家建设、城市改造等需要，经政府主管部门批准，由建设单位对规划范围内的现有建设用地上的房屋及附属物进行拆除，并对房屋的所有者或使用者进行迁移安置并给予一定补偿[2]。本书所指的征地拆迁既涉及内城区的城中村，也涉及城郊结合部，还包括纯粹的农村。

所谓征地拆迁矛盾是指在中国快速城市化的进程中，有一批因城市更新和乡村的城市转型而失去土地或房屋的"拆迁户"不满意政府所给予的赔偿而发生的大量通过非制度化的手段来与地方政府进行对抗的行为或集体行动。

---

[1] 2013年中央一号文件：《中共中央、国务院关于加快发展现代农业，进一步增强农村发展活力的若干意见》。

[2] 2011年1月19日国务院第141次常务会议通过《国有土地上房屋征收与补偿条例》。

"认同"是指"个体自觉自愿地接受他人的观点、信念,以使自己的态度与他人要求相一致"[①]。认同的过程就是同化的实现。[②] 在人际交往中,无论使别人被自己同化,还是自己被别人同化的过程,都称为认同。

"社会认同"是指个体认识到自己归属于某一特定的社会群体,并从群体的特征和属性中赋予自己生活中情感和价值的意义。

"规划性认同"是由卡斯特提出的,引起了国内外学术界的普遍重视,他实际上将社会环境定位于网络化、全球化、城市化的历史情境中,由于信息的快速传播,人们在当代社会中更容易共享"意义",规划性认同的形成就是共享"共同意义"的过程,认同是被建构的,也是可以变化的。

(二)资料来源与样本介绍

1. 研究案例的选取

限于本人的人力、物力、社会网络关系等方面的原因,本人选择湖南作为研究对象,基于如下两点考虑:

(1) 首先,本人生于斯长于斯,特别自 2006 年以来,就一直在湖南省委党校工作,由于担任与征地拆迁相关的专题课程,本人曾深入湖南的一些有征地拆迁项目的地区做过多次调研工作,对征地拆迁社会矛盾方面积累了大量的第一手调研资料并形成了一定的感性和理性认识;同时对湖南各地区的自然环境、风土人情、语言习惯和文化习俗等"地方性知识"较为熟悉和了解;其次,由于在党校工作的便利性,使得本人能有不少的机会去深入调查征地拆迁这样的敏感性问题,以使访谈顺利开展。

(2) 本书选取湖南长沙、株洲、娄底、岳阳四个地区作为研究案例,不仅仅是因为它们在省内有较强的代表性,并且这四个案例所体现出来的社会认同的建构主体、建构原则各不相同,便于对社会认同的建构机制以及建构效果进行比较。本书的目的不仅在于发现社会认同的建构机制,而且要对社会认同的建构机制进行效果评价。

[①] 华红琴:《社会心理学原理和应用》,上海大学出版社 2004 年版,第 146 页。
[②] 张春兴:《张氏心理学大辞典》,上海辞书出版社 1992 年版,第 122 页。

本书主要以湖南省为例，从横向层面，我们选择了该省的四个城市，分别为长沙市、株洲市、娄底市和岳阳市；从纵向层面来看，从最基层的村庄SP村和ZQ镇，再到县级市LX市和地级市娄底市LX区，再到省会城市长沙市YL区。以下是这几个调查点的简单介绍。

湖南省位于江南，属于长江中游地区，因大部分地域处于洞庭湖之南而得名；东临江西，西接重庆、贵州，南毗广东、广西，北与湖北相连；湖南历史悠久、人文荟萃、名人辈出，"惟楚有才，于斯为盛"。湖南物产富饶，素有"湖广熟，天下足"之誉，是著名的"鱼米之乡"。省境依江畔湖，风景秀丽，是海内外闻名的休闲、旅游胜地。全省辖14个地州市、122个县（市、区）。湖南是中西部经济发展最活跃的省区之一，尤其文化产业走在全国的前列。

长沙市是湖南省省会，位于湖南省东部，辖六市辖区、二县、一县级市，长江中游城市群副中心城市之一。长沙是我国南方地区重要的中心城市，综合实力位居全国前列。同时，长沙致力于打造中部开放、具有重大国际影响力的文化名城和世界级旅游城市。如今正与武汉、南昌、合肥联手共建长江中游城市群，呼应长江三角洲和珠江三角洲，打造国家规划重点地区和全国区域发展新的增长极。

株洲市为湖南省第二大城市，东部偏北，湘江下游，是我国南方最重要的铁路枢纽城市之一，与北方的郑州相媲美。是全国两型社会综合配套改革试验区，全国首批重点建设的八个工业城市之一，现辖五区五县113个乡镇，城市化的快速发展为株洲市的工业腾飞和国民经济的快速发展提供了强大的支撑。

岳阳市是湖南北部重镇，是文明天下的"洞庭天下水、岳阳天下楼"的所在地；是一个资源丰富、区位优越、风景优美的地方，是长江中游重要的区域中心城市；是湖南唯一的国际贸易口岸城市。岳阳市集名山、名水、名楼、名人、名文于一体，环洞庭湖生态经济圈的建设以及城市化的进一步推进给美丽岳阳市注入了新的活力，但征地拆迁也给城市的快速发展带来了不和谐的音符。

娄底市位于湖南省中部，湖南省南部重要的能源、矿产和化工重镇，享誉世界的"锑都"即位于此。1999年撤地建市，现下辖一区（娄星区）；两县级市（涟源、冷水江）；两县（新化和双峰）。娄星区是一个新型城市区,位于湖南省中部,隶属娄底市。辖12个乡镇、街道办事处,总面积430平方公里,人口44万,有湘中明珠之美誉。娄星区地理位置优越,交通便利,是南北通达、东西连贯的南方重要交通枢纽之一。

2. 资料收集的方法

本书以个案访谈法为主,同时辅以必要的问卷调查,并借助观察法、文献法等方式收集研究资料。调查于2013年1—3月进行,先后共有50余人参与了本次个案访谈调查和问卷调查。居民问卷调查对象是三个样本区中的成年居民,年龄范围为20—70岁。政府工作人员问卷调查对象是三个样本区中的处级、科级干部及普通工作人员。

为考虑到样本的代表性和科学性,考虑到调查对象的身份、年龄和职业对问卷回收质量的影响,此次问卷的抽样方法采取配额抽样的方法而非等额抽样。2013年3—6月间,笔者在样本YL区、LX区、LX市对失地农民和三个地区的工作人员进行了问卷调查并对部分个体进行了深度访谈。

3. 样本介绍

样本的分布情况:按照以上的抽样思路及方法,共对政府工作人员发放问卷150份,回收有效问卷133份,有效回收率为88.67%,居民问卷420份,回收有效问卷407份,有效回收率为96.9%。本书中随机抽取的样本总体情况见表1—1。

表1—1　　　　　　　　问卷基本情况

类别	回收问卷(份)	回收率(%)	有效问卷(份)	有效问卷率(%)
政府工作人员	150	100	133	88.67
居民	420	100	407	96.9
总计	570	100	540	94.7

(1) 政府工作人员问卷

政府工作人员是征地拆迁的执行主体,政府工作人员的观点和看法对拆迁居民的心理具有重要的导向作用。根据抽样的3个样本点,在每个样本点根据参与实际拆迁的工作人员的花名册每隔3个选一个,直到抽够样本数 50 个为止，共选中 150 个进行征地拆迁的政府工作人员，之后对选中的政府工作人员进行问卷调查。本次调查共对 3 个样本点共 150 个政府工作人员进行了问卷调查，回收问卷 150 份，回收率为 100%；有效问卷 133 份，有效问卷率为 88.67%。

通过问卷显示，在政府工作人员中，男性占绝对优势，约占 76.7%，说明当前征地拆迁的工作人员主要以男性为主；年龄分布较均匀，36—45 岁之间占 36.1%，35 岁以下的为 32.3%，46—55 岁占 29.3%，56 岁以上的很少，仅占 2.3%，这说明在征地拆迁中，主要是以 55 岁以下为主；文化程度主要以大学本科为主，约占 72.9，中学及以下的仅占 1.5%，高中或中专的占 17.3%，研究生以上的占 8.3%，这说明当前征地拆迁人的政府工作人员总体文化素质比较高；目前职务以科级干部为主，占 63.3%，一般办事人员占 32.8%，处级干部占 3.9%；调研的政府工作人员 50.8% 的在领导岗位，49.2% 的人在非领导岗位；还有 4.7% 的政府工作人员是农业户口；在本区域居住年限 21 年以上的占 33.9%，11—20 年的占 30.7%，6—10 年的占 22.8%，5 年以下的占 12.6%，由此可见，政府工作人员在本区域的长期居住，与被拆迁居民大多是"抬头不见低头见"，因此便于开展工作。

总体上，这 133 位政府工作人员的基本情况见表 1—2：

表 1—2　　政府工作人员问卷基本情况（N=133）

类别	特征	频数	百分比（%）	类别	特征	频数	百分比（%）
性别	男 女	102 31	76.7 23.3	本区域居住年限	5 年以下 6—10 年 11—20 年 21 年以上	17 30 41 45	12.6 22.8 30.7 33.9
年龄	35 岁以下 36—45 岁 46—55 岁 56 岁以上	43 48 39 3	32.3 36.1 29.3 2.3	目前职务	一般办事人员 科级干部 处级干部	44 84 5	32.8 63.3 3.9
文化程度	中学及以下 高中或中专 大学本科 研究生以上	2 23 97 11	1.5 17.3 72.9 8.3	岗位性质	领导岗位 非领导岗位	67 66	50.8 49.2
				户口性质	农业 非农业	6 127	4.7 95.3

(2) 居民问卷

本次调查共对三个样本点共 420 户居民进行问卷调查，共发放问卷 420 份，回收 420 份，回收率 100%；其中有效问卷为 407 份，有效问卷率为 96.9%。社区居民的基本情况见表 1—3。

表 1—3　　　　居民问卷基本情况（N = 407）

类别	特征	频数	百分比（%）	类别	特征	频数	百分比（%）
性别	男	285	70.0	家庭主要收入来源	务农	195	48.0
	女	122	30.0		外出打工	62	15.2
年龄	35 岁以下	113	27.7		小本生意	55	13.2
	36—45 岁	129	31.7		养殖	14	3.5
	46—55 岁	92	22.7		工资收入	65	16.0
	56 岁以上	73	18.0		商业经营	11	2.8
					其他	5	1.2
文化程度	中学及以下	176	43.2	居住的房屋是否面临拆迁	曾经被拆迁	47	11.5
	高中或中专	160	39.4		正在被拆迁	110	27.0
	大学本科	63	15.3		将要被拆迁	59	14.5
	研究生以上	8	2.0		否	191	47.0
本区域居住年限	5 年以下	28	7.0	户口性质	农业	328	80.7
	6—10 年	35	8.7		非农业	79	19.3
	11—20 年	60	14.7				
	21 年以上	283	69.6				

总的来看，本次接受问卷调查的居民男性占绝对优势，占 70.0%，体现了征地拆迁中代表家庭利益的以男性为主的趋势；年龄分布比较均匀，35 岁以下的占 27.7%，36—45 岁的占 31.7%，46—55 岁的占 22.7%，56 岁以上占 18.0%；户口以农业户口为主，占 80.7%；文化程度以中学及以下为主，占 43.2%，文化程度偏高的很少，研究生及以上仅占 2.0%；本区域居住年限，20 年以上的占 69.6%，5 年以下的仅占 7.0%，6—10 年的占 8.7%，11—20 年的占 14.7%，这也正是拆迁难度大的原因，因为住得越久，感情越深，特别是对于年岁较高的人来说；家庭主要收入来源以务农为主，占 48.0%，其次是工资收入，占 16.0%，第三是外出打工，占 15.2%，其他形式的比例均不高，这说明被征地拆迁的居民对土地的依赖程度比较高；居住的房屋有将近一半居民的房屋没有面临被拆迁，正在被拆迁的占 27.0%，将要被拆迁的占 14.5%，曾经被拆迁的占 11.5%，可见，在样本点采集的居民，

并不是大面积的拆迁，仅涉及一半的居民，如果剔除曾经被拆迁的居民，将要拆迁和正在拆迁的居民合计占比不到三成，这也说明，在城市化过程中，面临征地拆迁的居民的比例并不大。

第四节　研究的不足之处

本书虽然对区域内的征地拆迁进行了深入的调查和访谈，并运用定性和定量相结合的分析方法，对相关材料进行了深入的分析，得出了一些有说服力的结论，但仍感研究不足。这种不足主要体现在以下两个方面。

第一，资料收集难度大，不够全面，造成案例过程分析不充分。征地拆迁是一个敏感性话题，其引发的矛盾冲突造成基层干群关系比较紧张，笔者在收集资料时，经常会遇到当地政府的阻挠或者调查对象的不配合现象，比如，在LD市调研时，拆迁办的工作人员根本不愿意课题组与基层群众接触，找很多理由来阻挠调研。再比如，在调研时，村干部经常在场干扰，甚至以命令的口吻不让调查对象讲实话。事实上，征地拆迁在基层是一个非常敏感的话题，对其的研究，尤其是建立在实证基础上的研究，难度超过了预先的设想。不过，无论如何，本书从设计到调研，都力争收集到一手的资料，尽量做到客观和全面。

第二，基于区域性的调查，不具有普适性。本书是基于湖南省四个市的区域调查，收集的资料具有地方性。因此，所得出的结论不能做更广范围的推论。同时典型案例的归类分析不可能囊括现实社会中所有的征地拆迁模式，ZHZ事件的强制拆迁、MZ市JN区的共议拆迁等都是区域性的，具有地方性特点。也就是说，当地的文化基础和社会结构与其他地方不同使得征地拆迁的模式也不同，这里之所以进行归类概括，只是建立在我们调研所掌握的有限资料基础上，为了研究的需要，主要是解释、分析和发现新的知识，与一般理解征地拆迁矛盾化解有不一样的认知。

第二章 社会认同理论对征地拆迁的启示:相关文献综述

从不同的理论层面和不同的学科视角对社会认同展开研究,是目前理论界关注的一个热点问题。所有这些关于社会认同的研究,均为本书提供了可资参考和借鉴的框架。

第一节 西方学者关于社会认同的研究

认同的研究起源于哲学,成熟于社会心理学,在社会学研究中得到进一步拓展和深化。可以说,社会认同一直是心理学(社会心理学)和社会学研究的热点和焦点问题。特别是心理学(社会心理学)对社会认同的研究成果异常丰富,社会学视角对社会认同研究的成果也获得了相应的话语权。因此,本书重点综述心理学(社会心理学)和社会学的研究成果。

一 心理学(社会心理学)的研究

"认同"最初是作为一个哲学术语被使用,也称作"同一性",起源于拉丁文,16世纪才用于英文中。[①]"同一性"问题的开启者是近代哲学家笛卡儿(Descartes),提出了"我思故我在"的哲学命题,之后洛克(Loke)用个人意识的连续性解释自我"同一性"的存在。哲学史上对"同一性"的关注,集中在逻辑推理论证的一致性或非矛盾性,

---

① Gleason P: I dentifying I dentity, A Semantic History, The Journal of American History, 1983, 69 (4): 910-931.

其哲学意义也突破了"思维和存在何者为第一性"的基本问题，更加侧重于本体世界观的基本假设推定，其中涉及了人的心理意识和现实问题。哲学"同一性"研究引出的人的主体性，建立在现实的社会关系和社会心理研究基础之上，为下一步的社会心理学研究奠定了重要的理论基础。

弗洛伊德（Freud）最早赋予"认同"心理学的意义。他提出了人的行为的心理动力模型，将认同视为一个心理过程，认为认同是指"一个人将其他个人或群体的行为方式、态度观念、价值标准等，经由模仿、内化，而使其本人与他人或群体趋于一致的心理历程"[①]。

在弗洛伊德的基础上，最早将"自我同一性"（ego identiy）概念引入社会心理分析的社会心理学家埃里克森（Erikson）指出："自我同一性"是"个体在寻求自我发展进程中，对自我的确认和对有关自我发展的一些重大问题，诸如职业、价值观、信仰等的思考和选择，以及选择后具有个体内在的一致感、连续感和统和感。"[②]

由于"identity"在英文中，不仅可以翻译为"认同"，还可以翻译为"身份"，所以"身份"和"认同"概念之间的联系一直十分密切。埃里克森认为，基于对某种个体身份的自我认识，个体会无意识地形成对某个群体特征的内心趋同，而身份如何界定？"我是谁"，"我们是谁"、"我们这一群体具有哪些共同特征"等问题都在试图寻找群体差异过程中找到自我身份的定位，而自我身份的定位正是为寻找社会认同奠定基础。[③] 埃里克森在1950年出版的《儿童与社会》一书中指出认同是一种个体对自我身份的感知，从熟悉自我到依赖他人的认可再到建构自我、认同他人的过程。[④]

总之，埃里克森关于认同研究的杰出成就，主要是将哲学的"同一性思想"引入到了社会科学研究的"同一性问题"。之后，西方心理

[①] 刘朝阳：《"认同"及其分层：对"认同"现象的再研究》，《青海社会科学》2009年第7期。

[②] 靖建新、王兰锋：《Erikson 的自我同一性理论及其评价》，《华北水利水电学院院报》（社科版）2008 年第1期。

[③] Erikson, Erik H. Childhood and Society. New York: Norton, 1950, p. 35.

[④] Ibid.

学界在自我同一性问题上进行了广泛的研究,尤其值得一提的是欧洲社会心理学家,他们认为社会心理学的发展必须真正解释"社会的"现象,对社会现象的解释并不能简单通过个体或组成元素的性质来完成。①

英国学者戴维·莫利(David Morley)等人对认同的概念进行了深入分析,认为认同既包括排斥也包含包容,是"差异构成了认同","因此,界定种族集团至关重要的因素便成了该集团相对其他集团而言的边界……而不是边界线内的文化现实"。② 英国学者麦克盖根(Jim Mcguigan)认为,"认同是一种集体现象,而绝不仅是个别现象。它最频繁地被从民族主义的方面考虑,指那些身处民族国家疆域之中的人们被认为共同拥有的特征"③。

"我是谁"的问题实际上是社会认同理论试图回答的核心问题之一,从西方社会学发展的百年历史来看,有几个较为合理而系统的答案,一是源自米德和库利的符号互动论,它奠定了微观社会学发展的理论基石,而 Manford Kuhn 则通过二十个陈述性的心理学测验试图回答"我是谁"的问题,在 Kuhn 的心理学测验之后,泽其尔(Zurcher)将"我是谁"的答案分为四大类,即"身体我"、"社会我"、"反身性自我"(reflexive self)、"一般性的自我"(oceanic self),并认为四个自我认同的模式随社会情境的变化而变化。④

泽其尔(Zurcher)认为美国从 20 世纪 60—70 年代,反身性自我的认同明显增加,这说明了社会与文化的变迁对社会认同产生了明显的影响,社会流动的加剧和现代文化、法律制度的变迁使得人们越来越难以以社会地位来进行自我定义,稳定的社会结构已加速解体,因此,"反身性"的自我认同逐渐占据社会主流,但值得注意的是个体对于自我和本群体的认同受到社会结构的束缚,即使个休并非刻意以"社会

---

① Hogg, M. A. & D. Abrams 1988, Social Identifications: A Soical Psychology of Intergroup Relationsand Group Process. London: Routeledge., 1988, p. 10.
② [英]戴维·莫利:《认同的空间——全球媒介、电子世界景观和文化边界》,南京大学出版社 2001 年版,第 61 页。
③ [英]吉姆·麦克盖根:《文化民粹主义》,南京大学出版社 2001 年版,第 228 页。
④ Louis. Zurcher JR, The Mutable Self: A Self – Concept for Social Change, 1977, p. 58.

地位"来定义自我。

事实上,社会认同理论是在现实冲突理论的基础上发展起来的,谢里夫(Sherif)通过实验研究提出了现实冲突理论(Realistic Conflict Theory)。[①] 并通过实验证明如果群体间目标不一致,群体之间就会为了争夺稀有资源而发生冲突,不惜牺牲对方的利益,但如果不同群体之间目标一致,相互之间非但不会有敌意,还会友好、合作、为共同的目标而努力。

而群体之间或组织之间的冲突往往是来自组群之间为稀有资源的争夺而产生的,但在实际生活中,有许许多多的证据表明真正的冲突并非一定来自争夺稀有资源,而是人们在价值层面缺乏统一的认同。史蒂芬森从协商和讨价还价的案例中找出了证据,他认为个体行为和集体行为两者之间时常会有冲突,但二者又可以同时运作。因为集体行动和个体行动分别代表的是两个独立的维度,而非相同维度独立的两极,这就意味着在任何社会情境中,个体行动和集体行动是两种选择,人们可以选择其中一种。个体行动和社会行动、个体认同和社会认同是不能化约的,当个体被集结成为一个群体时,所显示出来的群体特征是不能化约为其组成要素的,社会认同源自群体成员身份。在现实冲突理论的研究结论基础上,英国社会心理学家亨利·泰费尔(Tajfel)于1970年代早期首次提出"社会认同"概念,主要是为了关注当时欧洲的社会现实问题,并对之提供有效的解释和解决途径,使社会心理学的发展真正为"社会"服务,而不仅仅是对个体心理进行解释,因此,它代表着一种欧洲社会心理学与北美个体主义倾向的社会心理学的分离(Jaslpars, 1986)。[②] 并在最简群体的实验范式(Minimail – Group paradigm)的基础上提出了社会认同理论。该理论认为个体在自我意识的基础上,不断强化自己与内群体的同一性和外群体的差异性。他认为,社会认同包含社会分类(social – categoriza-tion)、社会比较(social comparison)和积极区分原则(positive dis-

---

[①] Sherif, M., Harvey, O. J., White, B. J., Hood, W. R., & Sherif, C. W. Intergroup cooperation and competition: The Robbers Cave Experiment. Norman, OK. 1961.
[②] Tafel H, Turner J C. The social identity theory of intergroup behavior. In: Worchel S, Austin W (eds). Psychology of Intergroup Relations. Chicago: Nelson Hall, 1986, pp. 7 – 24.

tinctiveness）三个组成部分。① 群体间比较通过积极区分原则使个体寻求积极的自我评价的需要得到满足。

泰费尔的研究为社会认同的系统化研究奠定了基础。他认为社会认同实质上是一种集体价值观，而社会心理学关于"认同"概念的研究涉及个体和群体两个层面，将抽象的"identity"落入社会现实的"同一性"，进入了一个人的人格和群体的具体存在之中。他将社会认同定义为："个体认识到他属于特定的社会群体，同时也认识到作为群体成员带给他的情感和价值意义。"② 从这个概念可以看出，社会认同强调的是个人首先通过范畴化将自己归属到一个特定的群体中，在群体成员身份的基础上所形成的一种认同。泰费尔（Tajfel）按社会身份论，社会认同由三个基本历程组成：归类、认同和比较。归类指人们将自己编入某一社群中；认同就是认为自己拥有该社群人员的普遍特征；比较是评价自己认同的社群相对于其他社群的优劣、地位和声誉。透过三个历程，人民抬高自己的身价和自尊。③

特纳（Turner）是欧洲社会心理学界最有影响的学者之一，20世纪70年代与泰费尔（Tajfel）一同创立了社会认同论，并发展出自我归类论。他认为人们在社会生活中会自觉地进行分类，区分内群体和外群体。当人们进行分类时会将自我也纳入这一类别中，将符合内群体的特征赋予自我，这就是一个自我认定或认同的形成过程。个体通过分类，往往将有利的资源分配给自己所属的群体成员。④

社会认同理论认为社会可以被按照不同的原则或方式分为许多类别，某些类别群体较大，比如阶级、民族、宗教或种族、性别等，某些类别则较小，如兴趣团体等，但对于每一个人来说，这种分类却有着重要的认知结果甚至产生强化效应。一旦类别成员间有相似性的感觉后，就会产生强烈的共鸣；而不同类别或群体成员之间的差异性或排斥感也

---

① Tajfel H. Social psychology of intergroup relations. Annual Review of Psychology. 1982. 33: 1-39.
② Tajfel H. Differentiation Between Social Groups: Studies in the Social Psychology of intergroup Relations. chapters1-3. London: Academic Press, 1978.
③ 沙莲香：《社会心理学（第三版）》，中国人民大学出版社2012年版，第108页。
④ Tafel H, Turner J C. The social identity theory of intergroup behavior. In: Worchel S, Austin W (eds). Psychology of Intergroup Relations. Chicago: Nelson Hall, 1986, pp.7-24.

会比真实存在的差异要大，这就意味着内群体成员之间的相似性和外群体之间的差异性同时被放大、强化。因此，分类、强化和比较是社会认同形成的核心基础和基本前提。

社会认同理论认为不同群体之间的分化与张力来自人们试图获得有利于内群体的正向结果，但这加剧了社会的冲突与分化，1986年Roger Brown通过研究指出人们为了获得积极的社会认同结果就会过分偏向于自己的群体，认为自己所属的群体优于其他的群体，并在寻求积极的社会认同和自尊中，体会不同群体间的社会差异，这就容易引起不同社会群体间的偏见和群体间的社会冲突。①群体成员的相对剥夺感会增加他们对内群体的认同。1988年又指出许多和强化效应有关的社会心理学研究通常只关注组内或组间的强化，很少同时关注这两种强化效应的影响。但需要指出的是人类的自我分类并非天生的，而是被社会和文化建构的，自我的分类过程实际上既受到个体成长的文化影响，也受到整个社会环境的影响，从一个更宽泛的层面来看，个体对周围世界的认知受早期社会化过程和社会结构的影响，而强化效益则更多的是受周围现实社会环境的影响。

社会比较是社会认同理论的基石。社会比较的研究要远远早于社会认同理论的出现，1954年美国社会心理学家利昂·费斯廷格（Festinger）提出社会比较理论，②他认为个体喜欢以某些客观的条件或标准来对自我和自我的性质加以评价，当这种客观的标准不存在时，人们就会转向社会比较（和他人进行比较），以寻求比较的标准。普遍向上的标准和相似性是社会比较的两个重要原则，人们会选择与自己较为相似的人作为比较他人。将普遍向上的驱动力和相似性原则结合在一起，人们就会主动选择比自己稍微优秀的人进行比较。人们进行社会比较的目的，大部分原因是为了自我增进（self-enhancement）。人们习惯于向上比较以评价自我，人们遵循自我增进的策略是社会产生冲突和竞争的重要原因，但它也是社会认同理论所采用的重要观点，在进行社会比较

---

① Brown R. Social Identity Theory: past achievements, current problems and future challenges. European Journal Social Psychology, 2000, 30: 745-778.

② Suls J M, Miller R L. Social Comparison process: Theoretical and empirical perspectives. Washington, DC: Hemisphere Publication Services, 1977, pp. 1-19.

时，选择什么样的标准更为客观是一件非常困难的事情，事实上并不存在"我的群体比你的群体好"或"我的意见更应该得到尊重"等外设标准，但事实上人们在产生社会分歧或社会冲突时，都一再宣称本群体的主张才是"真理"所在。社会比较理论的关键是参照对象的选择问题和在哪个维度上与外群体进行比较。

但社会认同理论认为不管人们如何进行群体内或群体外的社会比较，真正产生影响的是社会比较的结果，而不是社会比较的机制，社会比较的结果才是人们进行社会比较的真正目的，人们选择谁来作为比较的对象和什么维度来进行比较，往往是根据其预期比较的结果而决定的，社会认同理论认为人们真正想要达到的是一种正向的社会认同，大部分时候，人们的自我分类并不能增加或减少认同，自我分类的价值在于区别对待和其他类别或群体的关系。只有当在一个价值比较的维度上，群体内部人员和群体外部人员的相对位置，才是影响群体成员社会认同的关键要素，这正是社会认同理论和社会比较理论的差异所在，费斯廷格（Festinger）是在个体的层面来进行比较，个体的特征被凸显了，个体的尊严与自我的知识发挥了重要的作用，而社会认同理论是将社会比较放在集体或组群的层面来进行，组群的权利、义务、责任、资格受到评价，而社会认同则得以定型和稳定。

社会认同理论认为在群体内部，人们总是试图通过正向评价来增进群体内部的社会认同动机，那么群体内部的正向社会认同是否一定带来好的社会效益？有许多研究证据表明，通过自我归类和社会比较之后的对本群体内部的正向评价往往容易造成将利益、功劳归因于群体价值和团结机制，同时也容易造成对失败和破坏性影响的忽视甚至于无视。从群体的层面来看，人们总是试图获得维持集体认同的合理性与正当性，而对达到这种认同结果的方法是通过组织的分化过程来完成的。这样的社会认同形成后，会对群体内部成员造成很大影响，为了维持群体的社会认同，总是不断增加对成员资格和义务的要求以维持群体的统一性和团结性。强制的群体性社会认同可以使个体获得正向的社会认同，但抹杀了个体的能动性和自主性。

总之，埃里克森、泰费尔、特纳、费斯廷格等人的研究，使得社会认同理论的研究范围得以不断地扩展，从关注小组成员之间的关系扩展到关注内外群体的关系及不同人群、不同国家的关系。这对推动社会认同理论体系的发展起到不可忽视的作用,构建了一个从个体到群体(collective)再到群体间(intergroup)及整个社会心理(social mentality)的发展框架。社会认同理论作为解释群体行为的一种新方法,确实赢得了全球社会学者的广泛认可。因此,社会认同理论的出现首先从概念和方法上为人们研究"社会变迁"和"社会冲突"的解决方案提供了突破口,社会认同理论不仅有助于理解社会变迁过程中个人和群体、社会的深层次互动关系,还可以解释社会中的一些冲突现象(比如集群行为、社会流动等)。

但社会心理学研究在研究方法上,一直采用微观的实验室研究,试图通过微观的小组研究来解释宏观的社会主题。对个体和小群体的研究虽然有好控制、易于得结论的优势,但人为的实验室环境往往与社会情境难以一致,这就使得实验室结论的可靠性遭遇质疑。所以,迄今为止,无论是在研究主题还是在研究方法上,社会认同理论一直受到诸多挑战。诸如全球化背景下的社会认同研究、社会认同的消极影响,即群体成员的自我归类导致的群体偏见和社会冲突,以及社会认同的原理对于消极社会偏见和冲突的积极效应,等等。但从社会心理学关于社会认同研究的众多文献中,我们发现其中蕴含着丰富的思想,对于我们开展中国的社会认同研究有着积极的借鉴意义。

二 社会学的研究

20世纪70年代泰费尔和特纳开创的社会认同理论启发了社会学的感性理论建设新思维,也开创了个体与群体、国家与社会互构关系的新思维。

社会学家认为个体与群体之间的认同与互动行为是一个连续发生的变化流,个体会根据社会的认同而调整目标,完全独立的个体在现实社会中其实很少被发现,个人与群体关系一直是社会学研究的社会意义层面上的重要主题。社会学家汉斯·摩尔(Hans J. mol)认为,认同包含个人和社会两个层次。在个人方面,"认同是个人在社会混沌环境中所占据的稳固方位,能够据之对外在环境做出积极的防御";在社会方面,"认同是一个基本的及普遍拥有的信仰、模范及价值之综合,它能抗拒外在事物对本身环境与成员的威胁及维续自身"。吉登斯认为，认同是行动者意义的来源，也是由行动者经由个别化的过程而建构的。[①]科尔曼认为社会认同包含如下七类认同，即对直接亲属的认同、对国家的认同、对雇主的认同、对主人的认同、对势力强大的征服者的认同、对社区的认同、法人行动者对其他行动者的认同。[②]

对社会认同理论进行卓有成效研究的集大成者是卡斯特。其成果主要体现在《认同的力量》一书中。

首先，曼纽尔·卡斯特在《认同的力量》一书中集中讨论了社会认同如何在后工业时代发生了从瓦解到分化，再到重新整合的过程，在这个时代里，人们缺乏一种普遍的认同感，社会也不再被看作一个有意义的、自治的系统。理性精神的泛滥和个体主义思潮的崛起，都使得社会暂时呈现出一种"失范"的状态，文化落后于时代和社会的变迁，只有重构新的时代文化和新的社会认同机制，才能有效解决当代社会的失范问题，为此，曼纽尔·卡斯特在《认同的力量》一书中进一步指出，认同是人们意识与经验的来源。当认同与社会行动关联起来时，"认同"就是在社会情境或文化、政治体制的基础上建构意义的过程，具有时代特色的文化在意义和认同的构建过程中占有优先地位。卡斯特认为，按照认同的形式和起源，"认同"可以分为三种形式：由社会的支配性制度引入的合法性认同；由不同或相反于社会体制的原则而产生的抗拒性认同；从拒斥出发的认同可能会引起促成一个新的计划，凭借这一计划以寻求社会结构的全面改造，从而促成理性化及其支配的合法性认同，即规划性认同。[③] 曼纽尔·卡斯特在《认同的力量》中指出：合法性认同的危机产生于社会安全网破裂之时，产生于激进的个人主义和以自我为中心的世界观形成之时，产生于传统地方社会逐步消失之时。[④]

---

① Giddens, Moderntiy and Self – identity: Self and Society in the Late Modern Age, Cambridge: Polity Press, 1991.
② 科尔曼：《社会理论的基础》，邓方译，社会科学文献出版社1990年版，第21页。
③ 曼纽尔·卡斯特：《认同的力量》，曹荣湘译，社会科学文献出版社2006年版，第131页。
④ 同上书，第58页。

其次，卡斯特在通信技术革命和网络社会崛起的基础上，认为网络社会中的认同是一种最具社会性的真正的社会认同。它是在文化特质或相关的整套的文化特质的基础上建构意义的过程，而这些文化特质是在诸意义的来源中占有优先位置的。并区分了角色和认同，认为认同建立的是意义，而角色建立的是功能。在网络社会里，对大部分的行动者而言，意义是环绕着一个跨越时间和空间并自我维系的原初认同（Primary identity）（亦即一个架构其他认同的认同）而建构的。① 这与埃里克森（Erikson）对认同的说法很接近。

卡斯特认为，网络社会中出现了一种新权力，它不同于工业社会集中起来的财富权力、政治权力和武装权力。"新的权力存在于信息的符码中，存在于再现的图像中"②。这是存在于人们的心灵中的社会认同的力量，通过信息传递而发生作用的社会权力。

卡斯特认为：在网络社会崛起的新形势下，认同已经有了同传统社会学所界定的认同截然不同的含义。"认同是人们意义与经验的来源。""认同必须区别于传统上社会学家所说的角色和角色设定。"③ 传统社会学所说的角色认同是指个体的社会归属感，是社会成员对自身属于何种身份、何种阶层的接受，是被动的归属性心理过程。在卡斯特看来，网络社会的崛起唤醒了社会成员的自主、自立选择的自我意识，人们已经不再仅仅被动地注意自己在社会生活中属于哪一个层面、处于何种位置，而是对社会的存在状况、资源配置和发展态势提出自己的评价与要求，这是一种主动的建构性认同。

主动的具有建构意义的社会认同，是在社会生活网络化过程中个体获得了比较明确的自主性和自觉性基础上形成的，并且，自主自觉的个体在网络交流和意义沟通中，能够更加清楚地认识相似个体的共同处境和共同利益，并进而对周围的事物形成共识、结成群体，于是，网络社会中的认同一定会从个体认同联结为群体认同或集体认同，即真正意义的社会认同。

---

① 刘少杰：《城市化进程中的认同分化与风险集聚》，《探索与争鸣》2011年第2期。
② 曼纽尔·卡斯特：《认同的力量》，曹荣湘译，社会科学文献出版社2006年版，第1页。
③ 同上书，第5—6页。

卡斯特说关注的是集体的认同，而不是个人的认同。① 并且，卡斯特所指的集体认同是基层群众的社会共识，而并不是上层社会的认同。社会现实中出现的如开罗群众的游行示威，伦敦、汉堡的社会骚乱，以及占领华尔街、华盛顿的社会运动，我们可以看到在这些社会现象下面，有的表现得很高兴，有的表现得很愤怒，有的是在冲击社会，有的是欢欣鼓舞。这些社会运动，我们看不到清楚明显的政治纲领，也看不到有明确的理论表述，参与者的所作所为，很明确地表达了参与者的社会认同。这些社会场面的呈现，让我们看到了迪尔凯姆所论的基于集体表象而生成的集体兴奋。②

最后，卡斯特《认同的力量》一书的结尾总结了从抵制性认同到规划性认同的（计划性认同）路径。他写道："……认同的分解，相当于作为一个有意义的社会系统的社会之分解，正是我们历史时期的情境。"③ "我们已观察到强有力的抵制认同浮现出来，它在社区天堂里面已不多见，拒绝被全球流动与激进的个人主义所冲走。"④ "网络社会的抵制认同，像从前曾经构成工业时代公民社会的合法性认同瓦解时产生的个人主义方案一样，到处可见。然而，这些认同相互抵制，它们很少沟通。除了为它们特殊的利益（价值）而抗争与谈判之外，他们不与国家沟通，他们很少彼此沟通，因为他们围绕着尖锐不同的原则营造，界定'内'与'外'。因为社区逻辑是他们生存的关键所在，个人自我定义是不受欢迎的。"⑤ "……主要的课题变成计划认同（project-identity）浮现，能有潜力重构一种新的公民社会，以及，明显地，一种新的国家。" "一个初步的评论是，事实上，以抵制认同而建立的社区并非以为早就可能开展营造一种计划的认同。……"⑥ "在这些社会的后巷之中，在另类的电子网络之中，或是在社区抵抗的基层网络之中，在

---

① 曼纽尔·卡斯特：《认同的力量》，曹荣湘译，社会科学文献出版社2006年版，第5-6页。
② 刘少杰：《网络化时代的社会结构变迁》，《学术月刊》2012年第10期。
③ 曼纽尔·卡斯特：《认同的力量》，曹荣湘译，社会科学文献出版社2006年版，第410页。
④ 同上书，第411页。
⑤ 同上。
⑥ 同上书，第412页。

这里我们已经意识到一个新社会的萌芽,而认同的力量,正在历史的领域中起作用。"①

三 小结

总之,卡斯特是国外社会学界关于社会认同研究的集大成者,研究的主要内容是在网络化时代建构意义和价值评价。我们无法一般地抽象地来讨论不同的认同是如何建构起来的、由谁建构起来的,以及它们的结果如何:因为它是与社会脉络有关的。② 正如柴列斯基(Zaretsky)所说的那样,"必须摆在历史情景之下"③。从这个意义上来说,快速城市化的中国征地拆迁中的矛盾,被拆迁居民、政府、国家扮演不同的角色,对城市化的认同、对经济利益的认同、对合法性的认同、对拒斥性的认同、对计划性的认同都应以转型期的中国社会为背景,建构社会认同。当然,国外众多学者对认同、社会认同的研究为我们研究中国快速城市化过程中的社会认同提供了一个研究框架,一种研究理路,具有重要的参考价值。

第二节 国内关于社会认同的研究

国内关于社会认同的研究,遵从国外社会认同研究的逻辑,主要集中在社会心理学(社会心理学)界和社会学界。并且社会心理学的研究成果远远多于社会学的成果。

一 心理学(社会心理学)的研究

国内心理学界对社会认同的经验研究起步较晚,实证研究起始于香港学者林瑞芳、赵志裕、温静、谭俭邦等人从社会认同的心理动机和认知过程出发,着重研究了香港回归后,青少年群体的民族国家认同和社

---

① 曼纽尔·卡斯特:《认同的力量》,曹荣湘译,社会科学文献出版社 2006 年版,第 419 页。
② 同上书,第 7 页。
③ Zaretsky, Eli (1994) "Identity theory, identity politics: psychoanalysis, Marxism, post-structuralism", in Calhoun (ed.), p. 198.

会身份认同的动态过程,并强调了社会认同的形成与人们普遍接受的社会信念之间的关系。在社会认同理论看来,社会比较(social comparison)是社会认同的一个重要历程,因为有比较,有些群体才得到正面评价,有些则得到消极评价。人们往往容易对遭受消极评价的群体在态度上产生偏见,在行为上滋生歧视。而长期受到歧视、无法挣脱鄙视的群体,一般来说都是缺乏政治和社会力量的弱势群体(如生活处于贫困状态并缺乏就业保障的工人、农民和无业、失业、半失业者)。[1]

方文则十分强调群体身份对社会认同中的核心建构作用,认为社会认同是"行动者依据其自身所属的群体范畴来对群体形成积极的认知评价、情感体验和价值承诺"[2]。

沙莲香认为,社会认同所指的是个人通过自己(或他人)在某社群的成员资格上把自己(或他人)与其他人区分开来,并将该社群内典型成员的特征冠于自己(或他人)身上,让自己(或他人)的特性等同于社群内典型成员的特性。广义的社会认同是指"个人的行为思想与社会规范或社会期待趋于一致";狭义的社会认同表现为三个层面:价值认同、工作或职业认同和角色认同。人们认同某一社群,其中一个原因是社群的核心价值与个人价值相符。[3]

社会认同包含类化、认同和比较。建构社会身份包含了类化、认同和比较三个历程。类化是一个会随类化环境变通的历程,因此,社会身份不是一个固定的个人特质。人们在某特定处境中会将自己归类到某个类别。这主要受可及性的个人因素,某类别是否能适当地描述在当时当地出现的人物的客观群际对比,第三种因素是某类别能否适当地参与互动的人在行为期待上的不同(也即规范切合度)。并认为社会类别间有些完全没有重叠、有些部分重叠。[4]

总之,社会心理学家认为,社会认同背后有不同的动机,其中包括

---

[1] 赵志裕、温静、谭俭邦:《社会认同的基本心理历程——香港回归中国的研究范例》,《社会学研究》2005年第5期,第202—223页。
[2] 方文:《群体资格:社会认同事件的新路径》,2009年1月,社会学人类学中国网,(http://www.sachina.edu.cn/Htmldata/article/2009/01/1755.html)。
[3] 沙莲香:《社会心理学》,中国人民大学出版社2012年第3版,第105页。
[4] 同上书,第107—108页。

提升自己的自尊，降低社会生活中的无常感，平衡满足归属感和保存个性两种需要间的矛盾，以及找寻生存的意义，纾解对死亡的恐惧。当这些动机被激发后，其相应的社会认同历程也随之启动。[①] 可见，社会认同研究在我国社会心理学界取得了相当丰富的成果，为我们从社会学的视角去研究社会认同提供了很好的借鉴。

二 社会学的研究

社会学视野里的"认同"更偏重于社会现象的一致特性（比如身份、地位、利益和归属）、人们对此的共识及其对社会关系和行为的影响，所以也被称为"社会认同"。社会认同本身有着丰富的内涵，它既包含着个体属性内容，又具有关系属性特征。所以，作为一种研究视角，"认同"能很好地沟通微观与宏观，个体、群体与社会的关系。[②] 在社会学方面，关于社会认同的研究大体上可以分为理论研究和实证研究两大类。

郑杭生从社会互构论的视角指出社会认同，就是以利益为基点，以文化为纽带，以组织为归属，在多种社会关系网络中，个人和群体对其社会身份和社会角色的自我认定和他者认可。其概念主要包含了认同的主客体、内容、类别、性质等，比较全面地把握了社会认同的性质。[③]

王春光从"一致性"和权威的遵从出发定义"社会认同"，他认为社会认同是对社会权威和权力的遵从，对某类人群特性和自我特性的一致性认可，是对周围社会关系的高度信任和归属感的体系。[④]

刘少杰将社会认同理论作为社会科学视角的一种重要转化加以关注，他认为社会认同是社会成员对利益、地位和其他生活条件的认识，不是科学认识论所讲的那种客观性认知，而是包含着平等、公正和善恶是非的评价。社会认同不仅是对自身利益和地位的认可，也是对其他社

[①] 沙莲香：《社会心理学》，中国人民大学出版社2012年第3版，第110页。
[②] 王春光：《巴黎的温州人——一个移民群体的跨社会建构行动》，江西人民出版社2000年版。
[③] 郑杭生：《中国社会发展研究报告——走向更有共识的社会：社会认同的挑战及其应对》，中国人民大学出版社2009年第5版。
[④] 王春光：《新生代农村流动人口的社会认同与城乡融合的关系》，《社会学研究》2001年第3期。

会成员、社会群体和社会关系的评价,是社会成员形成社会态度、采取社会行动的主观根据。①

他提出"当代社会学的理性化反省与感性论转向",他指出自 20 世纪 70 年代以来,社会学的理性化追求受到了符号互动理论、结构功能主义理论、感性选择和社会认同理论的严峻挑战。

刘少杰认为,社会生活网络化引起了广泛而深刻的社会变迁,带来了社会生活的深刻变化。他认为,在传统的基层社会,底层百姓虽然与权力基本无缘,但仍然具有对经济形势、政治局势、文化的茶余饭后谈论的权力。不过,传统社会中经由底层群众传达出来的话语权力,我们不怀疑它对经济社会发展变迁具有某种程度的推动或阻碍作用,但毫无疑问是非常弱小的,是被埋没的声音。在网络等新媒体技术的支持下,底层群众茶余饭后的谈资,在网络中迅速汇集起来,形成一种巨大的社会舆论,整合成强大的横向的认同权力和纵向的认同权力,使得处于社会上层的各种掌权者,在制定社会政策甚至运用相关的社会政策时也不得不考虑来自基层的声音。② 也正是在这个意义上,来自网络社会的社会认同的力量,改变了社会的权力结构,使得人们之间的社会认同开始有着"蝴蝶效应"。当前,互联网正在成为一种新的网络媒体力量,这种力量植根于当前的经济社会,对时间和空间进行了重新整合,在全球范围内相互交织,使得在互联网中,抗争活动的社会精神和计划在全球范围内更加方便快捷地交流。③

郭星华作为一名法社会学学者一直强调初级关系的解体对当代社会认同的影响,法律权利、隐私观念、社会流动等因素推动了中国社会的人际关系从质和量方面都发生了较大的变化,基于地缘、业缘和血缘之上的初级关系逐渐让位于理性和制度之上的次级关系,人们不再致力于建立一种长久感情的关系,而热衷于建立短期的功利的人际关系。④

---

① 刘少杰:《城市化进程中的认同分化与风险集聚》,《探索与争鸣》2011 年第 2 期。
② 刘少杰:《网络化时代的社会结构变迁》,《学术月刊》2012 年第 10 期。
③ W. Lance Bennett, New Media Power: The Internet and Global Activism, Chapter in CONTESTING MEDIA POWER, Edited by Nick Couldry and James Curran , Rowman and Littlefield, 2003.
④ 郭星华、刘正强:《初级关系变迁与民间纠纷解决》,《江苏行政学院学报》2009 年第 1 期。

李友梅则从更为广泛的社会变迁视角揭示出社会认同领域发生的变化,她指出由于产权改革的快速推进、产业结构的快速调整导致的社会各阶层之间的福利渗透失衡;同时由于知识、权力等社会资源在社会结构中的非均衡分配和网络化和全球化带来社会意义系统的多元化,正导致了社会认同的基础性领域发生了前所未有的失衡状态,社会基础层面的失衡状态难以形成有效的社会认同,对社会整合提供支持性的支持力量。[①]

李友梅等认为,社会认同是一种群体观念的体现,它包含了社会成员共享某种信仰、价值观和行为取向等方面的内容,是社会成员在社会生活中寻找归属感的一种体现,与工业文明社会中的"绝对理性"相比,社会认同可以使现代社会更加稳定,而不是如启蒙运动所主张的"只有理性精神才可以达到稳定的理想王国"[②]。她通过对美、德、日三国社会认同构造之路的历史介绍,认为西方发达国家构建社会认同的经验教训对中国未来的改革开放和社会认同的重建有重要启示,中国应当借鉴西方的经验,在社会结构深刻变动的现实中积极有效地建设社会认同。

随着改革的深入、社会的日益分化,社会认同研究越来越得以重视。中国社会学界逐渐开始从阶层认同、民族认同、组织认同、社区认同、人际认同等不同角度,理论联系实际地对中国社会认同问题开展不同层面或不同程度的论述,为更系统、更深入地研究中国社会认同的分化与整合积累了重要学术基础。国内社会认同的实证研究方面主要是以移民(农民工)、下岗工人、青少年群体和基督教徒等为研究对象。王春光关于"新生代农村流动人口的社会与城乡融合的关系"一文是大陆学者关于国内移民社会认同研究的开端。他将社会认同定义为,"对自我特性的一致性认可、对周围社会的信任和归属、对有关权威和权力的遵从等",并试图从社会时空和社会记忆的视角来分析社会认同的建构、解构、重构和变化过程。[③] 后来的相关文献大多沿着他的研究思路

---

① 李友梅:《从财富分配到风险分配:中国社会结构重组的一种新路径》,2009 年 1 月,爱思想网,(http://www.aisixiang.com/data/24218.html)。
② 李友梅:《重塑转型期的社会认同》,《社会学研究》2007 年第 2 期。
③ 王春光:《新生代农村流动人口的社会认同与城乡融合的关系》,《社会学研究》2001 年第 3 期。

展开,例如:风笑天2004年发表的《"落地生根?"——三峡农村移民的社会适应》①、孟红莉2005年发表的《对农民工群体的社会认同的探讨》②,从社会心理学的角度,对农民工群体的社会认同进行了较深入的分析。方英在2006年发表的《农民工的职业认同与和谐社会的构建》③,从改善工作待遇,建立基本的社会保障体系;树立正面形象,消除社会排斥和社会歧视;有计划地开展职业培训和职业教育三个方面论述了如何逐步建立"农民工"的职业认同。冯仕政从社会分层意识、阶层认同的基本情况、阶层认同的维度、相对剥夺感、社会不公正感、社会冲突六个方面对当前中国城市居民的阶层意识和社会认同作了简要的分析。④ 张文宏、雷开春2009年发表的《城市新移民的社会认同的结构模型》运用结构方程模型的统计方法,通过群体认同、文化认同、地域认同、职业认同、地位认同等对城市新移民十分重要的五种社会认同类别,探索移民社会认同的内在关系结构⑤等一系列的实证研究聚焦的对象为城市化进程中的城乡移民,都是依据不同的理论视角从获得的经验材料出发,分析各个群体社会认同的状况和特点,主要从群体认同问题、地域认同问题(包括归属感、未来归属及乡土认同和社区认同等)等方面展开讨论。

三 小结

总之,中国学者在社会认同的定义上差异巨大,但理论取向大都是建立在实证材料的基础之上,通过强调社会成员的集体性意识对形成社会内聚力的重要作用。当前中国社会正处于改革和转型的关键历史时期,部分学者(如刘少杰等)运用社会认同理论去发现改革过程中凸

---

① 风笑天:《"落地生根?"——三峡农村移民的社会适应》,《社会学研究》2004年第5期。
② 孟红莉:《对农民工群体的社会认同的探讨》,《石河子大学学报》(哲学社会科学版)2005年第3期。
③ 方英:《农民工的职业认同与和谐社会的构建》,《农业考古》2006年第3期。
④ 冯仕政:《城市居民的阶层意识与社会认同——中国人民大学中国社会发展研究报告》,中国人民大学出版社2005年版,第126页。
⑤ 张文宏、雷开春:《城市新移民的社会认同的结构模型》,《社会学研究》2009年第4期。

显的社会问题：诸如农民工问题、征地拆迁矛盾问题、弱势群体的地位提升问题、腐败问题、社会结构、权力结构、城市化进程与社会风险等问题，在分化和对立的矛盾过程中，发现重建社会认同的力量对构建和谐社会的重要性。所有这些研究，均为本书进一步厘清了社会认同研究的理论困惑和实践困惑，因此，具有重要的参考价值。

第三节　征地拆迁矛盾与社会认同的关系研究

一　社会认同理论与征地拆迁矛盾

社会认同以自我分类为前提，而自我分类又是建立在民族、阶级、职业、性别等基础之上，"权力和地位关系"是人们对于自我和他人进行分类的重要社会事实。近年来不断扩大的征地拆迁矛盾不仅仅是由于利益的分化而造成的，与拆迁户群体强烈的内群体认同，与卡斯特所提出的抵制性认同也有着重要的关系。

根据社会认同理论的研究可以得出以下几条与征地拆迁矛盾扩大化相关的结论：首先，在征地拆迁过程中，按照政府官员、开发商、拆迁户（农民）的社会角色划分是人们的一种最基本、最常识性的认知机制，暂且不论这种认知机制的对与错、是与非；其次，在征地拆迁的整个过程中，人们对"内群体"与"外群体"的划分是十分明确的，正是各自明白对方群体的心理和行为反应，人们会更加强调内群体与外群体之间的差异和每个群体内部的同质性，同时，由于涉及群体资源，矛盾的扩大和冲突的升级都是"内群体"偏袒自身利益的一种表现；再次，征地拆迁过程中拆迁户群体相对剥夺感的形成是通过社会比较来完成的。总之，征地拆迁矛盾的扩大与升级和社会认同的形成过程有着密切的关系，而这一点往往被经济学者和法学家所忽视。经济学者一般对于征地拆迁矛盾解决中的利益补偿项目计算比较精细，对农民未来的生活成本和职业压力考虑也很到位，但受制于各个地区的经济差异，经济欠发达地区的利益补偿很难和发达地区相比，横向比较形成的"相对剥夺感"往往并不能化解矛盾，反而诱使矛盾加剧，因此，加大经济利益补偿并不是征地拆迁矛盾最终化解的真正有效办法。

作为一种研究视角，社会认同能很好地理解征地拆迁过程中农民与政府、权力与利益、内群体与外群体之间的矛盾关系，因为社会认同所蕴含的内容既包括了人们的身份、地位、利益内容，又包含着社会关系的特征，社会认同是人们在特定的社会历史情境下，运用所在地域的集体记忆、个人梦想、权力体系等材料建构出来的"一致性"，征地拆迁矛盾的化解同样离不开社会关系和社会认同力量的重建。

近年来不少学者试图给征地拆迁矛盾进行定性，认为征地拆迁矛盾是利益矛盾，而非社会根本性的矛盾。事实上，由城市化运动而引发的征地拆迁矛盾，征地拆迁尽管是一种非自愿性拆迁，但面对不可抗拒的城市化浪潮和处于绝对优势的地方政府，失地农民本意上并无挑战国家政权的动机，而是为了改进自己的生活或解决个体未来生存与发展中的一些具体问题。快速的城市化转型打破了乡村社会原有的平衡体系，无论是政府权力还是社会规范对农民的约束效力在征地拆迁过程中都迅速丧失或减弱。因为土地的征用使得农民对土地赔偿的预期和欲望不断膨胀，对政府出台的各种文件和法律条文约束不胜其烦，当失地农民的欲望越来越不容易得到约束和控制之时，矛盾的爆发就在所难免。

涂尔干曾指出社会变迁造成社会规范的紊乱，社会成员就变得越来越难以控制。与涂尔干有着类似观点的亨廷顿也曾指出：如果一个社会变迁规模很大，且这些变迁所带来的社会变化不能被及时消化，就很容易激化社会矛盾。

从社会变迁出发，到底是什么机制导致了征地拆迁矛盾频发？关于这一点，笔者认为至少可以从四种角度加以分析。第一，社会变迁导致了新兴意识形态的生成，随着中国农民整体文化水平和阅读能力的提高，失地农民对自由、权利的意识主张不断高涨。第二，被动现代化过程中的失地农民由于"相对剥夺感"的增强，容易形成"挫折—反抗机制"。格尔（Gurr 1970）提出"相对剥夺感"概念是为了解释社会变迁引起的大众心理变化，这种大众心理的变化对社会稳定机制产生了不同的影响。所谓"相对剥夺感"是指每个人都有某种价值期望，而社会则有某种价值支付能力，当社会变迁导致的社会价值支付能力小于个人的价值期望时，人们就会产生相对剥夺感。相对剥夺感越大，越容易形成对社会有破坏性影响的集体行为。格尔所指出的三种类型的相对剥夺感，即递减型相对剥夺感、欲望型相对剥夺感、发展型相对剥夺感在征地拆迁矛盾中都有所体现。① 第三，社会变迁导致了社会结构的变化，城市化运动和现代化进程的加速导致了传统乡村社会化的解体和大众社会的兴起，可以看到组织征地拆迁集体行动事件的动员者并不是传统乡村社会的权威和有威信的人，往往是那些反传统、反权威的"村中人"，他们对政府的补偿政策有着明确的预期，有着一套以成功为目标的策略，并且经常通过不合作或"不符合常规"的表演性行为获得媒体的注意和中央政府的重视，而这正是大众社会兴起的一种初级表现。第四，社会变迁为地方政府提供了政治动员的机会，但传统中国乡村社会的结构是一种建立在儒家伦理基础之上的纵向等级结构，农民缺乏横向互动形成大众社会的习惯与经验，恰恰就在传统乡村社会即将解体之时，共同体成员为了统一的利益目标而聚合到一起，形成一种集体的、大众的对抗性力量。作为当代中国乡村社会中的农民大都是受过教育的、有文化的、理性的社会成员，但随着征地拆迁事件，社会成员聚众密度的增大，身处其中的个体思维和行为方式将渐趋一致，变得冲动和非理性，成员的集体性非理性行动正是征地拆迁矛盾发生的常态表现之一，也是地方政府最感头疼的事，聚众到地方政府办公室闹事，不耐心者的冲动事件频频发生，"一蹴而就的信念"使得征地拆迁矛盾往往直接通过到中央上访来获得快速解决的通道。

梯利认为一个成功的集体行动是由以下六要素决定的：参与者的利益驱动、参与者的组织能力、组织者的动员能力、个体加入集体行动的阻碍或推动要素、形成集体行动群体所具有的力量，运用这六要素大致可以厘清征地拆迁矛盾中集体性发生的来龙去脉。② 在地方政府和失地农民利益对立无法解决的情况下，经济利益最大化和法律的威慑力往往是最具决定性的作用，但根据笔者田野调查资料的反馈，失地农民的斗争策略往往是灵活、理性而游离于法律之外的，具体表现在以下四个方面：灵活地选择并运用法律条文、理性地选择行动方案、借助乡村日常生活资源构造团结文化、选择市场定价机制。如何有效地在当下制度情

---

① 赵鼎新：《社会与政治运动讲义》，社会科学文献出版社2006年版，第78页。

② Tilly, Charles (2004). Social Movements, 1768–2004. Boulder, Colorado, USA: Paradigm Publishers. p. 53.

境和话语体系中获得自身利益的最大化,同时降低制度和法律应用不当的风险,是"失地农民"在复杂的市场环境和利益格局中寻找到的最佳可行方案。失地农民斗争的主线是市场的议价逻辑,而非土地使用权和资源开发权逻辑,其认同的核心也可以定位于"市场的参与者"而非公民权利,有人将其定义为实用主义文化指导下的抗争行为,日常生计压力的胁迫往往使失地农民一般对改变国家宏大结构缺乏兴趣,"弱武器"的使用是他们抗争行动的常用手段。

当前全国频发的征地拆迁矛盾,从一定程度上来看,有弱化政府权威和政治认同的危险,但如果地方政府以正确的心态来对待征地拆迁矛盾和农民的抗争活动,来化解征地拆迁矛盾,这种影响是短期的。因为吉尔伯特的研究已经表明,"现代化过程是一个重塑中央权威并充分进行乡村动员以实现社会整合的双重过程"[①]。梯利指出西欧国家的现代化过程也经历过政府行政权力不断扩张的阶段。正确认识国家和政府在城市化和社会改革中的重要作用,费孝通先生也曾指出近代社会变迁的特点就是有"计划性"地来完成,安宁、平静的乡村自治社会日益被外部性整合和"他治"所取代,中国社会有着几千年"上下分治"的历史传统,新中国成立后政府不断加大对乡村社会的渗透,政府主导型的改革力量在中国政治、经济体制改革中都表现得十分突出,通过媒体的宣传,政府在经济社会发展过程中扮演的积极能动角色及组织推动作用不断得到强化,当前从乡村到城市的城市化变迁很难单方面说是政府在完全主导,毕竟农民也有"城市化"的冲动,因为城市生活的舒适、便捷也是农民所向往的生活方式,"自上而下"的人为设计与"自下而上"的改革方式如何结合,才能形成一种上下合力,这种合力才是真正化解征地拆迁矛盾的内在动力。随着通信技术和信息传播业的发展,传统的社会动员机制已不能有效发挥作用。在新的历史时期,随着政治、经济和文化的发展,国家和政府必须率先找出形成新的社会认同机制的方法,才能有效解决因文化和意义的缺失而造成的社会矛盾扩大化趋势。

福利渗透体系、意义系统的缺失和社会信任体系的瓦解是征地拆迁

---

① [美]吉尔伯特·罗兹曼编:《中国的现代化》,江苏人民出版社1995年版。

矛盾中社会分化的重要力量，中国的城市化运动是在自上而下、单一模式下完成的，解决社会分化的手段其实也相对较为单一，国家与社会的分离是改革开放以来中国社会规划性认同力量失效的根本症结，如何将福利渗透到乡村社会向城市社会的转型过程中？如何将建设小康社会、和谐社会、科学发展观等主流价值观作为协调不同利益群体之间的社会关系的主要方向和思路？如何创造新型的地方政府绩效考核体系为城市化进程的顺利、有效进行提供制度保障？和谐拆迁并非不可能，而在一个威权式的国家中，地方政府来自中央政府的压力非常大，没有循序渐进、规划合理的城市化步骤就不会有城乡一体化的共同繁荣与和谐稳定。

  卡斯特认为认同是可以变化和建构的，而"规划性认同"的形成过程实际上是在网络化、全球化、城市化的特定历史情境中，建构出来的、为当代人所共享的"意义"生成过程。从抗拒性认同到规划性认同的转变，其根本目标是使整个社会成员的价值观保持一致，地域的文化特质是建构认同和意义的基础，具有其他外来文化和意义不可替代的作用，快速的城市化变迁所造成的文化断裂、社会失范是征地拆迁矛盾频发的一个重要原因，而利益性、结构性变迁的因素一直是人们解释这场社会变迁所造成的"社会冲突"的重要原因，其实地域社会中初级关系的解体往往被人们所忽视，而卡斯特所强调的"规划性认同"力量恰恰来自对初级关系和原初认同的重视，对乡村社会空间（邻近地域）和时间（共同历史）进行重组，此外，不论是中国研究纠纷解决机制的学者还是基层政府官员和拆迁居民都不得不认清中国的国情和中国的现代化道路是不同于西方国家的，因为西方国家是经历了百年资本主义市场经济的充分发展，中国的现代化道路必须是将"个人主义"的观念依附到对国家和集体的责任感上，在当前党中央提出的"中国梦"，其根本内涵就是"强盛的国家、兴旺的民族和富裕的个人"的依次实现，在纠纷解决过程中一味地强调个人利益的实现，是不利于国家的快速转型，当然过于强调国家利益高于个人利益，也无法使社会充满活力和创造力。只有将政府权威的合法性和法律的合法性、社会的创造性深深扎根于这场现代化和城市化的变迁过程中，而不是对传统的简单复归，才能真正实现和谐拆迁。规划性认同的形成离不开政府的动员，即指国家以及作为其人格化代表的政府在一定目标的指引下,通过运用经济、政治、法律等不同的手段将社会各独立、分散的部分及其成员构建为有机统一体或集体行动单位的过程。同时需要指出的是在规划性认同的形成过程中,虽然国家对整个社会及乡村发展的总的目标和方向是清楚的,但在具体改革路径、方式和手段等方面仍需要地方的摸索和创新,规划性认同的形成需要重视农民的需求和主动性、创造性,只有这样才有可能真正保证政府主导的"现代化"过程导向不发生实质性变化,才能在"自上而下"的"规划性认同"基础上真正处理中国现代化和城市化过程中的两难症结,也才能在学理上和实践中建构中国实现现代化的结构性基础。

正如在征地拆迁过程中媒体、专家和城市文化都参与到意义的构建过程中,"拆迁户"、"失地农民"等身份的构建都是由文化建构出来的,对于个人或群体而言,认同也是多重和多元的,而这种来自于不同意义和文化体系中的认同是征地拆迁矛盾频繁的根源,法学家不断地在为农民主张权利,而经济学者也在为农民寻找生存和发展的利益空间,政治家们也在政治绩效的压力下不断地为地方发展寻找机会等,城市化的意义被不同社会行动者的行动寻找到了借口。

总之,中国正处于关键的转型时期,在此新形势下的社会认同分化,不仅关系到社会成员相互之间和社会成员对群体和社会的认可与评价,而且也涉及群体之间的认可与评价,以及群体和社会对作为个体的社会成员的认可与评价。概言之,社会认同是发生于人际间和人与社会之间的价值评价关系。社会认同不仅直接表达着个人、群体和社会三种主体的价值评价,而且还规定着人们对待他人、群体和社会采取何种态度和行为。它不仅表达着社会成员在价值观念上的差异分化,而且也能够直接引起人们社会行为的矛盾甚至冲突。

因此,社会认同理论对于转型时期出现的各种各样的矛盾的分析和解读具有很好的理论指导,对征地拆迁中的社会矛盾同样如此,而现有的关于征地拆迁的矛盾研究当中,对利益群体的社会认同鲜有系统性的研究,由此,本书基于一种社会建构论的视角,即认为社会认同有其客观的社会基础,不仅仅是一种主观的心理建构,在此视角下,本书对征地拆迁中各个利益群体社会认同分化的发生机制、展开形式、社会作用、演化趋势、整合方式等方面问题做出深入具体的研究，尝试建立一套符合中国情境、能够有效解释征地拆迁社会矛盾的理论体系，试图深化中国社会学的社会认同理论研究，为创新社会管理体制提供理论指导。

二 乡村社会的解体与征地拆迁矛盾的扩大

如果用大卫哈维的时空压缩来看待中国的工业化、城镇化、市场化进程，就会发现它们统统被压缩进乡村向城市的转型过程之中，而这一场意义深刻的转型很难由行政力量或法律力量来完成，人为改变人们的生产方式和生活方式，需要民众对改革的政策产生认同。否则政策不过是一种自上而下、强制执行的法律实践，由此在执行过程中遭遇民众反抗就在所难免，因为失地农民直观地感受到：自己不过是社会转型、城市化改革的被动承受者，现代化过程不是现代文明对传统文明的简单替代，而是现代化、城市化的理念成为人们广泛熟悉和共同分享的信念时，政策的合法性和有效性才能真正体现。

对于中国乡村社会来说，随着户籍制的放开和城乡流动的加剧，乡土社会的封闭体系已经被打破，社会结构的变迁、文化变迁、国家与社会关系的变化是在利益—权利—文化分化的基础上发生的，这是当前征地拆迁矛盾频发的根本原因，而现代化是不可逆的，它是中国人百年来不断追逐的民族梦想。这就需要我们正确审视现代与传统更替过程中国家与社会的博弈与紧张关系，征地拆迁过程中失地农民以极端方式反抗恰恰证明了无视个体能动性的国家政策所遭遇到的社会阻力，从乡村社会到城市社会的转型是一场综合性的社会变迁，它不仅是市场经济对小农经济的更替，还牵涉到社会结构、文化模式的大规模变迁，它对中国传统乡土社会关系改造是彻底深入的，其影响也是深远的。一是以科层制为基础的官僚体制和以法律制度为基础的技术理性彻底改变了乡土社会的基础秩序；二是随着社会流动范围和规模的加大，传统乡土社会的伦理秩序逐渐解体，人与人之间的关系正在变得待价而沽，个体不断摆脱封闭的乡土社会人际关系，而向外流动。但依照血缘关系和地域关系建立起来的乡土社会关系并未完全解体，这为失地农民形成社会认同并采取集体性的反抗行动提供了先天的优势条件，集体行动的乡村空间、社会文化基础以及新自由主义意识形态放大了个体主义、自利主义的影响，它们一起将征地拆迁矛盾放大为"无法解决的天下第一难事"。

根据文献资料的梳理，不难发现征地拆迁矛盾不断升级的主要原因有以下几个方面：个人权益意识的觉醒导致了对国家合法性的认同危机；土地价值的快速上升导致失地农民相对剥夺感的逐年增强；程序化的修法、修编工作导致了法律制度的滞后性，从而不能及时处理经济社会中出现的问题；地方政府过于依赖"土地财政效益"，由于自身利益的卷入，政府无法向社会真实、有效地公开征地拆迁信息，从而导致失地农民对地方政府的公信力危机；近年来不断暴露的官员腐败案件也使得地方政府官员的形象大大受损，这就对规划性认同中的动员力量失效，"当面一套，背后一套"、"说得好听"等成为失地农民对地方官员不信任心态的真实写照。中国的现代化和城市化道路由于遭遇社会结构的严峻挑战，导致了人们一方面对"现代化"和"城市化"十分向往，另一方面又对"传统社会"保持着特有的情感。中国的政治和社会结构应作出怎样的调整才能既容纳和推进现代化、城市化，又能避免原有社会结构的政治权威在变迁过程中不至于流失过度，因为从乡村到城市的变迁离不开稳定的社会秩序和政府动员的力量。如果社会变迁导致传统权威产生合法性危机，而政府又为了将社会从失序的状态中拉回正轨，向传统进行"回归"必然会使中国的现代性追求丧失殆尽。

第三章　征地拆迁中的归类认同与意义沟通

　　社会认同理论认为社会可以被按照不同的原则或方式分为许多类别较大或某些类别较小的群体，但对于每一个人来说，这种分类却有着重要的认知结果甚至产生强化效应。一旦类别成员间有相似性的感觉后，会产生强烈的共鸣；而不同类别或群体成员之间的差异性或排斥感也会比真实存在的差异要大，这就意味着内群体成员之间的相似性和外群体之间的差异性同时被放大、强化。不同群体之间的分化与张力来自人们试图获得有利于内群体的正向结果，从而加剧了社会的冲突与分化。

　　事实上，政府推进城市化，是民生建设的重要内容，让全体人民共享改革发展的成果，改善和提升被拆迁居民的生活水平，义不容辞。但这并不等于说政府在征地拆迁过程中就没有利益诉求。许多时候，面对不同的利益权衡，作为公权力也难免会有自身的需求，更何况这种需求一旦被贴上"公共利益"的标签，就更容易获得不容置疑的优先权地位。这种官民之间认同的不一致是矛盾频发、多发的根源。更由于土地由政府控制，游戏规则由政府制定，因此要化解官民之间的冲突，就必须正确理解不同模式的归类认同，促进官民之间对不同拆迁模式的意义的沟通就非常必要。

　　笔者在大量调研的基础上，发现征地拆迁大抵可归纳为两种模式：强制式拆迁和共议式拆迁。本部分重点研究征地拆迁的归类认同，目的在于梳理出一种可行的和谐拆迁的思路或建议，在矛盾分化中寻找各方"意义沟通"的特点，为化解征地拆迁矛盾提供前提性基础。

第一节 强制式征地拆迁：弱者身份的建构

社会认同理论认为，人们在社会生活中，建构的是一种正向的社会认同，大部分时候，人们的自我分类并不能增加或减少认同，归类的价值在于区别对待和其他类别或群体的关系。

征地拆迁中，由政府主导，拆迁户和失地农民没有发言权，征地拆迁前群众不了解或完全不知晓整个项目情况，缺乏群众参与，与其相关的利益诉求得不到"回应"，若拆迁户坚持不拆，政府则通过一系列行政程序，最后采取司法强拆，这种征地拆迁往往会造成激进行为和暴力冲突，如打架、围攻和自焚等，强制性的特点非常鲜明，笔者称这种征地拆迁形式为"强制式"征地拆迁。

强制式征地拆迁模式带有强烈的强制色彩，由于事前事后缺乏利益相关者的参与，再加上执行过程中相关工作人员态度比较"野蛮"，缺乏沟通和尊重等，造成大量肢体冲突、暴力事件，甚至出现自焚现象等，如2009年的成都"拆迁自焚"事件，2010年的江西宜黄、江苏黄川的拆迁自焚事件，2011年湖北宜昌因征地纠纷引发居民自焚事件，以及2012年贵州发生的征地自焚事件，等等。笔者以湖南省"株洲事件"为例。

案例1：株洲事件：强制拆迁[①]

"株洲事件"是指在2011年4月22日，湖南省株洲市云龙示范区因征地拆迁未与当地居民就补偿安置等事宜达成一致的前提下，地方政府采取司法强制拆迁，发生被拆迁者点火自焚的恶性强拆事件，引发社会各界广泛关注，事件发生后，地方政府即停止了强制拆迁。

该事件发生的起因是株洲市铁道科技职业技术学院的规模扩

---

① 《株洲村民为阻止强拆自焚，法院称已中止强拆——法治聚焦》，http://www.mzy-fz.com/cms/fazhixinwen/xinwenzhongxin/fazhijujiao/html/848/2011-04-25/content-59511.html-2013-02-02.

张。2009年，株洲市职业技术学院在国家发改委、教育部等部门的重视和支持下，扩张用地经湖南省人民政府批准，决定实施学院的扩建工程。项目实施过程中，有土地使用的许可批文，有合法的征用土地的手续，拆迁补偿工作也比较扎实到位，当地绝大多数群众对这一项目是配合和支持的，紧张也较顺利。但该项目涉及的拆迁户中，以汪家正为代表的10户以补偿标准太低为由多次拒绝搬迁，直接影响了项目进度，造成巨额经济损失，并将导致学校工作无法正常开展。

征地拆迁指挥部的工作人员自2009年11月起，累积十余次到汪家正等拆迁户家中，进行相关的政策宣传解释和协商房屋拆迁补偿事项，但均没有达成补偿的共识。在不影响项目推进的情况下，株洲市国土资源局于2009年12月25日对汪家正等户依法下达《限期腾地通知书》，但需要腾地的人并不认可法院的《限期腾地通知书》，不予理睬。在此种情况下，株洲市国土局向株洲市中级人民法院申请强制执行，于是发生了自焚事件。

事情经过还原如下：据知情人介绍，2009年4月22日凌晨5时左右，汪家正的母亲、弟媳正带着侄儿在家中睡觉，当时大约有100—200人破门而入，把其母、弟媳强行从屋里拉出去，又把仅8个月大的侄儿扔在地上不管。当晚并未宿在此处的汪家正及其弟弟接到电话后即赶回家，双双爬上房顶，拿出早已准备好的汽油瓶。但拆迁的工作人员并不理会，直至看到火烧起来后，才停止。

事件的核心问题是拆迁补偿没有得到被拆迁户的认同。而政府在没有得到被拆迁居民认同的情况下决定司法强拆，从而导致了极端事件的发生。

对于整个"株洲事件"，笔者把整个过程简化为：补偿标准制定与发布—拆迁户认为补偿标准过低—拆迁户以补偿标准太低为由拒绝搬迁腾地，直接影响了项目进度—多次协商未果—国土局下达《限期腾地通知书》—没有对补偿做出调整，拆迁户仍然不愿腾地—国土局提出申请，法院做出行政裁定，实行司法强制执行—半夜破门而入—拆迁户爬上屋顶—点燃汽油瓶—挖掘机已挖到楼下—点火自焚抗议拆迁。在这一过程中，拆迁补偿标准过低是造成群众不愿拆迁的原因，拆迁户对于补偿标准根本就没有参与，也没有发言权；在工作人员执行过程中，缺乏沟通和尊重，比如半夜入户捆绑居民，把八个月大的孩子扔地上无人照顾，推土机直接开到群众楼下等。这些行为过于野蛮和暴力。这种强制拆迁方式，以"推土机"为标志，村委会协助拆迁办进村，以公安与武警为后盾进行征地拆迁。

据笔者调查，案例中的主人翁汪某并不是真的要"自焚"，用一位亲历此事件的邻居的话来说："他其实不想死，用自焚来吓唬他们（拆迁办），结果，不小心，在楼顶踩空了，汽油瓶滑落掉到自己的身上，从而造成意外的惹火上身了。"正如这位事件目击者来说，"自焚"对于汪家来说，是无意中发生的结果；他们本意是想借助于这样的手段或策略，把事情闹大，吸引更多人的关注，博得更多的社会同情和支持，从而与拆迁办进行抗衡。这种逻辑思维和手段策略，是弱者面对强制拆迁的生存策略，即不闹不解决、小闹小解决、大闹大解决。

其实，"株洲事件"仅是众多事件中的一个典型而已。比如遵义事件和宜兴事件等。2003年8月9日上午，遵义市北部新城综合发展有限公司以"汇川大道指挥部"名义，由城管、防暴警察等300余人驾驶几十辆小车、两台挖掘机，浩浩荡荡进入沿红村。在进村以前，他们先对村民的电、水、路、电话等基本生活设施予以强行掐断，并由交警、公安将公路封闭，不准村民自由活动。农民用人墙进行保护，其间部分农民被打倒、打伤。挖掘机在农民没有搬出房屋内生活用品和未赶出牲畜的情况下，几十分钟便将几幢房屋夷为平地……

2004年6月27、28日，江苏省宜兴市张渚镇，当地政府在没有征得农民一致同意的情况下，连续两天动用警力、推土机强行填埋近百亩耕地。在征地现场，目击者称，村民们新近种下的秧苗正被大型推土机碾埋，几十辆填土车、翻斗车还在继续作业。已有近1/3的被征耕地遭到填埋，9名"抵抗"的村民被公安机关羁押……

事实上，这些事件发生过程有着共同的逻辑：在征地拆迁过程中，相对于被征地拆迁者来说，地方政府处于一种强势的地位，而强者的逻辑就是我比你强大，你就得服从我为你做出的安排，这种行为逻辑显然是一种在博弈竞争中处于强势地位的霸权逻辑。由于有些地方政府在征地拆迁政策过程中秉持一种强者的逻辑，使其对被征收者的行为呈现出典型的强制性和野蛮性，从而使得"在拆迁过程中，由于没有完全达成协议，一些地方政府往往不顾农民的反对实行强制拆迁，使得失地农民与政府间的对立局面日益加剧"。

强制性拆迁造成了严重的社会后果，这就是强制性行动造成了政府与民众"水与火"的对立关系，体现在拆迁过程中出现的利益主体各方对立、质疑、谩骂和暴力等；自焚引起媒体、高层和社会关注，政府形象受损，中止强制拆迁。矛盾分化：以补偿标准太低为由拒绝搬迁腾地；互动关系：基层政府与群众之间的关系呈现出"水与火"的对立关系，形式与内在（实质）都不相容，都不认同。

深层根源：弱者身份的建构，拆迁户通过自我归类，一方面把自己塑造成"弱者身份"，通过自焚事件引起全社会的关注，博得社会各界的关注和同情，从而实现其对征地拆迁的不认同；另一方面拆迁户在进行自我归类的同时，把政府和开发商纳入到了一种行为极其粗暴、形象极其负面的群体。可以看出，"弱者身份"的建构是拆迁户和失地农民，在强政府主导下的征地拆迁过程中，采取的被迫但又比较好的生存策略，至少在他们看来是这样的，而这种弱者身份建构的策略来自于自我归类。他们把自己归结为一种弱势、可怜和不断受到欺压的群体，从而获得其他有关群体的同情和支持；通过自我归类，政府和开发商无形中被自然地划入另外一种角色，即强势、粗暴、不讲道理的群体。

现实中的征地拆迁事件，尽管并不是每件都如自焚事件那样惨烈，但是，这些事件有着一个共同的特征，即通过自我归类来完成弱者身份的建构，从而获得社会同情和支持，与正规社会制度进行抗衡，以达到自我利益实现，这种自我归类的认同笔者将其理解为抗拒性认同。具体来讲：一方面，通过自我归类进行着弱者身份的建构，从而获得关联群体的同情和支持。这既是拆迁户和失地农民的一种策略，也是一种生存法则。因此，我们通过对株洲"自焚事件"这样的典型案例的分析，发现了这样的逻辑法则。另一方面，拆迁办（政府工作人员）、开发商及失地农民与拆迁户群体的社会角色是人们的一种最基本、最常识性的认知机制，这种内外群体的自我归类，催化了抗拒性认同的产生。抗拒性认同是基于对正式社会制度和官方价值的抗议和反抗所形成的认同。

这种抗拒性认同的优势在于，类别成员容易获得相似的感觉，产生强烈的共鸣；当内外群体（类别成员）之间的相似性和外群体之间的差异性同时被放大与强化时，征地拆迁的矛盾冲突就会增加。

第二节 共议式征地拆迁：多元参与的建构

不同于强制征地拆迁模式，现实中，还有一种较为少见的，整个征地拆迁进程并不是由政府完全主导，而是由被征地农民、被拆迁户、乡村精英、村委会、项目承包商和政府共同主导着整个进程。在社会认同的重建过程中，强调政府权力受到制约、民众有效参与并承担责任是最重要的两点。"自上而下"的建构方式不利于赢得村民的信任，"自下而上"的建构方式又容易滋生新的腐败和不公平的状况，通过第三部门的参与，引导被拆迁户有序参与拆迁过程，建立基于规则的社会认同建构机制不失为一条有效途径。当然，任何一种建构途径都不是单一发挥作用的，它需要其他途径的配合，例如，拆迁人员自下而上的情感动员是非常重要的；拆迁法的适时更新是制度保障。

这种征地拆迁的方式最大的特点表现在两个方面：其一是被征地、被拆迁对象的参与，事前事后参与；其二是引入了第三方力量，如中介公司和社会组织等。由于事前事后让群众参与并引入了第三方力量，整个征地拆迁过程比较透明、公正；如果遇到各方意见不统一，利益相关方就会讨论、商议，最后各方进行妥协；这样的征地拆迁方式从参与、商议、妥协到一致行动。因此，我们把这种征地拆迁模式称为"共议式"征地拆迁。

共议式的征地拆迁模式强调多元参与。"共"代表着参与主体的多元化，既涉及利益主体，如被拆迁户、征地农民，又会涉及政府相关部门，还会引入第三方力量进行监督和评估。"议"代表着整个征地拆迁过程是在"讨论"和"商讨"中完成，是经过参与主体不断的、反复的沟通和讨论，有争议，也有妥协，最后达成一致共识；这种共识既反映在事前的补偿标准和后续安置方案制定方面，又体现在事后的监督和评估等方面。

共议式模式与强制式模式相比较，它更多的是一种"自下而上"

的推进过程，参与主体多元，事前事后都要经过讨论商议，矛盾和分歧在讨论中达成妥协，因此，征地拆迁过程中，很少出现过激行为和暴力冲突。

为了更清楚地说明这个问题，我们以娄底市的一个社区重建与旧房拆迁改造项目为例。这个案例主要体现了这种"共议式"模式，即多元参与，居民、居委会、街道办事处、社区参与行动组织、物业和项目承包商等；而且，整个项目的推进是在不断地商议和讨论中进行，并没有出现言语的侮辱和肢体的不尊重现象。在当下征地拆迁过程中，这种模式较为少见，不过，我们在这里选取这个案例，只是作为一种前瞻性的学术研究。

案例2：MS楼宇拆迁维修：共议式

湖南省娄底市JN区某小区，由于地震原因，整栋房屋被鉴定为D级，即最差级别，严重影响了城市社区建设，并且对于居民的居住安全构成了威胁。为了配合整个区域城市建设的布局，改善居民居住环境，区政府准备对此小区进行改造，拆迁一部分房屋，维修一部分房屋，绿化一些草坪。可是，从提出要求到现在，过去很多年了，却迟迟没有进展。

该小区楼房建于1998年，一层为门市，业主有150户，其他为居住用户，业主为600户。地震后，通过民主选举，产生了门市业主代表和住宅业主代表，针对小区房屋拆迁维修加固等事宜进行多次商讨，比如召开小型协调会议，但是，双方都没有达成一致意见。眼看楼房越来越危险，但是，拆迁维修的意见和方案却不统一，双方都很着急。

矛盾的焦点主要体现在两个方案的忧虑上。方案一是按照市场规则，进行招标，包括房屋的维修、草坪的绿化以及拆迁户的安置等工作；方案二按照居民意愿，由居民自己进行部分房屋维修和社区的绿化等工作。两种方案各有优缺点，前者的开发成本比较高，整个工程进行比较专业，时间点能够保证，缺点在于核算成本价格过高，远远高于政府对该项目的补贴；后者的方案核算成本比较低，但是在规划和施工方面的质量不能得到保证。于是，该区不同的群体对两种方案的态度也不一样，一直争持不下，不能达成统一意见。这就使得居民在两种方案上僵持着，矛盾纠纷不断。因此，即使在政府以补贴的形式进行小区的改造，也很难推动这项工程。该小区没法得到改造，直接影响到整个区域城市布局和风貌。

最后，由居委会牵头，邀请"社区参与行动"组织和政府相关部门，进行纠纷调解工作。这种引入第三方力量来召开小区改造的会议，在当地还属首次。在各方利益代表的情况下，召开了为期两天的交流会。第一天是多方对实地进行考察，第二天根据考察的情况，进行封闭式的研讨，充分的沟通，交换意见，最终，双方同意了整个拆迁和小区改造方案。这个最终的方案是方案一和方案二的折中。

据一位工作人员介绍，折中方案的形成是建立在大家共同沟通和讨论的基础上，只有充分的沟通和讨论，才能达成一致意见，从而形成各方都满意的"最佳方案"。因此，可以说，"最佳方案"的产生是建立在各方共议的结果之上。

我们把这个案例发生的过程进行简要概括：维修楼房要求的提出—两种方案之争—第三种力量的介入—邀请各方代表进行商讨—折中方案的形成。

矛盾分化：车方案和王方案之争，"车方案"优点有施工图，可无法判断除险加固的可靠性，且价钱高；"王方案"价格上低，可无法检验房屋加固情况。这就使得居民在两种方案上僵持着，矛盾纠纷不断。特点：在手段方面，本案例引入了社区参与行动作为第三方力量介入，从过程来看，整个过程是在讨论商议中达成共识，从社会后果来看，没有引起过激行为，整个项目和谐推进。互动关系：政府和居民形成一种"鱼与水"的关系，相互依赖，相互支持，不可分离。

共议式拆迁引入了社区参与行动，或者是第三方力量。引入社区参与行动组织来缓解征地拆迁过程中民众的矛盾是一个比较理想的选择。随着社会财富的私有化和共有化比例的不断提高，基层共同事务决议的产生将越来越复杂和困难。因此，需要有（会议）开展民主协商组织能力的专门社会组织和社会工作者来做协作者，他们协助大众通过友善的讨论、发表各自的想法（争论）以寻找到实现达成共识的共同目标。不再有"谁战胜谁"的概念，不再有"胜利者和失败者"的概念，任何人都有权发表自己的想法，提出问题和为解决问题作贡献。因为这些意见都是在为共同体的利益着想，只是最后的决策需要大家的参与和表决。在这里我们还要特别强调学会妥协对达成共识的重要性。

深层根源：征地拆迁矛盾是利益矛盾，而非社会根本性的矛盾。由城市化运动而引发的征地拆迁矛盾，作为与地方政府对立的失地农民并不想挑战国家政权，而是为了改进自己的生活或解决个体未来生存与发展中的一些具体问题。共议式强调多元主体的参与，多元主体涉及不同层面的社会行动者，既有政府、开发商，也有社区居民代表等，他们共同的目标是促进城市的发展，改善自己的居住条件，他们分属于不同的群体，但在"社会共识"上是一致的，他们经过多元互动，充分交换意见，最终形成了一种"鱼与水"的关系，促进了征地拆迁社会认同的建构。当然多元参与的基础在于个体认知的一致性，在征地拆迁过程中，这种认知的一致性就是对城市化意义和社区共同幸福生活的认同。多元主体能够"坐下来"共同商议，达成一致意见的基础在于，他们有着共同的认知基础。如果缺乏这种共同的认知基础，共同的议案和行动是无法达成的。具体到征地拆迁中来，正是由于参与主体，对征地拆迁与城市建设和城市发展等城市化意义的理解一致性；这种一致性或称为"共识"，即征地拆迁对城市化意义的共识。

总之，社会认同理论认为人们真正想要达到的是一种正向的社会认同，大部分时候，人们的自我分类并不能增加或减少认同，自我分类的价值在于区别对待和其他类别或群体的关系。本书从大量的调查中抽象出这两种拆迁模式，尽管不能涵盖目前征地拆迁的所有类型，但是，笔者尽量从浩瀚的资料中，梳理出一些理想类型来，为进一步探讨征地拆迁问题提供一些基础。

事实上，本书区分这两种征地拆迁类型的主要依据标准在于：

第一，从过程层方面来看，征地拆迁过程是由谁主导着整个进程，即整个进程是由"自上而下"的政府行政命令主导，还是由基层群民和居民组织，如村委会、居委会以及乡村精英来主导，抑或是第三方力量的介入影响到整个项目的进程。

第二，从手段方面来看，是强制性的，还是共同商议出的结果；是公开的还是有所欺瞒的等。这一过程非常重要，不同的手段将会带来不同的社会后果和互动关系。

第三，从后果方面来看，强制式的拆迁方式往往会引起过激行为，如暴力事件、集体上访，甚至自焚现象；共议式的拆迁方式相对于强制式手段收到的效果好很多，多采用一些非正式机制来缓解利益纠纷和干群矛盾。

第四，从深层次根源来看，两种典型的征地拆迁模式建构的认同基础不同。例如，强制式征地拆迁的归类突出弱者身份的建构，共议式征地拆迁的归类在多方参与的建构方面。

总之，本书从过程、手段、社会后果和深层次根源四个方面区分了征地拆迁模式的特点，并根据这些标准，本书把征地拆迁类型划分为强制式和共议式两种形式。每一种形式本书选取一个典型案例，展现每种形式的征地拆迁模式会带来哪些矛盾分化，以及这些矛盾分化所引起的社会后果和与政府的互动关系变化，最后通过社会互动分析两种归类模式中社会认同的建构。详见表3—1。

表3—1　　　　　　　征地拆迁模式与社会认同的关系

	强制式	共议式
特征	过程：自上而下，政府主导 手段：强制性 社会后果：征地拆迁停止，群众利益侵害，政府形象受损	过程：自下而上，村民/居民主导 手段：多元主体参与，讨论商议 社会后果：各有妥协，达成共识
互动关系	彼此对立 矛盾不可调和 干群关系紧张 高高在上，不服则施压，"火与水"	彼此有争议与分歧，但是也有共识基础互相尊重，平等交流互相妥协，争取共识，"鱼与水"
矛盾表现形式	言语辱骂、肢体冲突、集体上访、暴力行为、自焚事件等	争议中寻找共识，平等中对话，尊重中寻找解决办法
深层根源（社会认同机制）	弱者身份的建构，拆迁户和失地农民通过自我归类完成"弱者身份建构"获得大众同情和支持的同时，形成了内群体和外群体	多元参与主体的建构，在社会互动和博弈中，达成社会共识，多元主体的参与促进不同群体基于社会共识而形成社会认同

第三节　征地拆迁中的不同归类与意义沟通

通过以上分析，本书选取了征地拆迁矛盾冲突的两个典型案例，即强制式和共议式。同时，我们承认，现实中的征地拆迁形式远不止这两种，形形色色，各式各样。本书所概括的这两种形式不可能囊括所有的征地拆迁模式，这里所提炼出来的征地拆迁模式，只是一些主要类型，它们只是建立在笔者调研所掌握的有限资料的基础上。

强制式征地拆迁，行政命令贯穿整个进程，强制性色彩比较浓重，关于补偿标准和后续社会保障方案的制定，被征地农民和拆迁户没有发言权，即使官方通过社会监督的形式来完成，事实上这种监督方式效果"形式大于实质"；关键问题上缺乏群众的参与，执法过程中又缺乏尊重，往往带来一些言语辱骂和肢体冲突，严重时会引起暴力事件，如自焚、殴打和集体上访等，最终集聚社会矛盾，造成社会的不和谐稳定。

共议式征地拆迁模式鼓励多元主体的参与，建构多元参与主体，如被征地农民、被拆迁户、乡村精英、村委会、项目承包商和政府等；另外，它还强调矛盾、分歧和争议应该在讨论中缓解，在商讨中各方互有妥协，最终达成共识。正因为参与主体的多元和对沟通讨论的强调，这种模式引入了第三方力量，社区参与行动组织，提倡在参与中行动起来解决问题。多元参与主体的构建促进了不同利益主体"鱼水"关系的形成，是迄今为止最为文明的拆迁方式，但不多见，值得进一步推进和探讨。

这两种征地拆迁模式正因为在过程、手段以及其引起的社会后果三方面表现的不同，带来的政府与群众的互动关系也发生着变化。

强制式的征地拆迁模式由于缺乏利益主体（被拆迁户）的参与，补偿标准不透明且被拆迁居民认为过低，后续生活无从保障，执行人员态度比较"野蛮"。这种征地拆迁模式折射出的干群关系非常紧张，政府与民众的互动是对立的，是"水与火"的关系。强制模式下的征地拆迁往往会带来很严重的社会后果，特别是在信息社会中，被征地户、被拆迁户弱者身份的建构，顺即得到传播，得到大众的同情；相反，政府的形象就如"恶霸"一样，尽管事实上不是这样，但至少经过媒体放大之后，政府的恶魔形象得以放大。在这里，政府和被拆迁户客观上被分化成对立的两极，"水与火"的拆迁关系阻碍了城市化的进程，损毁了政府形象，给被拆迁居民带来了心灵上永久的伤痛，给社会的和谐稳定蒙上了一层淡淡的硝烟味。在这种背景下，化解对立的两极，增进不同群体对征地拆迁的社会认同，根本的就是政府必须放低姿态，积极向民众靠拢，"接地气"，因为不管是良民也好、刁民也罢，积极疏解被拆迁居民的弱者身份应是化解"水火对立"的根本策略。

共议式拆迁模式由于建构了多元利益主体的参与，是"自下而上"的，利益主体的多元参与，整个征地拆迁过程中鼓励利益相关者不断地沟通、反复地讨论，在讨论中缓解争议、寻找妥协方案，最后达成共识。这一过程，也会出现争论、纠纷和分歧，但是，它更强调共识，它是一种"自下而上"的推动。除此之外，它还有一个特点就是，引入第三方力量的介入，比如案例2中的社区参与行动组织。

社区参与行动组织，作为一个社会组织，扮演着桥梁的角色，把利益各方召集到一起开会和商议，充分听取彼此的意见，事前事后都提倡多元参与和讨论共享，使得整个项目顺利推进。这样的模式能够带来良性的基层干群关系。用一位居委会主任的话说："这才是鱼和水的关系，相互依存，相互支持。"因此，我们借用"鱼和水"的关系来形容共议式征地拆迁。

总之，归类认同主要表现在内群体和外群体的意识认知的自我归类；按照征地拆迁利益相关主体的自我认同和对外排斥，从而引起两大群体的分歧和矛盾，即政府和开发商，拆迁户和征地户。信息化社会下，强制式拆迁的"蝴蝶效应"，使政府的形象受损，直接导致了征地拆迁"天下第一难事"标签的形成。事实上在征地拆迁中，不同群体的归类认同是客观存在的，群体分类也有利于矛盾的化解，意义的沟通。归类认同的目的并不是为了将社会群体划分为不同的类型，目的是寻找不同群体在征地拆迁中的"意义"基础，为不同的对话和合作建构一种积极的认同范式，促成不同群体共享意义的形成，最终为实现和谐拆迁奠定基础。

第四章　征地拆迁中的利益比较认同

马克思曾经说过,人民所争取的一切,都同他们的利益有关。征地拆迁涉及被拆迁户的核心利益,期间的矛盾冲突,再怎么形容也不为过。不过,尽管征地拆迁所造成的矛盾与冲突很多,但是笔者在深入调研中发现,政府、民众和开发商有着共同的认同基础,即征地拆迁与国家建设、城市发展的正功能。甚至于有些被拆迁居民对政府的拆迁是期盼已久,因为征地拆迁而一夜暴富的榜样示范给了他们无穷的渴盼和想象的空间。之所以在拆迁中矛盾重重,归结到一点,就是征地拆迁的利益博弈存在不和谐的问题。

在征地拆迁中,经济补偿的多少是社会比较的核心内容。被拆迁居民和失地农民往往把不同经济补偿的数额一方面在时间维度上来作纵向比较;另一方面与周围区域的被拆迁群体作横向比较。社会认同理论认为,不管人们如何进行群体内或群体外的社会比较,真正产生影响的是社会比较的结果,而不是社会比较的机制,社会比较的结果才是人们进行社会比较的真正目的。比较的结果促进了被拆迁群体心理价位的形成。已有数据表明,绝大部分的实际征地拆迁补偿均低于群众的心理价位,再加上不同群体的补偿不同,从而催生出了相对剥夺感,这也是征地拆迁过程矛盾纠纷很难化解的关键因素。

同时,无论是基层工作,还是学术研究,很多的官员和学者均把征地拆迁看作矛盾对立的产物,而忽视了多元主体的整体认同基础,这样会把"征地拆迁"这样利国利民的事情"妖魔化"。当然,笔者坚持这种共同性认同,并不等于看不到征地拆迁中的纠纷和矛盾。本书一以贯之的观点,就是认为不同社会群体与政府之间依然存在着一致认同的基础或共识的基础,尽管这种认同存在着差异,但毕竟客观地存在。这比忽视认同基础的存在，而一味地强调分歧、纠纷和矛盾的理论，更具有建设性。郑杭生先生曾指出，良性的社会运行应是增促社会进步，减缩社会代价。因此，在征地拆迁中，我们应秉承"建设性反思批判精神"，对征地拆迁中的社会矛盾进行反思和批判，当然不是为了批判而批判，而是以推动矛盾的化解，问题的解决为前提去批判，希望从反思和批判中找到答案。

基于此，本部分主要是基于各种认同的利益的比较，来探讨征地拆迁中基于利益的比较而形成的不同社会认同，从而为提出化解征地拆迁社会矛盾的对策提供依据。

第一节 经济补偿标准制定的分析

征地拆迁过程中，核心是经济利益的认同。在同一地区，官方的补偿标准是以文件形式发布的，但是，在具体执行过程中，个别区域和个别政府工作人员，急功近利，在补偿标准上进行比较随意的弹性制处理，出现有关系的户主获得补偿多，没有关系的户主补偿少，会"闹"的获得补偿多，不会"闹"的获得补偿少。诚如调查时一位拆迁户说的那样，"会哭的孩子有奶吃"。这样的认识在拆迁户和失地农民中不在少数。因此可以说，社会比较是继自我分类的另外一个征地拆迁矛盾冲突引发的根本原因。

社会认同的首要机制是自我归类。自我归类强调内群体和外群体的划分，而内群体与外群体划分的基础是利益分配。从"自下而上"的视角去看征地拆迁，笔者发现，无论是拆迁户和失地农民，还是政府和开发商，都是基于利益分配而"自然"或"有意"形成的两类群体。

经济利益的认同集中体现在征地拆迁过程中的利益分配，即补偿标准。从理论上来讲，无论是征地还是拆迁，只要补偿标准和后续保障得到被征地、被拆迁人群的认同，整个征地拆迁工作就会顺利得多。因为被征地户、被拆迁户、项目承包商和政府存在着一个整体认同基础，即征地拆迁对国家建设和城市发展的重要性和必需性。在这一点上，征地拆迁涉及的不同群体在认识上是高度一致的。他们之间的分歧主要体现在经济补偿上。

现行的征地拆迁补偿标准往往是由国土部门牵头，用地单位和相关部门根据当地生活标准和物价水平，对被征土地和被拆房屋进行补偿定价；理论上，他们会征求被征地农民和被拆迁居民的意见，但在实际操作过程中，被征地农民和拆迁户直到项目批准立项后才得知相关消息。

据一名基层工作人员介绍，征地拆迁事先征询意见往往只传达到居委会和村委会，由他们代表整个村民和居民，而居委会和村委会往往会顺从乡镇政府的意见，对征地拆迁进行无居民和农民参与的征询授权，乡镇政府拿到这种"授权"再向上级呈报；整个项目就是这样被批复。接着，国土部门及相关政府部门根据当地物价和市场价值对土地补偿和房屋补偿进行定价，形式上是征得了被拆迁户和被征地农民的意见，可事实上是村委会（居委会）在大环境下顺从政府的一种形式主义。

> 以长沙市YL区某村的拆迁补偿标准为例。据该区拆迁办邓科长介绍，补偿标准的出台也是严格"按照程序生成"。负责部门：国土局牵头，项目用地申报，政府负责征地，街道办事处、征地办、住房保障局和社保局进行走访调查形成初步意见方案，由长沙晚报进行公示，广泛征求群众意见，根据意见与方案进行修订，再提交长沙市人大讨论通过。（YL区邓科长）

> 好政策标准，不能有区别，应执行一个统一的标准。（1）实物调查要客观准确，不能弄虚作假。调查过程中，要把握好政策尺度，既要维护好群众合法利益和国家公共利益，又要注意调查面积、等级认定的客观公正，不能给群众不公正的感觉，做到不偏不倚。（2）补偿标准在同等条件的土地，不能因为个人喜好或关系远近而执行三六九等，标准要统一，不可区别对待。同村同院、三亲六戚，"你看着我，我看着你"，稍微有不平，就可能引起"连锁反应"。（3）补偿资金发放到户要及时准确。补偿资金到户，是个敏感问题，要防止出现补偿资金的"跑"、"漏"现象。（LX区，黄主任）

在整个补偿标准的制定过程中，政府相关部门均只征求到居委会、村委会层面，普通居民和失地农民事先根本无法参与其中，只是等补偿标准制定后，政府贴出告示，才知晓自己的土地和房屋将被征收和拆迁，补偿金是多少，等等。另外，基层政府还采用征求社会意见的方式，比如把已经确定好的补偿标准草案借助媒体向社会发布，接受社会的监督。这种听取意见的监督方式，看似合理，尊重民意，实则对补偿标准的公正性不起任何作用。因为非直接利益群体往往会漠不关心，而直接利益群体以这种方式反映问题往往显得势单力薄。最终会因为直接利益群体的"相对少数"难以抵制"多数暴政"，而只能"屈从"，给和谐拆迁埋下隐患。

这种打"擦边球"的方式是当地政府在补偿标准制定时惯用的方法。一方面，它满足了政府制定相关政策法规必须向社会征求意见的要求，体现了民主和公开；另一方面，直接利益群体的诉求不会影响到原有方案和标准的制定。我们也可以试想，如果这种社会监督的方法能够奏效，全国这么多的征地拆迁中，可否有通过社会监督这种方式来修改补偿标准的案例呢？事实上，这种情况是很少见的。这也从侧面说明这种社会监督方式根本起不到实质性作用。

因此，虽然形式上给农民和居民提供了发声的渠道，但由于底层群体的"集体少数"无法对补偿标准的制定起到实质性作用。这是导致政府和被拆迁户、被征地农民在补偿标准认同方面存在差异的根本原因。

第二节 经济补偿的纵向比较分析

经济利益的补偿标准，如果没有比较也就不存在矛盾，正是因为比较的差异而导致矛盾纷呈。据笔者调查，民众对征地拆迁的标准普遍不认同，而官方的态度则有分歧，高层政府要求当地政府适时适地调整补偿标准，而当地政府却以各种理由推迟调高补偿标准。当然，这一过程中会涉及各种利益的博弈和分配。根据一名基层工作人员的介绍，征地拆迁的经济利益总额是一定的，如果调高了补偿标准，其他参与者分配的就会变少，更重要的是基层工作人员对补偿标准的制定根本没有发言权，更何况民众。

经济补偿的纵向比较主要是基于不同年份出台的补偿政策。高层政府（国务院）出台的相关文件，要求地方在征地拆迁补偿标准水平和本地实际情况，每隔两到三年要调整一次。事实上，政策法规的出台和调整，需要一个过程，需要一段时间，也就是政策法规总存在一定的滞后性。在这一过程中，民众会对新政策法规的补偿标准有调高的期盼，与现有政策法规对补偿标准的规定有差距。这就造成了一系列的认知差异，比如政府按照旧的补偿标准，而民众希望按照新的较高的补偿标准，这就造成了他们在政策法规上的认知差异。

除此之外，有的地方政府并没有按照国务院对征地拆迁政策法规的调整精神，对法规中补偿标准的调整比较迟缓，这就造成了基层征地拆迁工作的被动。一方面是民众对新补偿标准的要求，另一方面基层工作人员执行过程中仍然依照旧的补偿标准。这就会造成征地拆迁新旧文件出台的交替时间，民众不理解、不支持、不配合等一系列问题。

比如，我们调查的娄底市 LX 区的拆迁工作。2008 年 3 号征地拆迁文件规定：符合安置条件的被拆迁人，每人获得 35 平方米，政府给予土地及相关基础设施的建设，或货币补助 7 万元每人次每户。而 2012 年 1 月出台的 1 号文件，补偿标准和安置条件均有提高，新的政策标准是被拆迁人每人可获得 90 平方米的安置房购买指标，选择政府安置的，可按每平方米 1000 元的均价购买；如果选择货币安置，则根据被拆迁人的条件给予相应的货币补助，其中城区按每平方米 2000 元补助，农村按每平方米 1600 元补助。

据当地拆迁办的一名工作人员介绍，旧政策文件对征地拆迁补偿的标准发生了变化，未拆迁和正在拆迁的居民心理期望升高，希望按照新的政策补偿标准得到更多的经济收益。然而，新政策从出台到实施需要一个时间过程，尤其是从国务院颁布的有关征地拆迁的政策法规，再到省级征地拆迁出台的征地拆迁政策法规，最后到地级市根据当地情况和国务院、省级政府和相关立法部门的指导思想，执行出符合本地区、可操作的政策拆迁条例等，整个过程需要一段较长的时间，短则几个月，长则一到两年。

征地拆迁正常规范秩序这一块也出现了问题，一个文件的执行，目前对于国务院的要求，对于地方政府征地补偿的文件，一般 2—3 年需要调整一次，新文件在前 1—2 年执行得比较好，但是距离执行下一新文件不到 1 年的时间时，村民的思想就比较活跃了，文件要调整了，要提高了，根据目前的物价，提高整体水平标准，居民提出高要求，个人能够得到更多收益。(黄主任，男，36 岁，LX 区征地拆迁办副主任)

例如：长沙市 YL 区某村对房屋拆迁，执行旧文件，群众不认同。该征迁项目是 2009 年启动的，目的是市政拆迁后用来搞工业项目建设，2010 年告知郊区村民，要求拆迁，按照 2010 年的本地出台的征地拆迁文件；由于工程延期，直到 2012 年才启动项目，民众要求按照 2012 年新政策标准执行，而政府认为项目是 2010 年告知发布的，应该按照旧政策法规的补偿标准来拆迁。(CHS 岳麓区拆迁办邓科长)

又如：杭瑞高速建设项目，当地政府、国土局按照 2009 年文件，而整个项目启动在 2012 年，告知当地农民的时间也是这个时间；直到现在，征地仍然按照 2009 年文件；被征地农民要求，按照 2012 年新文件执行。此项征迁项目是 2009 年启动，目的是国家征迁用来修建杭岳高速，乡镇 2009 年张贴公告，直到 2012 年 11 月召开动员大会，12 月才正式动工，为何不启用 2012 年新文件，村民不得其解。(卢某某，男，44 岁，HP 村干部，2012 年 9 月被政府征收 1 亩多旱地)

同时，还存在着另外一种情况，即使有新的政策法规对补偿标准做出了调整，但在实际的执行过程中，往往不被采用。这其中的原因和推辞也很多。有的官员认为，新文件出台之前，有的项目已经开始动工，整个征地拆迁的补偿标准在项目启动时就定下来了，如果再改变，恐怕已经被征地和拆迁的群众会认为这样做有失公允。有的官员还认为，目前的补偿标准是国土部门根据当地市场价格和物价水平制定的，具有科学性，没有必要进行调整。但是，民众们并不这样认为。他们普遍的一个想法就是："有了新补偿标准，为什么不依照较高的补偿标准呢？"

现在已是 2013 年，但政府使用的房屋拆迁补偿文件还是 2009 年公布的文件，2009 年的物价和重新建房的成本要远远低于现在的价格。比如 2009 年建房师傅所需工钱是每平方米 90 元，现在则已上升到每平方米 190 元，已经翻番还要多，其他建筑材料的上升更不用说。一句话，政府给予的补偿资金不足以让他们建起新的适合他们的房屋。(LX 市 SP 村干部，男，50 岁，负责拆迁协调工

作)

目前该村的征地补偿标准为水田每亩29678元,旱地每亩29678×70%元,山地每亩29678×40%元,除以上补偿款后再无其他任何形式的补充补偿款。根据以上的补偿标准,当地居民都不愿意被征地和被拆迁,因为他们觉得补偿标准实在太低,仅仅能维持目前的生活,感觉将来无着落。但国家修路是好事,得服从国家建设的需要,被迫拆迁,很无奈,个人力量太小,不足以发出有效的声音。(ZQ村村干部,男,40岁)

该村需拆房9栋,目前已拆7栋,还有2栋未被拆完。比较典型的一户人家房子是2003年建的,三层小楼,共300多平方米,当时建造花费15万元,现在按2009年国家补偿标准补偿款27万元左右,他不愿意拆迁。一是补偿款太低,房屋被拆后重新建不起新房,按同样标准重建要花费30多万元。(ZQ村村干部,男,45岁,村干部)

总之,由于项目启动到正式执行有"时间差",地方政府按照中央的指示每隔2—3年调整补偿标准有"时间差",这两个时间差的存在,直接导致了地方政府和被拆迁居民对征地拆迁补偿标准不同的认同,这种时间上的纵向比较也直接催生了相对剥夺感。

第三节 经济补偿的横向比较分析

被征地居民经济利益认同的底线实际上就是他们的心理价位。心理价位是指被拆迁户、被征地农民对自己的房屋、土地的一种期望性价值。这种期望性价值与实际的补偿标准差别较大,这也是被拆迁户、被征地户与政府在经济补偿方面认同不一致的重要原因。

根据调查,被拆迁户、被征地农民的心理价位形成有三方面的原因:与周围对比、物价上涨和人的本性。第一,与周围被征地户、被拆迁户的比较,所形成的相对剥夺感;由于邻居或者其他拆迁户的补偿款比较高,自己相对比较低而产生不满的情绪。比如,杭瑞高速项目所经过的临湘市詹桥镇、横铺乡、忠防镇和桃庭镇征地补偿标准各不相同,而且差异较大。据当地农民介绍，同样的一个国家工程，临近的四个乡镇在征地过程中对农民的补偿至少有三个标准。这就造成村民之间的相互比较，为什么同样的土地，所得到的补偿不一样。根据横铺乡巨麻村治安主任50岁的龙先生介绍：

> 在征地拆迁中遇到的主要问题和矛盾主要是补偿标准低，且邻乡之间补偿标准差距大；田地不能供给，后续得不到保障，被征土地后，粮食产量少。例如，我家有五口人，现仅还剩5分地，连最基本的口粮都不能供给，何况还有我的子孙后代。（ZQ王村民，男，45岁，被征用2亩水田）

第二，由于物价水平的持续上涨，政策的相对滞后，现行的补偿标准已经不能满足当下居民的生活水平。国务院的征地拆迁政策法规精神要求2—3年对先行的补偿标准做一次调整，而地方相关的补偿标准调整比较缓慢。在这一过程中，物价上涨的指数比较快，这也是影响被拆迁户和征地农民的心理价位的重要原因之一。就如一位被征地农民所形容的那样：

> 现在的物价飞速上涨，补偿的收益根本跟不上物价上涨的水平，比如，在20世纪90年代时，黄豆售价几毛钱一斤，现今，售价几乎成百分之百的比例增长；6年前，毛尖茶价格在每斤80元，现在可售出每斤500元左右，增长幅度达到百分之两百，而我们的补偿标准却没有进行及时的调整。（ZQ刘村民，男，55岁，被征用1亩水田）

> 再比如，原先在我们村里，盖一栋两层的楼房需要15万元左右；而现在，盖房的原料费用上涨、宅基地费用、用工费用上涨，每天一个工人至少150元左右，政府给予我们拆迁的补偿还不能支付重新盖个两层的楼房，自己还得重新贴进去很多钱；建议地方政府在补偿标准方面应该及时根据物价上涨情况进行调整，这样群众才更加乐意配合征地拆迁工作。

> 事实上，拆迁一栋两层的楼房大概能够补偿到20万元左右，

移迁到其他地方后买宅基地需要3万,建设资金估计花费30万。(卢某某,男,44岁,HP村村干部)

感觉相关补偿不合理。一是认为经济补偿不合理,偏少。政府给予的货币补偿拿来与周边商品房价格比较明显偏低,比如周边商品房价格已达5000多元/平方米,而农民房的补偿价格才2250元/平方米;二是房屋面积计算不合理。对加盖房屋、侧屋、杂屋往往都不计算在补偿范围内,或者仅做适当的廉价补偿。(×××,男,60岁左右,YL区某街道LF村村民)

在调查中,ZQ镇某村村民给出了一个比较典型的例子。在当地,拆迁一栋两层的楼房大概能够补偿到20万元左右,村民移迁到其他地方后买宅基地就需要3万,建设资金大概花费30万。也就是说,村民拆迁后重新安置一个家,至少需要33万元,而政府给予村民征地拆迁后的补偿只有20万元,相差的13万元,村民自己要补上。对于当地村民来说,本来生活得好好的,为了配合城市建设,要离开赖以生存的土地和环境,而且自己还得垫支一笔数额不小的资金,对于他们来说,除了不公平之外,还有的就是生活的压力。因为这笔数目超出了他们的承受范围。

第三,人的本性。在调查中,我们发现,除了与周围比较后形成的相对剥夺感以及物价上涨对被拆迁户、被征地户心理价位的影响外,人"天生的利己性"或"私欲"也会影响心理价位,用LX区拆迁办一位工作人员的话说:"人的欲望是永远得不到满足的,部分拆迁户受利益的驱使,想在拆迁过程中得到更多的人民币。"

对于第三点,笔者是这样认为的。我们不排除有部分拆迁户和被征地农民存在着"漫天要价"的现象。无论是征地,还是拆迁,对于普通群众来说,也许他们的一生中,只有一次机会,一夜暴富的机会;如果不趁着这次机会多得一些补偿,以后也就再也没有机会了。因此,他们必须利用这次"千载难逢"的机会,尽量多争取一些补偿。如有被拆迁人提出,法律没有对农民住房拆迁补偿做出具体规定,提出"我的房屋我想卖多少就卖多少,你们一直往上报价,报到我认为合适的价位,就可成交签订协议,就如你们政府的'土地拍卖'一样"。这些本无法律依据又与当地政府拆迁政策相悖的诉求，一些村、组干部也跟着"附和"，甚至形成"合力对抗"拆迁。被拆迁群众若是依法"争"自己的合法权益则无可厚非。问题是，由于法制本身不够完善，这种"争"，往往造成了征地拆迁上的被动，造成了事实上的"会哭的孩子有奶吃"的社会效应。给网络社会的社会认同带来了不良反映。

不过，相对于他们失去的赖以生存的土地和长期居住的房屋来说，这样的想法和诉求就显得可以理解。问题的关键是，他们土地的价值与他们得到的补偿之间是否相配，差距有多大。娄底市 LX 区土地管理办公室的一名工作人员介绍。

> 一亩征收前的土地如果是 20 万，那么征收后这块土地可能会升值到 120 万；在实际操作过程中，农民从这块土地上得到的补偿是整个土地升值的 20% 左右；这也是整个拆迁工作的难点，群众不理解、不配合拆迁工作的原因之一是得到补偿的标准太低了。另外，他们土地没有了，生活来源切断了；房屋也被拆迁了，虽然有暂时的安置房，不过，安置房一般地理位置比较差，交通不方便，环境比较差，也不利于重新就业；这样一来，一旦被征地，被拆迁之后，得到的补偿金很快就会用完，而后续的生活也无法得到保障，这是被征地户、被拆迁户所普遍担心的问题。（卢某某，男，44 岁，HP 村村干部）

又如以 YY 市经济开发区附近的一个拆迁村为例，该村的征地拆迁补偿标准与 YY 市经济开发区相比，补偿金额差距很大，达到三倍之多。在空间距离很近的情况下，就因为行政区划上他们属于 YY 市经济开发区，而该村属于另外一个乡镇，天壤之别，造成被拆迁居民心理上的难以接受。这里旧平房 12 万一栋全包，合到 600 多元/平方米，YY 市经济开发区（哪怕只有一墙之隔，就因为行政区划属于 YY 市经济开发区）同样的平房补偿款却能达到 1800 元/平方米。

总之，被拆迁居民经过纵向比较和横向比较之后，他们普遍觉得自己的利益受损，因此，心理上总存在一个难以逾越的"坎"，从而在经济利益上产生一种"剥夺性认同"。由于征地拆迁这个利益"蛋糕"总量是一定的，作为政府和开发商的外群体们分得多，那么，作为内群体的拆迁户和失地农民就会分得少。事实上，这种"多"或"少"的概念，并不是事实上的多少概念，而是利益相关主体的主观认知。这种主观认知来源于社会比较，尤其是群体内的比较，更能促发成员之间的不公平感，从而催生相对剥夺感。相对剥夺感一旦在群体内产生，个体就会出现联合，从而抵抗外群体的利益盘剥。这也是征地拆迁矛盾的深层次原因。

综上所述，征地拆迁中的社会比较归结到一点，就是在经济利益层面进行比较，而这也正是社会认同的基础和核心利益，也正是众多学者苦苦寻求的征地拆迁矛盾的渊薮，也正是由于经济利益的比较产生的相对剥夺感，导致被征地拆迁居民内部，不同地域的居民，甚至地方政府的工作人员形成了不同的社会认同。他们均认为拆迁补偿不公平，对国家政策的理解存在偏差，这是建构和谐拆迁认同的难点所在，因此，如何化解不同群体对征地拆迁不一致的利益认同，最终形成一致性认同正是本书建构共享意义的基础所在。

第五章　征地拆迁中的共享"意义"认同

除了归类认同和比较认同外，城市化意义的建构，是征地拆迁不同群体认同的基础。至于双方是怎么认识城市化意义以及城市化与征地拆迁之间的关系？尽管不同群体存在分歧，但是，他们都认为征地拆迁对于城市建设和国家发展是有利的，是一种时代发展的规律。诚如调查时一名被征地的农民所说："国家征地修路，是大势所趋，对于这个，我们是认识的。"只有很少一部分拆迁户对于征地拆迁的合法性提出异议。他们的疑问是，一部分土地被地方征用了，不是用来公共建设，而是转给房产开发商；更有甚者，把宝贵的土地征用后，大量的荒废，造成土地资源的极大浪费。这种现象在现实中客观存在。原因是一些地方政府对城市化的意义认识不深入，不够充分，好大喜功，急功近利，造成盲目的城市化。正如卡斯特所言，认同建立的是意义，"意义"是社会行动者为其行动目的所做的象征的确认。①

通过以上分析，我们可以了解到，征地拆迁所形成的矛盾冲突主要集中在自我归类形成的内群体和外群体之间。然而，无论是以拆迁户和失地农民为代表的内群体，还是以政府和开发商为代表的相对于被拆迁居民群体的外群体，他们对征地拆迁与城市化的意义有着一致性认识，即征地拆迁对城市发展的意义，也就是说，不同群体在社会认同的框架下，对征地拆迁"意义"的共享促进了和谐拆迁。事实上，征地拆迁是城市化进程中一个必经过程，或者通往更好城市发展的一种手段。如果没有征地拆迁，城市也就很难发展。因此，征地拆迁对于经济增长、

---

① ［美］卡斯特：《认同的力量》，夏铸九、黄丽玲译，社会科学文献出版社2003年版，第3页。

城市发展和人口迁移有着重要的作用和意义。针对这一点，内群体和外群体的认识是一致的，这也是"城市使人生活得更美好"的理念强化了政府、被拆迁居民的良好心理预期，对美好生活的向往强化了征地拆迁的社会认同基础。在征地拆迁中，经过自我归类、社会比较后，不同的社会群体达成了"社会共识"，这种"社会共识"的形成客观上促进了不同社会群体"意义"的共享。

对"共享意义"的认同至少涉及如下三个方面：一是征地拆迁中社会保障的认同；二是征地拆迁引发的地域认同；三是被征地拆迁居民的文化认同。这三方面是理解共享意义建构的重要内容。基于此，本部分在分析归类认同和比较认同之后，重点探讨共享意义建构的认同，以期能够更加清晰地勾勒出征地拆迁中社会认同的整体框架，促进不同群体共享意义的建构。

第一节　征地拆迁中共享"意义"的建构

站在社会学的视角，我们认为所有的社会认同都是建构的。但正如前文所述，社会认同到底是如何、从何处、由谁以及为什么而建构的。认同的建构需要来自过去的历史记忆、现实的地理环境以及社会群体的集体记忆，等等。[①] 如图 5—1 所示。

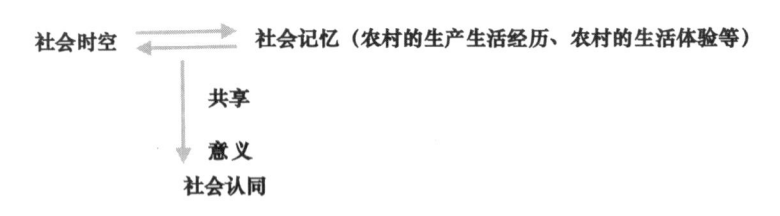

```
社会时空  ⇌  社会记忆（农村的生产生活经历、农村的生活体验等）
   ↓
   共享
   ↓
   意义
社会认同
```

图 5—1　社会认同产生的时空背景

时间是空间的积累，空间是时间的结晶。被拆迁居民在历史的时空中对土地和房屋的社会记忆是很难割舍的，社会时空增进了社会记忆，

[①] 王春光：《新生代农村流动人口的社会认同与城乡融合的关系》，《社会学研究》2001年第3期。

反过来，社会记忆也使社会时空弥足珍贵，面对非自愿性的征地拆迁，抗拒性认同悄然产生，但在社会认同的建构中，基于城市化意义的正能量、城市使人生活得更美好的良好预期，规划性认同也就开始浮现，因此，新的社会认同就在这样的一种历史情境中产生了。他们总是凭借这样的记忆（或经验）来确定自己的行为，建构自己对周围的认识，当然这样的记忆并不属于个人，而是属于社会。没有社会记忆，人们在互动社会记忆与社会时空之间存在着相互作用，社会记忆有可能重建社会时空，比如就有吉登斯所谓的"经验的时间性"提法；同样社会记忆会打下深刻的社会时空烙印，不同时代和生活在不同的社会空间（比如城乡空间或所有制空间等）的人们，会存在着不同的社会记忆。

认同更偏向于个体对身份、地位、利益和归属等一些社会现象的一致性的共识。在征地拆迁中，被拆迁居民处理了基于农村务农、教育背景、生活体验等经验性材料后，重新安排了他们对于征地拆迁的"意义"，从而产生不同的社会认同。

对政府来说，以中央政府的征地拆迁的政策法规为背景，以地方政府的地方性法规制度为平台，拓展及合理化地方政府的拆迁行为，包括司法强拆，因此，对于地方政府来说，对征地拆迁产生的是一种合法性的认同。基于征地拆迁的一套组织和制度，以及一系列被结构化和被组织化的社会行动者，我们看到的是内化的支配及一个强制性的、无差异性的、具有规范性的认同的正当化过程。

对于被拆迁居民来说，对社会保障的认同、地域的认同、对文化的认同以及对自身生活体验的认同等，产生了对征地拆迁的一种抗拒性认同，这种认同建构集体的抵抗力量以对抗他们个体所无法承受的压力，一般来说，社会认同以从历史、地理或生物等面向能够清楚界定而划定抵抗的边界为基础，区分"我们"、"他们"，"朋友"、"敌人"等，是"被排除者对于排除他的人民所进行的排除"。因此，一个不能回避的事实是，网络社会在中国的迅速崛起，在这一过程中，人们找到了意义与认同：我的邻居、我的社区、我的城市、我的学校、我的树、我的河、我的海滩、我的平静、我的环境。但这是一个防卫性的认同；是一种对于已知事务的紧缩化的认同，以用来对抗未知及不可控制事务的不可预测性。突然地未加防卫地面对征地拆迁的风暴，人们不知所措，他们只能紧靠在一起，而他们过去所拥有的，他们过去的作为，变成了他们的认同。

征地拆迁整体上是增进社会进步，特别是促进城市化的重要的有时是必需的手段，在这一过程中，如果能够达到帕累托最优，人民在进行理性选择和感性选择的过程中，均能得到满意的社会结果，当然，这是理想状态。然而事实是，不管何时何地，钉子户均不同程度地存在，而钉子户的存在正是"自焚"等极端社会事件发生的根源。而政府的目的就是被拆迁居民（社会行动者）基于他们能获得的各种各样的文化材料，并对这些文化材料进行社会整合，以重新确定他们所属的社会位置，在此基础上达到社会结构的重新建构。

这种规划性认同的主体是指作为一个个体，其创造个人历史、对个人生活经验的全部领域赋予意义的欲望……从个体转化成主体有赖于两种主张的必然性结合：一个是相对于社区的个人，另一个是相对于市场的个人。①

主体并非个体，即使他们是由个体产生。个别的个体要经由"主体"这种集合性的社会行动者来获取他们的经验中的完整性意义。事实上，在征地拆迁中，我们无法一般地抽象地来讨论政府工作人员的合法性认同和被拆迁居民的抗拒性认同，以及经过一系列博弈之后建立的规划性认同是经由什么途径建构起来的，谁是规划性认同建构的主体，这种认同建构起来后又将面临何种结果。因为它们是与社会脉络相关的。这些认同的建构必须切合当下城市化快速发展的社会背景以及结合本次研究地点的地方性知识。

地方社区由集体行动建构，由集体记忆保存，因此它是认同的特定来源。然而在大部分的案例中，这些认同是为抗拒世界的无序、无法掌握及快速节奏的变迁而产生的自我防卫反应。它们建立的是避风港，但不是天堂。

与征地拆迁相关的两大群体基本上都同意，征地拆迁有利于城市发展，是城市增长的一个必经过程。正如一位失地农民所说的那样，"征地拆迁我们不阻挡，因为是为了城市建设嘛"。其实，在征地拆迁过程

---

① Alain Touraine. La formation du sujet. In Dubet and Wieviorka（eds）. 1995, pp. 29 – 30.

中，不论划分社会群体的标准是什么，内群体和外群体都认同征地拆迁对于城市化的积极意义。

对于被拆迁居民这一内群体来说，他们也认识到了征地拆迁与经济增长、城市发展和人口迁移之间的关系。城市发展需要更多的土地，城市更新需要对大量旧城区进行改造。这些都不可避免地涉及征地和拆迁。有人曾经把征地拆迁看作城市现代化过程的必经阶段。无论是美国、英国、法国和德国等欧美国家的城市发展，还是日本、新加坡和韩国等亚洲新兴体的城市发展，都会涉及征地拆迁。这也是一种必然规律。对于征地拆迁的内群体来说，拆迁虽然是一种非自愿性认同，但它们也深刻认识到，不管拆迁与否，它们实际上是"别无选择"。正如调查时一名钉子户所说："我们明白拆迁是肯定要进行的，是躲不过去的。"他们之所以不配合征地拆迁工作的真正原因在于经济补偿和后续的生活保障方面。他们也想借助于征地拆迁，实现幸福美好的生活。当然，这期间，也有一部分群体想通过拆迁，实现"一夜暴富"的梦想。不过，无论他们是怎么想的，但至少对于征地拆迁的城市化意义认识还是存在的。这也是征地拆迁矛盾化解的先决条件。

对于政府形成的内群体来说，可以用高度认同来表示。比如，调查发现，LD市某区区长"在全市征地拆迁攻坚战誓师动员大会上的表态发言"中指出："隆重召开征地拆迁攻坚战誓师动员大会，这表明市委、市政府领导全市人民做好征迁工作，促进全面发展的坚强决心和必胜的信念。我区正面临大开发、大建设、大发展的关键时刻，能否破解征迁难题，是对我们执政能力的现实考验，是关系我区重点项目能否顺利实施的关键，同时也直接关乎全市发展大局。我们一定从大局出发，加强领导，坚定信念，时刻保持良好的精神状态，确立永不言败的必胜信念，坚持走在一线的务实精神，以和谐征迁为主导，圆满完成市委、市政府交给我们的各项任务。""区委、政府将认真分析研究当前工作形势，积极营造全区上下围绕征迁、支持征迁、服务征迁的浓厚氛围，把征地拆迁的重要性宣传到位，把征地拆迁的政策宣传到位，把区委、政府的坚定决心宣传到位，使干部、群众明白征地拆迁是'功在当代，利在千秋'的大好事，进一步把全区的思想凝聚到'大征迁'上来，行动落实到'大征迁'上来。"

由此可见，不同群体对拆迁的认识是有区别的，政府官员一般更重视拆迁的进度和征收补偿的数额，而对被拆迁农民的生活状况和内心感受很少考虑，甚至根本没有考虑。事实上，土地或者房屋在农民心目中是神圣的，虽然他们在一定程度上也盼着拆迁，盼着美好的生活和巨额的拆迁补偿款，但一旦得到征地或拆迁的通告后，他们的内心则充满着矛盾：一方面，他们面对的是强大的政府机关和权威的工作部门，内心充满恐惧，他们长期的生存逻辑告诉他们，"胳膊是扭不过大腿"的，跟政府对抗无异于飞蛾扑火，绝对没有好果子吃，最终是拆也得拆，不拆也得拆，抗拆的结果的是"打掉牙往肚里咽"；另一方面，由于长期生于斯长于斯的生活经历，他们对土地有着深深的眷恋和难以割舍的情怀也不是政府工作人员所能理解的，因为政府官员主要着眼于政绩，即使对失地的农民，在精神生活和文化生活层面做出了详尽的规划，但也不可能在短期内解决被拆迁居民的社会心理问题；农民"日出而作、日落而息"的生活模式在征地拆迁那一刻起就被无情地打破，被拆迁居民内心的空虚和落寞感是无法形容的。事实上，被拆迁的居民群体是有感情的人，他们不仅是"经济人"，更是充满情感和灵性的"文化人"。所以，物质补偿尽管是第一重要的，但如果让失地农民从此出现文化断裂，精神诉求无法得到满足，这必将给和谐社会埋下不稳定的种子。文化是人民的血脉，是人民的精神家园。毕竟政府所拆掉、所征用的，除了土地和房子，被拆迁居民心中那难以割舍的精神家园也随之荡然无存了。

总之，征地拆迁是一种"自上而下"的拆迁，是一种政府主导的行政行为，对被拆迁居民来说，是一种非自愿性拆迁。对政府而言，是一种主动的建构"意义"，并千方百计促使全区人民（包括被拆迁户）认同这种"意义"的构建。在拆迁中，被拆迁居民在与政府的博弈中，逐渐向政府目标靠拢，实现拆迁"意义"的共享，最终实现和谐拆迁。

第二节　征地拆迁中共享"意义"的内容

征地拆迁中，不同群体经过自我归类和社会比较之后，共享意义的建构，也就是卡斯特所指的规划性认同，客观上包括对经济利益的认同、政策法规的认同以及网络社会中的导向性认同都应是共享意义的基础，但事实上，社会比较主要是经济利益的比较，因为这是实实在在的东西，而对未来的认同、文化的认同以及地域的认同均是拆迁后的结果，是"事后的认同"。因此，本书认为，共享意义的内容主要包括对未来生活的认同、文化的认同和地域的认同。

一 征地拆迁中社会保障的认同

征地拆迁中社会保障的认同主要是指失地农民、拆迁户的后续生活保障，包括低保、医疗、教育以及对于有劳动能力的民众就业问题等。也就是失去土地之后，对未来预期的认同。用一位村民的话说："土地没有了，口粮要买，钱从哪里来？"尽管这句话很短，却道出了失地农民对未来生活的担忧和顾虑。在这里，我们以土地对农民的意义为例来说明社会保障的重要性。

在我国广大农村地区，土地不但是农民最基本的生产资料，而且也是农民最后的依靠，正是在这个意义上，农民拥有一定数量的土地，也是农村社会保持稳定的重要基础。农民土地征收过程中之所以会产生诸多的矛盾和冲突，一个重要的原因就在于征地动摇了农民传统的社会保障，而新的可以被征地农民依赖和信赖的社会保障体系尚未建立。

因此，被征地农民面临的这些问题已经不再是个体农民所面临的风险，而是一个具有群体性风险的社会问题。个体风险可以通过家庭或社区的途径来解决，而群体风险的化解则需要通过政府主导来提供一个比较完备的社会保障体系。也就是要从长远的角度来构建长效的保障机制。从国际上通行的社会保障制度的实行情况来看，也无一例外地由政府主导并承担直接责任。

建立和健全被征地农民和被拆迁户的社会保障体系是经济补偿之外各级政府必须提供的公共服务，这是解决由征地拆迁引发的短期利益与长期利益之间矛盾的有效途径，是社会和谐稳定的一道可靠的安全网。被征地农民和拆迁户的社会保障体系建设应当与城镇居民的社会保险相统一。这也是应对失地农民和被拆迁户今后在生活、养老、就医和就业等方面所将要面临的问题。

1. 理念认同一致

事实上，对于拆迁户、被征地农民后续的生活保障，无论基层政府工作人员，还是普通的民众都意识到这个问题。他们对社会保障的问题认识上是一致的。然而，实际上，相关的财政和政策配套并不到位，失地农民和拆迁户的生活保障问题往往没有解决，对未来的生活充满担心和顾虑，这是影响整个拆迁征地过程是否顺畅的重要原因之一，这也是基层政府和失地农民、拆迁户在社会保障认同方面呈现出"认识上一致，行动上分离"的现象。我们来听听一些基层政府工作人员对这个问题的看法。

> 群众的后续生活也是影响征地拆迁的一个重要原因，不解决这个问题，整个工作就很难开展；现在的整个政策，群众普遍感觉补偿标准低，至于高低，作为政府工作人员，我不便多评价；如果群众的后续生活再得不到保障，土地没有了，房子被拆了，生存都没了保障，无论是谁都不怎么配合；所以，作为基层工作人员来说，政府应该尽快出台失地农民、拆迁户后续生活保障的相关配套措施。（LX 区，拆迁办 Z 科长）

> 失地农民的社会保障问题应该尽快出台相关政策文件，作为基层工作人员来说，我们只有执行上级分派的任务，至于这些政策法规的制定和出台，我们是没有能力参与的；现实中，社会保障对于整个失地农民来说比较重要，征地之前，他们靠土地吃饭；土地没有了或减少了，以后的生活怎么办，都成问题；这个问题解决不好，今后的基层工作就很难办了。（ZQ 乡，L 乡长）

从基层政府工作人员的视角来看，他们认同社会保障对于失地农民和拆迁户是非常重要的。这也是影响民众不配合征地拆迁的重要原因之一。征地之后，农民失去了赖以生存的土地，如果后续生活得不到保障，无论是谁都不怎么乐意。在失地农民和拆迁户的社会保障方面，政府和民众在观念认识上是一致的。

> 宅基地的安置难。一些失地农民抱怨："一亩地补给我们几万

元，过几年补偿款吃完了，生活怎么办？"部分失地农民成为"种田无地、上班无岗、保障无份"的"三无"群体，许多农户因此而失去赖以生存的土地、房屋，成为社会不稳定的隐患。

可供耕种的土地被征收了，而房屋却没有被征收。土地被征收了，补偿的资金有限，靠地维持生计的人无地可种，失去了基本的生活来源，生活陷入困境。房屋没被征收得不到房屋拆迁款，也分不到安置房，村民身份也成不了市民，得不到市民相应的待遇。（×××，男，60岁，长沙市YL区某街道LF村村民）

对拆迁后生活有担忧。土地被征收，房屋被拆迁后生活怎么办？特别是年纪大了，失去可以耕种的土地后到了城市如何来维持基本生活。自己除了种地，没有任何城市生活技能。子女们可以去打工，但他们的生活压力也大，靠他们养老也比较困难。平时农村的田园生活习惯了，城市生活不一定能适应。比如少了山清水秀的田园风光，比如楼高了"串串门"不那么方便了怎么办。（×××，男，60岁左右，长沙市YL区某街道LF村村民）

2. 实践认同的分离

尽管政府和民众对于征地拆迁后民众的生活保障在认识上是一致的，但是，在现实中，政府与民众做的确是"一锤子买卖"。目前许多地方对被征地农民和拆迁户实行货币安置方式，这样做的好处在于，运行成本低，省心省力，即地方政府、用地部门和被征地农民与被拆迁户的经济关系是一次性买断。这种货币安置能减轻国土部门和用地单位的工作量和安置带来的压力，但是，也带来了很大隐患。有限的安置补偿根本无法解决大多数被征地农民的长期稳定生活和出路问题，因为货币安置只是对被征地农民、被拆迁户最低生活保障的安排，没有解决他们的养老保险、医疗保险等问题，缺乏对他们起码的最低生活保障。

也许有人会说，对于失地农民，可以依靠村集体经济组织来完善他们的生活保障。而事实上，根据我们的调研，尽管村集体留用了一部分征地补偿费，但额度有限，不足以替征地农民购买社会保险，因而被征地农民依靠村集体经济组织解决社会保障的期望往往是落空的。

除此之外，征地拆迁过程中经济利益分配缺乏民众的参与，基层工作人员也不参与社会保障方案的制定，特别对于一些大的省级和国家级项目，地方政府在相关财力和政策不到位的情况下，很难出台及时有效的社会保障措施。尽管民众和政府在认识上是一致的，但面对着经济利益的分配，却出现了分离，与民众做着"一次性买卖"，突出表现在社会保障的政策法规是个未知数，对于失地农民、被拆迁户的安置是一种权宜之计。

以娄底市的征地拆迁为例。娄底市集体土地上房屋拆迁补偿安置办法是：第一，符合安置条件的被拆迁人有90平方米（含公摊面积）安置房购买指标。第二，被拆迁合法正房（常住人口常年居住用房）建筑面积超出被拆迁人所享受的安置房购买指标以外的部分，按200元/平方米的标准增加补偿。第三，选择货币安置的被拆迁人，可按相关规定给予货币补助，但不得再购买安置房。具体标准是，娄星区、娄底经济开发区、万宝新区按每平方米2000元补助，冷水江市、涟源市、双峰县、新化县按每平方米1600元补助。第四，被拆迁人的搬迁过渡费按3000元/人的标准支付。过渡期为18个月，最长不得超过30个月。

由上述规定可以看出，这三个办法中，政府在征地拆迁过程中与民众普遍进行着一次性交易，用基层官员的话说："一次性买断。"对于失地农民、拆迁户的补偿是一次性的，对于民众的长远生存权、发展权并没有充分考虑。在LD市对失地农民和拆迁户社会保障的考虑也是在过渡期18个月内，最多不超过30个月。其他的市对社会保障根本没有出台相关政策。这样的做法为今后社会稳定埋下了隐患。由于缺乏理财观念，一夜暴富的他们，难免会习得一些坏习惯，当补偿金用完时，又没有土地，也没有工作，难免会从事一些非法活动，不利于社会稳定。

二 征地拆迁中社会文化的认同

事实上，文化及社会的转化必须来自数个不同的层面，如果它只在个体的心中发生（在某种程度上已是如此），那是没有力量的。如果它只是来自国家的，那将是专制的。在庞大的人群中的个人转化是很重要的，它不仅包含个体意识的转化，也必须要有个体的行动。不过个人必须要有道德传统的群体的养育才能强化他们的抱负。①

无论文化差异是否明显，文化认同的转换问题都是每个失地农民首先需要重新定位的问题，从国内的南北文化差异，到国际的东西文化差异，或许差异程度有所不同，但每一位失地农民都能感受到文化差异给他们带来的冲突：他们必须应对新的文化社会压力和标准，他们必须理解新社会环境，决定怎样或是否融合到当地文化中。

城市化被视为中国经济发展和社会现代化的最主要内容，随着城市化进程的快速推进，城市周围农村的城镇化建设也成为大中城市实现农村城市化的重要途径。同时，工业化和城镇化进程的加快，使大量的农村集体土地被征用，失地农民的数量越来越多。失地农民进城后，在向城市市民转变的过程中，生产方式和生活方式都发生了很大的改变，他们失去了作为生活资本和生活保障的土地，从事着非农的职业，居住方式也日益城市化，但在市民化的过程中，就身份而言，他们仍然被政府与城市居民看作农民，造成失地农民角色转换与身份转换的分离。可以说，他们正处在一个边缘化的阶段，既不像市民，又不像农民，处于二者之间。那么，失地农民究竟如何定位自己的身份，他们更认同自己属于哪一身份？

站在农民的立场，国家征地是将他们从乡土社会中逐渐驱离的过程。因为当下的土地征地政策是由政府主导的，在强政府的场域下，农民对征地政策的制定不可能有话语权。政府决定要征用哪片地，是站在国家利益的高度，不会同农民商量，往往只是告知，实际上是通知，没有协商的余地，你同意也得征，不同意也得征。中国的城市化进程，有农民进城的主观意愿，但进城的农民并没有失去土地的意愿，特别是在当下城市生活成本越来越高的情况下，在老家拥有土地是他们心底的安慰。国家推动的城市化进程农民是非自愿参与的，特别是城市的扩张而造成的土地征用。即使在现行政策下，农民为了支持国家建设，将自己视为生命的土地奉献给国家以后，政府对农民的补偿政策主要采取的是

---

① Bellah etal., Habits of the Heart. Individualism and Commitment in Amercian Life. Berkeley: University of California Press. 1985, p. 286.

一次性货币补偿，也即一锤子买卖。尽管城郊有很多农民因此暴富，过上了他们梦寐以求的富人生活，但绝大多数农民从政府那得到的补偿金很少甚至是缩水了的补偿费和安置费。现在因征用土地而上访的案例中大多是因为补偿不公平或安置不到位引起的，给被征地农民的生存造成了困境，现在虽然政府一直在致力于解决被征地农民的生存就业问题，但在很多地方，失地、失业、失保障的"三失"农民这一根本困境并没有得到根本改观。[①]

事实上，从文化的角度来看，失去土地对长期过着"面朝黄土背朝天"的中老年农民而言，文化的震惊让他们无所适从：几乎是在一夜之间，这些在农田里摸爬滚打了一辈子的农民一下子变成他们原来想都不敢想的城市居民了，变成"城里人"了，这个变化对老一辈的农民来说，简直就像做梦一样，这个变化太大了，在心理上他们觉得有点接受不了。家里的农具是那样熟悉而陌生，农民的失落感油然而生，而政府并没有做好这种衔接。更让他们难以适应的是没有了土地，我又没有能像城里人每月拿工资的工作，仅靠这点补偿金我能维持多久呢？现在岂不是"坐吃山空"吗？老了怎么办？生病了怎么办？补偿款用完了怎么办？种种焦虑心理随之而来。在这种情境下，很多失地农民对自己的身份产生了认同危机。他们是城市中的"农村人"，又是农村中的"城市人"，因此，建构征地拆迁中的文化认同，化解被征地农民的文化缺失刻不容缓。

三 征地拆迁中社会地域的认同

地域认同（region identification），在本书中主要是指被拆迁居民对即将安置的地域以及被迁往的新地域在心理上接受，在价值上认同。地域认同主要从三个方面体现：拆迁户对土地的感情、是否珍视邻里关系以及对周围生态环境的保护。

对于第一方面村民对土地的感情开始淡化，传统计划经济年代农民靠土地"养家糊口"的情况发生了变化，田间耕作的经济收益远远少

[①] 李向军：《论失地农民的身份认同危机》，《西北农林科技大学学报》（社会科学版）2007年第5期。

于外出打工或做生意的收益，农户对土地的经济依赖变得越来越弱，这是他们对土地感情淡化的重要原因。当然，也不排除个别农民仍然认为土地的拥有至少可以保障后续生活有着落，至少保障年年有口粮，不至于挨饿。一旦失去了土地，对未来的不确定性和后续生活的担忧。在征地拆迁之前，村民对土地虽有依赖，但这种依赖只是心理上的一种自我安慰，在实际经济生活中并不占太多的成分，是一种典型的"鸡肋性认同"。被拆迁居民表现的以地域性为基础的文化社区提供了建构意义的另类选择。但当土地属于征地拆迁的范围之内，这种价值陡然上升，对土地价值的认知发生了"颠覆性"的转弯。在这种情形下，"共享意义"的建构显得尤其重要。

第二方面的邻里关系，征地拆迁毫无疑问，会对村民原有的邻里关系进行破坏或重组，但在实地调研中，令笔者非常惊讶的是，村民并没有十分在意这个事情，而是更多把目光放到了经济利益的补偿方面，既纠结于横向比较，也纠结于纵向比较；另外，事实上，LD 市 LX 区的大部分征地拆迁对村民的安置原则是"就近安置"——按照原来的村组顺序在动拆迁的周围进行集中安置。这样的安置策略尽管对原来的邻里关系进行了打破，但是，基本上保留了村组这样的原始组织的初级关系形态；大的邻里环境并没有发生改变，只是组内农民居住的空间发生了改变，所以，他们并不十分在意。也就是说，征地拆迁中，学者们比较关心的邻里关系在这里并不突出，也不影响"共享意义"的建构。当然，这些被拆迁社区的构成是在历史、地理、语言及环境等基础上慢慢作用。因此，他们是被建构的，但是以历史/地理上已决定的反应及计划，物质地建构起来的。当网络系统将时间和空间瓦解时，人民便想要将自己固定在某一个地方，回想他们自己历史的记忆。通过由历史材料产生的新的文化符码，这些防卫性的行动成了意义及认同的来源。

第三方面是对生态环境的保护，征地拆迁无疑对原来的生态环境进行了改变，比如原来每户村民都有院落，院落之前都有几分闲置的土地，可以种些瓜果蔬菜，还有水塘之类的错落交织，形成原始的乡村田野生态环境，而拆迁之后，院落消失了、种菜的田地不见了、水塘也被填平了、农民"上楼了"……生态环境发生了很大改变，然而，淳朴的农民受传统思维观念的影响，认为城里人的生活要比农村生活优越，要比农村的生活好，对城里人的生活比较向往。这种观念超越了这种他们对生态环境的珍视，至少目前，没有太多的农民意识到或特别在意征地拆迁后生态环境变化的重要性要大于他们对城市生活的向往。

> 愿意被拆迁，向往城市生活，认同由村民变市民的身份。认为被拆迁后重新安置的新房比现在的旧房好，安全性也高。由农村人变成城市人后可以解决社保和医保问题，60岁以上的人还可以每月领取200元的生活补贴。城市生活路况好，小孩子上学方便，安全。（李某某，女，30岁，YY市HP乡办公室工作人员）
>
> 虽然愿意被拆迁，但对土地还是有感情。以前是出于生存的需要，靠它种植粮食蔬菜等。现在被征收后彻底没了，还是有点不舍。现在村民被统一安置在一起，熟人还是多。明确知道被安置的地方，还是在以前的行政村的土地上的集中居住区。（张大爷，男，60岁左右，长沙市YL区某街道LF村村民）

总之，征地拆迁中以抵制认同而建立的社区并非意味着就可能开展营造一种计划的认同。它可能是一个维持得很好的防卫性社区。要不然，它可能变成一个利益团体，参加个人化计划的逻辑以及无显著特点的协议，实际上是网络社会的支配逻辑。然而，在其他的情形下，抵制认同产生计划认同，以社会整体之转化为目标。

正如卡斯特所言，随着市民社会的急速瓦解，"正当性的认同"（合法性认同）似乎已进入危机阶段，组成新抗争的文化社区在建构认同时脱离了他们的根源，被拆迁居民在土地情结、邻里情结、环境情结等的共同作用下，确认了自己拆迁的"意义"，从而为与政府的"意义"共享建构了心理基础。

第六章　征地拆迁中不同群体社会认同的实证研究

通过对征地拆迁归类的分析，我们发现，征地拆迁过程引发的矛盾冲突的表现形式多样（强制式、温和式和共议式），然而，这些矛盾冲突背后的深层次原因在于社会认同不一致。有的学者认为，征地拆迁矛盾冲突引发的原因在于经济补偿和群众的未来保障方面，如果解决了这方面的问题，征地拆迁的矛盾就会迎刃而解。但笔者经过深入调研发现，经济补偿和未来的社会保障确实是一个不容忽视的问题，但这些都是征地拆迁引发矛盾的浅层次原因。真正的症结在于不同群体对征地拆迁的社会认同不一致。基于此，本部分拟构建一个社会认同的分析模型，并重点分析不同群体对征地拆迁的影响评价，以进一步厘清不同群体对征地拆迁的社会认同差异。

第一节　征地拆迁的社会认同模型分析

首先，利益相关主体的自我归类，他们会根据经济利益的基础进行自然的划分，比如把拆迁户和失地农民进行"弱者身份的建构"来获得社会大众的同情和支持，从而与其他相关主体进行"对抗"；从这种视角出发，如果把拆迁户和失地农民看作内群体的话，那么，主导着征地拆迁的政府和开发商就变成了外群体。正是由于这种基于利益的自我归类机制，导致了两大群体的"对抗"。

其次，社会比较催生出的相对剥夺感，激化了群体之间的矛盾，甚至出现升级的现象。自我归类在无形中把拆迁户和失地农民归结为"弱者"群体（内群体）。正如上文分析的那样，在内群体中，如果个体的同质性很高,所受的"礼遇"(尤其是来自外群体的赔偿)没有拆迁,社会比较就不会产生意义。然而,事实上,恰恰是来自外群体的"礼遇",出现了差异或不均衡,造成了内群体的不公平感,从而催生出内群体的相对剥夺感。相对剥夺感的氛围一旦形成,就会出现情绪固化的现象。在特定事件下,这种固化情绪就会如火山爆发一样喷涌出来,比如现实中的因为征地拆迁引发的大规模群体抗议事件。

再次,城市化意义的构建为社会认同奠定了基础。无论是自我归类机制也好,还是社会比较催生的相对剥夺感,只要利益相关主体对城市化意义的认识存在着共同的基础,化解征地拆迁中的纠纷矛盾就有可能。城市化是一种社会发展规律,每个城市的发展都不可回避这个问题。因此,征地拆迁对于城市化的意义就更为明显。在这个层面来讲,城市化是一种正面符号的意义,无论是以拆迁户和失地农民为代表的内群体,还是以政府和开发商为代表的外群体,如果任何一方对城市化的意义持负面的态度,那么,在矛盾冲突中就会失去整个社会大众的支持。可以说,城市化意义是一种符号的正能量,这种正能量是缓解征地拆迁矛盾纠纷的基础前提。

最后,基于以上的考虑,本书从自我归类结果、社会比较结果和共享意义三方面来构建征地拆迁的社会认同模型。该模型的由来,是通过前期文献的研读和征地拆迁典型案例的分析,发现了三个维度来构建的社会认同模型,在解释因征地拆迁引发的矛盾纠纷具有很强的解释力。我们把这种模型,作为一种理论假设,一种征地拆迁社会认同的理论假设。具体如图6—1所示。

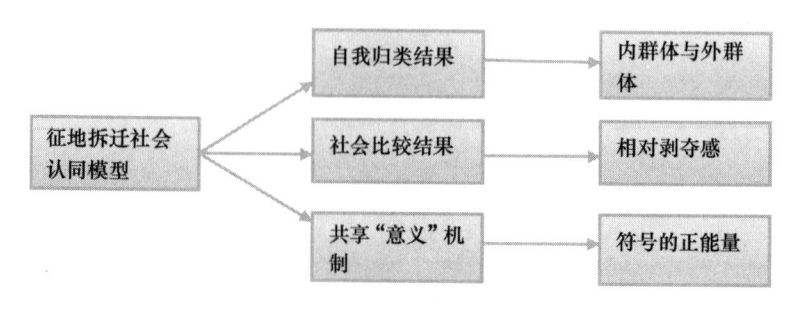

图6—1 征地拆迁社会认同模型

一 变量及测量说明

基于征地拆迁社会认同的模型，本书从三个维度来构建变量，即自我归类、社会比较和共享意义。对于自我归类机制，主要强调的是基于利益分配的群体划分，而这种利益分配在征地拆迁过程中主要表现为经济赔偿和社会保障两个方面。因此，我们用问卷测量不同群体在经济补偿和社会保障的态度认知或认同评价。对于社会比较来说，其强调的主要内容是群体遭受的不同"礼遇"和政策法规的不同解读，以及自身文化背景的定位。对于共享意义来说，其强调作为符号的正能量，即征地拆迁对于城市发展的意义的认识。具体到征地拆迁中，这种城市化意义表现在城市规划、城市发展和民生改善等方面的认同评价上。具体内容见表6—1。

表6—1　　　　　征地拆迁的社会认同变量特征及测量

维度	强调内容	变量	测量
自我归类（潜变量）	基于利益的群体划分	经济补偿	对经济补偿的认同评价
		社会保障	对社会保障的认同评价
社会比较（潜变量）	催生相对剥夺感	群体比较	对于不同地区征地拆迁的评价
		政策法规	对于不同征地拆迁政策法规的评价
共享意义（潜变量）	符号具有的正能量	城市规划	征地拆迁对城市规划意义的评价
		城市发展	征地拆迁对城市发展意义的评价
		民生改善	征地拆迁对民生改善意义的评价

根据以上的思路，我们把自我归类、社会比较和城市化作为征地拆迁的社会认同模型的三个维度进行测量。根据三个元素强调的内容不同，区分了七个变量，然后，再利用问卷来测量出拆迁户、失地农民和政府工作人员等在七个变量上的表现，从而构建出了征地拆迁的社会认同的多元线性回归分析模型。具体如下。

$$y = \beta_0 + \beta_1 x_1 + \beta_2 x_2 + \cdots\cdots + \beta_n x_n + \varepsilon$$

y 表示社会认同，x_1、$x_2\cdots\cdots x_n$ 表示影响社会认同的因素，它们分别代表自我归类、社会比较和城市化三个元素。值得注意的是，三个元素为潜变量；另外，社会比较呈现左偏态，不符合多元性线回归模型对自变量正态分布的要求。为解决这个问题，我们将社会比较取对数，这样就服从了正态分布。另外，为了进一步证实本书的研究结论，在多元线性回归分析之后，我们又进行了逐步回归分析，引入性别、年龄、收入、职业、教育程度以及政治身份等控制变量，引入过程中，没有通过显著性检验的变量就会被逐步剔除。

二 征地拆迁认同模型的检验

好的模型不能离开数据的检验。基于此，针对征地拆迁的社会认同模型，我们通过多元回归分析和部分指标变量的描述性介绍，来了解和验证该模型。在对三个因素的多元回归分析的基础上，我们想了解两方面的内容：第一，它们在社会认同上的表现指数贡献，或者说它们对征地拆迁的社会认同作用；第二，它们三者是否存在某种联系，或者说是否存在相互依存的关系，以及三因素的相关方向和相关程度。在这里尤其指出的是，模型中的三个因素，都为潜变量。作为潜变量的自我归类、社会比较和城市化意义，不能直接精确地被观察和测量，因此，我们通过其他直接变量进行测量，从而构建出三类具有潜变量性质的元素，然后，进行多元回归分析，探讨它们之间的关系。

借助于回归分析，我们可以了解三个因素对社会认同的作用，以及三个因素之间的关系。基于此，我们把社会认同回归于自我归类、社会比较和城市化意义，在置信水平为 0.05 的情况下，自我归类、社会比较和城市化意义都通过了显著性检验（P > t），结果见表 6—2：

表 6—2　　社会认同与自我归类、社会比较和城市化意义的
多元回归模型分析（OLS）

	Coef.	Std. Err.	t	P > t	Beta
自我归类	-0.3253	0.0202	16.090	0.000	0.2274
社会比较	-0.0281	0.0102	2.770	0.006	0.0392
城市化意义	0.5221	0.0101	215.890	0.001	0.2212
_cons	2.4547	0.0215	114.3900	0.000	—

注：Prob > F = 0.0000，R - squared = 0.1550，Coef. 为非标准回归系数，Beta 为标准回归系数，Std. Err. 为标准误，P < 0.5，_cons 为截距，社会比较（log）表示取对数后的社团性交往。

从表 6—2 我们不难发现，城市化意义与社会认同呈正相关，城市化意义认同每提升一个单位分值，社会认同就会提升 0.5221 个单位分值。与此恰恰相反，自我归类、社会比较与社会认同呈现负相关。自我归类每提高一个单位分值，社会认同相应地降低 0.3253 单位分值，同样，社会比较每提高一个单位分值，社会认同相应降低 0.0281 单位分值。通俗来讲，在征地拆迁过程中，不同主体对城市化意义的认识，对征地拆迁有着明显的促进作用；不同群体的认识程度越深，征地拆迁矛盾化解就越容易。相反，自我归类越明显，社会比较越多，社会认同就明显降低，征地拆迁的矛盾化解的难度就会加大。

从数据模型来看，对社会认同起着负面作用的两个因素中，我们可以得到自我归类和社会比较在促进社会信任方面的标准回归系数 0.2274 和 0.0392。通过对这两个系数大小的判断，我们认为社会比较很明显地降低了征地拆迁的社会认同。换句话说，它对征地拆迁社会认同的破坏程度要远远大于自我归类机制。

为了进一步证明这个结论，我们在该模型的基础上，继续引入性别、年龄、职业、收入和教育程度五个控制变量。我们采用逐步回归的方法，模型运行过程中会自动把不显著的变量剔除，结果见表 6—3。结果显示，在这五个控制变量中，教育程度和收入通过了显著性检验。也就是说，除了自我归类、社会比较和城市化意义对社会认同有明显的影响外，教育程度和收入也会影响社会认同。

表 6—3　社会认同与诸多变量之间的逐步回归分析结果（OLS）

	Coef.	Std. Err.	t	P > t	Beta
自我归类	−0.203552	−0.0233306	8.72	0.000	0.1694661
社会比较	−0.0575213	−0.0126576	4.54	0.000	0.0876541
城市化意义	0.4112566	0.0163971	5.89	0.001	0.3678929
性别	0.0190158	0.0263878	0.72	0.471	0.0141693
教育程度	0.0383874	0.0152975	2.51	0.012	0.0563409

续表

	Coef.	Std. Err.	t	P > t	Beta
年龄	0.0001126	0.000948	0.12	0.905	0.0025326
职业	-0.0000322	0.0000527	-0.61	0.541	-0.0123421
收入情况	-3.78E-07	8.00E-07	-0.47	0.637	-0.0095349
_cons	2.652801	0.0846842	31.33	0.000	—

注：Prob > F = 0.0000，R - squared = 0.1750，Coef. 为非标准回归系数，Beta 为标准回归系数，Std. Err. 为标准误，P < 0.5。

另外，自我归类、社会比较、城市化意义、教育程度和收入情况五个变量的标准回归系数分别为 0.1694661、0.0876541、0.3678929、0.0563409 和 -0.0095349，据此，我们认为，尽管引入了众多控制变量，但是，城市化意义方面的认识在促进社会认同方面的优越性并没有受到影响。值得注意的是，尽管性别、年龄、职业以及收入等变量并没有通过显著性检验，但这不表示这些变量与社会认同无关，实际上，要结合理论假设进行讨论，但是，由于本书重点探讨的主题是自我归类、社会比较、城市化意义与社会认同的关系，其他有关内容并不做过多论述。

第二节 不同群体对征地拆迁的影响评价

对征地拆迁的社会效益和经济效益进行评价，有利于摸清征地拆迁矛盾的社会层面和经济层面的整体状况，也有利于"自上而下"（官员）和"自下而上"（民众）的展开征地拆迁的社会认同分析。对征地拆迁的影响进行评价分析，可以厘清社会不同群体对征地拆迁的整体认同程度，以及群体认同差异。

一 征地拆迁的整体影响评价

征地拆迁的整体影响评价可以从三方面进行分析：第一，征地拆迁与城市发展之间的关系，即从调查对象的角度来审视征地拆迁是否真正有利于城市的发展（自下而上的社会认同机制）；第二，征地拆迁与城市规划或建设之间的关系，即从调查对象的视角来看待征地拆迁是否真正有利于城市规划（自下而上的社会认同机制）；第三，征地拆迁与群众生活改善的关系，即征地拆迁之后民众的生活状况是否得到改善，抑或是变得更差。在本部分，我们首先对征地拆迁的整个影响进行评价，然后，对这种影响所涉及的实质内容进行分析，思路主要是：影响评价＋实质内容。

（一）征地拆迁 VS 满意度

为了了解民众（被征地的农民和被拆迁的居民）和官员（政府工作人员）对征地拆迁影响的看法，本书让民众和官员分别对"当前的征地拆迁情况的总体影响"做出评价，评价标准是分值赋予，比如1分为"最不满意"，10分为"最满意"。调查对象根据自己的实际感受，对征地拆迁影响进行赋值。具体数据见表6—4。

由于1分到10分是两个极端值，连接两个极端值的线构成了统计值的分布，中间值为6分，1—6分为"负面评价区间"，1—3分为"极端负面区间"，6—10分为"正面评价区间"，8—10分为"非常正面区间"。如果统计值散落在负面区间，这说明调查对象的总体影响评价趋于负面，如果统计值散落在正面区间，这说明调查对象的总体影响评价趋于正面。

根据统计结果显示，民众对征地拆迁总体影响评价分数均值为6.64，官员对征地拆迁影响评价分数均值为7.01；这两个数值都高于中间值5分，散落在"正面评价区间"。这组数据说明，民众和官员对征地拆迁的总体认知是基本一致的，即同时给出肯定态度，且他们都认为目前的征地拆迁受到了积极影响。不同之处在于，官员在总体影响评价上明显高于民众0.37个百分点，这说明，官员和民众对征地拆迁总体影响评价存在差异，官员的肯定态度要大于民众。

另外，从民众和官员的评价均值来看，二者并没有落入"非常正面区间"，这说明，尽管民众和官员对目前征地拆迁呈现出肯定和满意取向的评价，但是，这种肯定评价除了二者之间存在差异外，而且二者都没有达到"非常正面区间"。这从侧面说明，征地拆迁影响并没有达到帕累托最优，还有很大的提升空间。

表6—4 不同群体对征地拆迁总体影响评价

	政府工作人员			普通民众		
	样本量	均值	标准差	样本量	均值	标准差
影响评价（总体）	128	7.01	2.19	395	6.64	2.654

(二) 征地拆迁 VS 城市发展

征地拆迁与城市发展之间的关系，民众与官员对其态度有着明显的差异。为了了解民众和官员在征地拆迁与城市发展的关系态度，在本书中，我们在问卷中设计了这样一个问题："您认为当地政府为城市发展而进行的征地拆迁是否发挥积极影响？"我们把调查对象的回答选项分为三种情况：如果调查对象认为"能，起到很大作用"选项，我们把它归结到肯定态度，即征地拆迁对城市发展起到积极作用；如果调查对象选择了"不能，仅是形象工程、官员政绩"选项，我们把该调查对象划归到否定态度，即征地拆迁不利于城市发展；如果对象选择"一般，作用不明显"，我们把其归结到模糊态度，即征地拆迁对城市发展的作用不明显。

根据调查的数据显示，民众对征地拆迁与城市发展之间关系持肯定态度的人数为40.0%，持否定态度的人数为6.4%，模糊态度的人数为53.6%；官员对征地拆迁与城市发展之间关系持肯定态度的人数为54.7%，持否定态度的人数为4.7%，持模糊态度的人数为40.6%。具体数据见表6—5。

从这组数据我们不难发现，总体上来看，征地拆迁对城市发展起到积极的作用，民众和官员在这方面的认识基本上是趋于一致的，二者持肯定态度的分别占到被调查对象的四成和五成。但是，二者在认识上也存在差异，官员往往呈现出较高的肯定态度，而民众低于官员大约10个百分点。因此，尽管二者都赞同征地拆迁对城市发展的作用，但是，在肯定态度上，官员明显高于民众。

另外，在这组数据中，还有一个现象比较明显，持"模糊态度"的民众和官员比较多，其数据分别为53.6%和40.6%。这组数据恰好与二者持肯定态度的人数相反。一方面，这说明现实中还有相当一部分的民众和官员仍然没有看到征地拆迁对城市发展的作用，他们不明白征地拆迁对城市发展到底有没有积极的促进作用;另一方面,民众持模糊态度的人数高于官员,这与实际情况相符,原因有二,官员文化素质普遍高于民众,其二者问题的立足点不同,官员从整体和长远的角度看问题较多,民众把眼前和实际的问题作为立足点。

表6—5　　　不同群体对征地拆迁与城市发展关系的态度

	政府工作人员		普通民众	
	样本量	百分比(%)	样本量	百分比(%)
肯定态度	70	54.7	156	40.0
模糊态度	52	40.6	209	53.6
否定态度	6	4.7	25	6.4

(三)征地拆迁 VS 城市规划

在征地拆迁的影响评价中,除了城市发展之外,城市规划也是非常重要的内容。政府往往为了城市发展而采取城市规划,城市规划就直接涉及土地的征用和房屋的拆迁。为了了解征地拆迁与城市规划之间的关系,我们在问卷中设计了这样的问题:"您所在区域征地拆迁对城市规划(建设)起到了什么作用呢?"与其对应的选项有三个,他们分别为:"有利于城市规划,拆迁后城市变得越来越好";"有利有弊,利大于弊,大部分地区拆迁后建设情况良好";"有利有弊,弊大于利,拆迁后城市变得略显杂乱"。

根据调查数据显示,民众对征地拆迁与城市规划之间关系持肯定态度有效百分比为56.4%,即调查对象中有一半以上的人认为,征地拆迁有利于城市规划;同样,官员对征地拆迁与城市规划之间关系持肯定态度的有效百分比为50.0%,即有一半以上的官员认为,征地拆迁与城市规划之间是正向的积极关系。值得注意的是,无论是民众还是官员对征地拆迁与城市规划之间关系都持积极肯定的态度,但是,仍旧有10%左右的调查对象认为,征地拆迁对城市规划的弊端大于好处,即尽管征地拆迁有利于城市规划,但是其所带来的问题和弊端超出了其所带来的利益。具体数据见表6—6。

表6—6　　　不同群体对征地拆迁与城市规划之间关系的态度

	政府工作人员		普通民众	
	样本量	百分比（%）	样本量	百分比（%）
完全有利，弊端很少	54	42.9	130	33.5
有利有弊，利大于弊	63	50.0	219	56.4
有利有弊，弊大于利	9	7.1	39	10.1

（四）征地拆迁VS生活改善

对征地拆迁影响评价中，我们增添了对生活状况的考察，即征地拆迁是否有利于民众生活水平的提高或改善。在征地拆迁之后，民众的生活水平发生了怎样的变化。为了了解这个问题，我们在问卷中设计了这样的问题："据您了解，拆迁户拆迁后生活状况如何？"与该问题对应的选项分别为：有很大提高、稍微提高、跟拆迁前情况差不多、情况变差和生活状况急剧下滑。为了简单明了地说明问题，我们把这五项化简为：提高很大、提高一点、没有变化、情况变差和急剧下滑。

根据调查的数据显示，认为征地拆迁后生活状况有改善的民众有40.6%，生活状况没有发生变化的占28.9%，生活状况变差和急剧下滑的占9.4%。官员在这方面的认识与民众基本保持一致，征地拆迁后生活状况明显改善、没有变化和情况变差的人数百分比分别为42.9%、15.9%和9.5%。具体数据见表6—7。从这组数据中，我们不难发现，征地拆迁后民众生活水平改善的不到一半，有将近三分之一的调查对象生活并没有发生变化，维持原样。另外，有少部分民众的生活情况由于征地拆迁而急剧下滑，而生活质量下滑的民众正是对征地拆迁不满的公众。

表6—7　　　不同群体对征地拆迁后生活改善状况的评价

	政府工作人员		普通民众	
	样本量	百分比（%）	样本量	百分比（%）
提高很大	40	31.7	83	21.1
提高一点	54	42.9	160	40.6
没有变化	20	15.9	114	28.9
情况变差	10	7.9	29	7.4
急剧下滑	2	1.6	8	2.0

二 征地拆迁的经济补偿评价

在对征地拆迁的整体影响做出评价后,我们征地拆迁过程中,民众对经济补偿这种方式的影响评价进行分析。因为经济补偿是征地拆迁过程非常重要的环节,直接影响着民众生活状况和政府工作的开展。许多社会问题和矛盾冲突也是由于经济补偿不到位或者标准不合理引发。因此,在做征地拆迁问题影响评价之后,我们对经济补偿的影响进行研究。按照同样的思路,我们对经济补偿的总体影响满意度进行分析,然后按照经济补偿的合理性和落实情况进行深入分析,思路同样采用:影响评价+实质内容。

（一）征地拆迁 VS 补偿满意度

事实上,不同区域的民众,所得到的经济补偿不同,有时存在较大的差异;不过,他们对由于征地拆迁所得到的经济补偿主观满意度却是一致的。这种满意度主要是指主观感受的情绪和心理。为了了解民众和官员在经济补偿满意方面的态度,我们在问卷中设计了几个选项来测量。这些选项分别为:"您对目前征地拆迁中经济补偿的满意度评分"、"对以下征地拆迁补偿方式您更乐意选择"、"您认为政府的征地拆迁的货币赔偿、房屋安置等是否合理"、"相关部门对于征地拆迁的补偿落实情况如何"和"您认为对拆迁户的补偿方式和标准应该由谁来决定"等。

其中,"经济补偿满意度"是数值型变量,是对民众和官员对经济补偿的总体满意度评价。该项的分数从 1 分到 10 分,1 分代表满意度最低,10 分代表满意度最高,6 分为满意度适中（及格分数）。1—6 分为负值区间,如果某个统计值散落在本区域,这就表示满意度的评价是负面的;6—10 分为正值区间,同理,某个统计值位于该区域,这就表示满意度的评价是正面的。

根据调查数据显示,民众对于征地拆迁所获得经济补偿满意度评价均值为 6.44,官员对于征地拆迁目标实现程度的满意度评价均值为 7。具体数据见表6—8。这说明,无论是民众,还是官员,对目前征地拆迁所得到的经济补偿或经济目标的实现认识是一致的,均持肯定的态度,评价较为积极正向。然而,与官员在经济补偿方面的评价,民众对此的满意度要低于官员在这方面的满意度。或者说，官员对经济补偿的满意度评价高于民众的满意度评价。

表6—8　　　　　　　不同群体对经济补偿的满意度评价

满意度	政府工作人员			普通民众		
	样本量	均值	标准差	样本量	均值	标准差
经济补偿	127	7	2.193	392	6.44	2.683

（二）征地拆迁 VS 补偿合理性

在征地拆迁过程中，政府给予失地农民和拆迁居民的经济补偿主要包括货币赔偿、房屋安置及少量的社会保障等。正如前文所分析的那样，民众和官员对征地拆迁所获得经济补偿或实现的经济目标满意度做了评价，二者的态度均处于肯定积极方面。除了经济补偿的满意度外，这里还涉及征地拆迁经济补偿的合理性。这也是民众比较关心的问题。也就是说，仅测量征地拆迁经济补偿的满意度还不够，还应该测量经济补偿的合理性。因为满意度和合理性是民众在征地拆迁过程中最为关心的问题。因此，我们在研究中把二者作为两个独立的变量进行测量。

对于经济补偿的合理性的研究，在问卷中我们主要用"您认为政府的征地拆迁的货币赔偿、房屋安置等是否合理"选项来测量。与其对应的答案分别为五项：非常合理、比较合理、一般、不合理和极其不合理。数据显示，民众认为经济补偿非常合理和比较合理的比例分别为 8.3%和37.7%，二者累计百分比为46.0%；官员认为经济补偿非常合理和比较合理的比例分别为 16.4%和43.0%，二者累计百分比为 59.4%。具体数据见表6—9。

通过这组数据，我们不难发现，民众对征地拆迁所涉及经济补偿合理性持怀疑和负面态度，认为经济补偿合理的不到一半，而认为经济补偿不合理的人数超过了调查总数的一半。另外，有六成的官员认为现在的经济补偿比较合理，这与民众的认知存在较大差异。因此，本书得出结论，民众和官员在征地拆迁经济补偿的合理性评价方面呈现出两极分化，民众的合理性评价普遍较低，而官员的合理性评价较高。

表 6—9　　　　　　　不同群体对经济补偿合理性的评价

	政府工作人员		普通民众	
	样本量	百分比（％）	样本量	百分比（％）
非常合理	21	16.4	33	8.3
比较合理	55	43.0	150	37.7
一般	42	32.8	151	37.9
不合理	9	7.0	56	14.1
极其不合理	1	0.8	8	2.0

（三）征地拆迁 VS 补偿落实情况

除了了解征地拆迁经济补偿的满意度和合理性之外，本书还对经济补偿的实际落实情况进行了调查。我们认为这一点也非常重要。再好的政策，如果落实不到位，也会产生各种问题。因此，为了了解经济补偿政策的落实情况，我们在问卷中设计了一个选项："相关部门对于征地拆迁的补偿落实情况如何？"调查结果有非常及时、比较及时、一般、不及时和没有落实等。

数据显示，民众认为经济补偿政策落实非常及时和比较及时的有效百分比分别为 11.9％ 和 37.6％，二者累计百分比为 49.5％；官员认为经济补偿政策落实非常及时和比较及时的有效百分比分别为 17.3％ 和 51.2％，二者累计百分比为 68.5％。具体数据见表 6—10。从这组数据，我们得出结论，民众对征地拆迁经济补偿落实情况并不满意，认为经济补偿落实及时的不到调查人数的一半，而认为经济政策落实"不及时、一拖再拖"和"说了就算，没有落实"的人数将近一半。这说明，现实中的经济补偿政策落实不到位、不及时。

与民众在经济补偿落实方面的评价形成鲜明对比的是官员的态度。调查数据显示，有将近七成的政府工作人员认为征地拆迁的政策落实到位，也非常及时；仅有 4.7％ 的政府工作人员调查对象认为经济补偿落实不到位或不及时。而民众认为经济补偿落实不到位或不及时的占调查人员的约 15％。这个数字是官员数字的三倍。这说明，民众和官员对经济补偿落实的评价存在着较大差异和分歧。

表 6—10　　　　　　不同群体对经济补偿落实情况评价

	政府工作人员		普通民众	
	样本量	百分比（%）	样本量	百分比（%）
非常及时	22	17.3	47	11.9
比较及时	65	51.2	149	37.6
一般	34	26.8	142	35.9
不及时，一拖再拖	6	4.7	45	11.4
说了就算，没有落实	0	0.0	13	3.3

三　征地拆迁的政策法规评价

在征地拆迁过程中，除了经济补偿外，相关的政策法规同样重要，无论是对于民众来说，还是对于政府工作人员来讲。因此，我们在影响评价时，特别注重了解征地拆迁相关政策法规的评价。我们首先对政策法规满意度进行整体评价，然后，对其涉及的实质内容进行分析，比如民众对政策法规的了解程度、对政策法规的具体看法以及现行政策法规存在的主要问题等。

（一）征地拆迁 VS 政策法规的满意度

为了了解民众和官员对征地拆迁政策法规及其实施影响的总体评价，我们在问卷中同样设计了有关总体影响的评价选项。该选项是"您对目前征地拆迁中法律法规运用及其实施影响的满意度评价"。调查对象可以根据自己的实际感受，对该选项打分。1分代表非常不满意，10分代表非常满意，6分代表满意（及格分数）。1—6分为负值区间，如果统计值散落在这个区间，这就意味着征地拆迁的法规政策影响是负面的，至少调查对象对其评价是消极的；6—10分为正值区间，如果统计值散落在这个区间，这说明调查对象对征地拆迁的法规政策及其影响持肯定态度。

根据调查数据显示，民众对征地拆迁政策法规及实施影响的总体评价均值为 6.37，处于评价的正值区间。这说明，民众对目前政策拆迁的法律法规及其实施影响持有肯定的态度，尽管不是十分满意，但是，这些法律法规的影响基本承认。同样，作为政府工作人员，其对征地拆迁法律法规及其实施影响的总体评价均值为 7.17，远高于民众对此的评价。这说明，政府工作人员对目前实施的征地拆迁法律法规认同度比较高，对其影响也颇为满意。具体数据见表6—11。

表6—11　不同群体对征地拆迁政策法规及实施影响的总体评价

总体影响评价	政府工作人员			普通民众		
	样本量	均值	标准差	样本量	均值	标准差
政策法规	127	7.17	2.386	395	6.37	2.743

（二）征地拆迁 VS 法律法规了解程度

"送法下乡"体现了国家重建乡村秩序的努力，失地农民对于征地拆迁的法律法规一开始并非十分熟悉、了解，但随着自身利益的卷入，农民会自发地学习国家的法律法规，并会利用法律武器进行维权活动，法律为农民在征地拆迁矛盾中采取"集体抗争"的方式寻找到合法性的依据，使朴实、守法的农民向"不违法、争利益"的农民转变。

为了了解民众和官员对征地拆迁的法律法规的了解程度，我们在问卷中设计了一个问题，即"您对征地拆迁的法律及相应赔偿标准是否了解"，该选项的答案分为五种情况，分别为：非常了解、比较了解、一般、不了解和一点都不清楚。

数据显示，民众对于征地拆迁的法律法规非常了解的人数占总调查人数的6.0%，比较了解的占调查总数的38.9%，二者累计代表调查对象对法律法规持比较了解的态度的人数约为45.0%。同理，官员对于征地拆迁法律法规持非常了解、比较了解的态度的人数分别为17.2%和46.1%，二者累计表示官员对政策法规持了解态度的人数百分比为63.3%。具体数据见表6—12。

从这组调查数据，我们发现，民众对征地拆迁的相关法律法规并不是十分了解，而官员在这方面的了解程度要远远大于民众。在民众调查数据中，仅有四成多的调查对象认为自己对目前的征地拆迁的法律法规了解，而超过一半的人对政策法规不了解或不清楚；在政府工作人员的调查数据中，有六成多的官员都认为对目前征地拆迁的法律法规了解，不了解或不熟悉的仅是少数，占总调查人数的6.3%。这说明，民众和官员对于征地拆迁的法律法规的了解程度差异较大。

表 6—12　　　　　不同群体对征地拆迁法律法规的了解程度

	政府工作人员		普通民众	
	样本量	百分比（%）	样本量	百分比（%）
非常了解	22	17.2	24	6.0
比较了解	59	46.1	155	38.9
一般	39	30.5	145	36.4
不了解	8	6.3	64	16.1
一点都不清楚	0	0.0	10	2.5

（三）征地拆迁 VS 法规政策具体看法

为了了解民众和官员对征地拆迁法规政策的具体看法，我们在问卷中设计了这样一个问题："您对当前征地拆迁政策看法如何"，该选项有五个答案供调查对象选择，它们分别为"法规政策非常好，妥善安置了拆迁户"、"比较好，拆迁情况比其他地区好"、"一般，政策是好的，但是底下部门没有完全按照政策实施"、"比较差，拆迁时矛盾冲突比其他地区多"和"非常差，经常出现因征地拆迁暴力冲突"。为了更简练地说明问题，我们把这五项分别简化为"法规政策非常好"、"法规政策比较好"、"法规政策一般"、"法规政策比较差"和"法规政策非常差"。

数据显示，民众认为目前征地拆迁的法规政策非常好和比较好的人数百分比分别为12.3%和33.8%，二者累计百分比为46.1%，该累计百分比表示民众对政策法规持肯定态度的人数比例。同样，官员认为目前征地拆迁的法规政策非常好和比较好的人数百分比分别为21.3%和39.4%，二者累计百分比为60.7%，该累计百分比代表政府工作人员对政策法规持肯定态度的人数比例。从这组数据中，我们发现，民众对目前征地拆迁法规政策持肯定态度的人员较少，人数比例不到一半，仅为四成多；相反，政府工作人员对目前征地拆迁法规政策持肯定态度的人数比较多，人数比例有六成。因此，可以说，民众和官员对目前征地拆迁法规政策的态度存在差异，而且分歧较大，相差14个百分点。具体数据见表6—13。

表6—13　　　　　　不同群体对征地拆迁法规政策的评价

法规政策	政府工作人员 样本量	百分比（%）	普通民众 样本量	百分比（%）
非常好	27	21.3	49	12.3
比较好	50	39.4	134	33.8
一般	33	26.0	161	40.6
比较差	14	11.0	45	11.3
非常差	3	2.4	8	2.0

四　征地拆迁的政治维稳评价

政治维稳无疑是征地拆迁过程中非常重要的官员考核目标，因此，在征地拆迁过程中，基层官员会把这个目标作为自己的工作重心。在对征地拆迁影响评价时，这一环节不能忽视。我们通过对行政介入满意度和政治目标实现满意度进行测量，然后，从实质内容群众的上访情况和暴力事件数量变化趋势来说明这个问题。

（一）征地拆迁 VS 政治满意度

为了了解民众和官员在征地拆迁与政治维稳之间的关系的态度评价，我们在问卷中设计了行政介入满意度评价和政治目标实现满意度评价。1分为最不满意，10分为最满意，民众和官员按照实际情况给出满意度评价。值得注意的是，1—6分为低分区域，或者说是负面评价区域，落在该区域的统计值，代表调查对象的评价为负面或消极的；6—10分为高分区域，或者说正面评价区域，落在该区域的统计值，意味着调查对象的评价是正面或肯定的。

数据显示，民众对征地拆迁过程中的政治介入持正面肯定的态度，其满意度评价均值为6.56；政府工作人员对征地拆迁过程中政治目标的实现程度也持肯定态度，其满意度评价均值为7.17。另外，政府工作人员对政治目标的实现程度满意度略高于民众对政治介入满意度。具体数据见表6—14。

表 6—14 不同群体对政治维稳的态度评价

政治目标	政府工作人员			普通民众		
	样本量	均值	标准差	样本量	均值	标准差
政治维稳	127	7.17	2.254	395	6.56	2.683

(二) 征地拆迁 VS 上访暴力事件

我们再通过征地拆迁过程中民众的上访数量变化和暴力冲突事件情况来说明政治维稳。也就是说，为了了解征地拆迁过程中民众的上访情况和暴力冲突事件，我们在问卷中设计了两个选项，它们分别为："您所在的区域，因为征地拆迁老百姓上访的数量变化趋势？""您所在的区域，每年因为征地拆迁引起的暴力冲突事件数量变化趋势？"与其对应的选项分别为：急剧增多、增速缓慢、保持平稳、增速减少和下降很多。

从调查数据中，我们不难发现，征地拆迁过程中民众的上访数量"急剧增多"和"增速缓慢"的有效百分比为 19.5% 和 23.0%，二者累计百分比为 42.5%。这说明，有四成多的新上访事件是由征地拆迁引起，或者说征地拆迁所引发的群众上访以 40% 的速率增长。同理，我们再来分析一下表 6—15。由于征地拆迁而造成暴力事件"急剧增多"和"增速缓慢"的百分比分别为 14.5% 和 18.4%，二者累计百分比为 32.9%。这说明新的暴力冲突事件有三成多与征地拆迁有关，或者说征地拆迁使得暴力事件以 30% 的速率增长。总之，无论是上访数量的增长速率，还是暴力事件的增长情况，都与征地拆迁有着重要的联系。

表 6—15 不同群体对征地拆迁过程中民众上访数量变化趋势的认识

	政府工作人员		普通民众	
	样本量	百分比（%）	样本量	百分比（%）
急剧增多	56	14.5	77	19.5
增速缓慢	71	18.4	91	23.0
保持平稳	206	53.4	174	44.1
增速减少	23	6.0	22	5.6
下降很多	30	7.8	31	7.8

五 征地拆迁的社会效益评价

征地拆迁所涉及的社会效益，主要是指社区和谐、民主参与和邻里关系三个方面。我们首先对社会效益做了一个整体满意度的测量，然后对社区和谐、民主参与和邻里关系情况的实质内容进行分析，力求展示征地拆迁与社会效益之间的关系。

（一）征地拆迁 VS 社会效益满意度

为了了解民众和官员对征地拆迁与社会效益之间关系的看法，我们对征地拆迁所引发的社区和谐问题和社会效益进行了满意度测量。在问卷中，我们分别向民众和官员设计了两个问题，即"您对目前征地拆迁中社区和谐稳定的满意度评价"和"您对目前征地拆迁中社会效益的满意度评价"。我们在这里假定：1 分为最不满意，10 分为最满意；1—6 分为低分区域，或者说是负面评价区域，落在该区域的统计值，代表调查对象的评价为负面或消极的；6—10 分为高分区域，或者说正面评价区域，落在该区域的统计值，意味着调查对象的评价是正面或肯定的。

数据显示，民众对征地拆迁所带来的社区和谐满意度持肯定态度，满意度评价均值为 6.55；官员对征地拆迁社会效益的满意度评价也是持肯定态度，满意度评价均值为 6.89。尤其注意的是，无论是民众，还是官员，在征地拆迁与社会效益之间关系的评价态度是高度一致的。具体数据见表 6—16。

表 6—16　不同群体对征地拆迁所带来的社区和谐满意度评价

满意度	政府工作人员			普通民众		
	样本量	均值	标准差	样本量	均值	标准差
社区和谐	128	6.89	2.298	395	6.55	2.704

（二）征地拆迁 VS 邻里关系

当然，征地拆迁的社会效益还引发了另外两个议题，就是民主参与和邻里关系。这两个方面也是征地拆迁中社会效益要考虑的问题。民主参与主要体现为"在征地拆迁过程中，当地政府是否召开居民协商会、听证会等活动";而邻里关系在这里主要体现为"征地拆迁是否会影响社区和谐与邻里关系呢"。与这两项对应的答案分别为:"经常召开"、"偶尔为之"、"从来都没有召开"和"非常有影响"、"比较有影响"、"一般"、"稍微有影响"、"基本没有影响"。

根据调查数据显示,在征地拆迁过程中,当地政府召开居民协商会或听证会的情况,"经常召开"的百分比为28.4%,"偶尔为之"的百分比为54.2%,"从来都没有召开"的百分比为17.4%,具体数据见表6—17。这组数据说明,目前的征地拆迁工作缺乏群众的参与,尽管相关的政策法规规定要民众的参与,但是,在实际过程中,民众参与的有效途径非常少。

另外,征地拆迁对邻里关系存在的一定影响,但民众并不特别在意。具体数据见表6—17,认为征地拆迁对邻里关系产生非常重要影响和比较有影响的人数百分比分别为4.9%和24.5%,二者累计百分比为29.4%。这说明征地拆迁对邻里关系存在着一定影响,但民众更在乎的是经济利益,比如前文所分析的经济补偿和房屋安置等。这从侧面说明了,当下征地拆迁过程中,邻里关系的考虑并不是民众征地拆迁过程中的主要矛盾。这个结论可以从民众对邻里关系的评价中得出。

表6—17　民众对征地拆迁过程中民主参与和邻里关系的影响评价

邻里关系的影响	样本量	百分比(%)	民主参与的看法	样本量	百分比(%)
非常有影响	19	4.9	经常召开	111	28.4
比较有影响	95	24.5	偶尔为之	212	54.2
一般	126	32.5	从来都没有召开	68	17.4
稍微有影响	64	16.5			
基本没有影响	84	21.6			

总之,从政府工作人员和普通居民对征地拆迁的影响评价来看,政府工作人员的评价均高于普通居民的评价。这也就从一个侧面说明,在征地拆迁过程中,政府工作人员对征地拆迁的认同度高于普通居民的社会认同度。换句话说,在征地拆迁过程中,"自上而下"的社会认同度

高,"自下而上"的认同度低。但从具体数据来看,这种差距并不大,通过一些积极的措施,提升普通居民的认同度还是有很多空间的,这其中也还是有大量的工作可做的。

第七章 讨论与结论

前面的研究表明，无论是征地拆迁中的归类认同、经济利益上的比较认同，还是在共享意义基础上的建构认同都是社会认同的不同表现形式。这些不同的社会认同表现形式，在征地拆迁过程中，就是要建构一种社会共识，那就是城市化，抑或国家大型建设项目，作为一种符号的正能量，无论是作为弱者塑造的内群体，还是作为强势主导角色的外群体，都应以承认征地拆迁的特殊意义为基础。征地拆迁对于城市发展、经济增长和人口迁移等有着积极的正向作用。过去一些年"摊大饼"式的建设，需要征地拆迁，现在部分城市进行的大拆大建更需要征地拆迁，对于地方政府来说，拆也GDP，建也GDP，因此拆迁是地方政府永恒的内驱力。而对于被拆迁居民来说，拆的不仅仅是房子，而是对祖祖辈辈生存留下来的时空记忆。在这种意义上，建构不同群体的社会认同，实在不是一件容易的事情。本书在实证研究的基础上，得出了三个基本结论。

第一节 "自上而下"：城市化认同的建构

已有的关于征地拆迁矛盾的研究，过于强调矛盾本身的"对立、冲突和利益相关性"，而忽视了社会结构的深层次变迁所引发的社会认同的分化。城市化的快速推进，在转型期的中国，征地拆迁对于基层政府而言，基本上成为一种工作常态。征地拆迁固然矛盾重重，社会各界对征地拆迁的批评也往往是不绝于耳。但出于征地拆迁的巨额补偿。可以毫不隐晦地说，相当多的居民是盼望着自己的土地被国家征收，房屋被国家拆迁，因拆迁而身价飙升的示范作用是无穷的。因此征地拆迁本质上的矛盾是利益的矛盾，如果能够正确认识乡村社会的城市化转型过程中抗拒性认同发生的社会心理因素和结构因素，真正将政府主导的城市化运动转化为规划性认同的力量塑造人们的行为。那么转型期的征地拆迁将会是另一种景象。

中国的城镇化，是政府主导下的城镇化，无论是城中村改造、城郊结合部的征地拆迁，还是国家建设用地的征收，失地农民均是一种非自愿性参与。政府一旦决定这片地要征了，往往不管农民是否同意，就征了。因此，这个非农化的过程，不是农民自己选择的，而是在城市现代化和政策的强驱力下被动接受的，而政府为了加快城市化的推进速度，大多采用包括建立开发区、建设新区新城、城市扩展、旧城改造、建设CBD等方式进行城市扩展或扩容。在政府主导的城市化过程中，被征地的农民只能服从开发改造。主动市民化现象有但并不突出，被动市民化现象则比比皆是。有研究者对苏州、无锡、上海、广州、深圳五个城市农民工的调研证明，即使在条件允许（即排除了户籍等所有其他因素）的情况下，主动愿意转为市民的农民工在被调查者中只占22.4%，77.6%的农民工都不愿意转为市民。[①]

城郊农民一般是在土地被征用后，被动地成为城市居民的。由于近郊农村特殊的区位优势，村民普遍具有良好的收益和由村集体提供的社会福利。市民化后，看得见的能增加的福利实在很少，有的甚至急剧降低，由于村落具有利益内聚性和排他性的特征，村籍是一个重要的利益屏障，集体经济发展较好的地区村民普遍不愿转为市民。这种以村籍为边界的高收入、高福利强化了村民的内在认同，客观上加大了城郊失地农民与都市融合的距离。[②] 这种差距是横亘在他们之间一道难以逾越的鸿沟。笔者在调研中也发现，城镇的社会保障对于农民的吸引力远没有我们想象的那样高。失地农民市民化后，能够看到的实际利益其实很小，名义上享受城镇居民的社会保障在很大程度上是虚的，远比不上承包地、宅基地，甚至"房前屋后种瓜种豆"带来的利益实惠。已经转

[①] 孙承杰：《我国市民化的相关因素分析》，博士学位论文，西南交通大学，2005年，第22页。

[②] 蓝宇蕴：《城中村：村落终结的最后一环》，《中国社会科学院研究生院学报》2001年第6期。

为城镇居民的市民在面对不转的农民拥有宅基地、承包地、村庄集体经济等实实在在的利益时,这种发生在身边的社会比较让非自愿市民化的失地农民的心理落差一时难以疏解,客观上滋生了失地农民对城市化出现拒斥性的社会认同。

因为规划性认同的形成过程从来都不是一帆风顺的,中国城市化的进程是在政府权力的引导下进行的,由于缺乏对农民实践意识和地方经验的关照,频繁发生的征地拆迁矛盾实际上是农民对这场规划性认同的反抗,也可以说是一种强有力的抗拒性认同形成过程。拒绝被城市化浪潮和激进的个人主义浪潮淹没掉的乡村社会,通过地域、家庭、血缘等关系不断筑造内群体的力量,传统价值和现代法律的力量一起向地方政府的制度化力量发起挑战,作为一种研究视角,社会认同能很好地化解个体与社会、个体与他者、内群体与外群体之间的矛盾关系。社会认同所蕴含的内容既包括个体的身份、地位、利益内容,又包含着社会关系的特征,社会认同是人们在特定的社会历史情境下,运用所在地域的集体记忆、个人梦想、权力体系等材料建构出来的"一致性",因此,征地拆迁矛盾的化解过程中离不开社会关系和社会认同力量的重建。这种重建首先要建立在"自上而下"的城市化意义之上,这是政府、开发商、失地农民和拆迁户的认同基础。有效化解征地拆迁过程中的矛盾,应该推动这种"自上而下"规划性认同的重建,而城市化意义的构建正是这种认同推进的突破口。

本书中的典型案例分析,也说明了这个问题。城市化是征地拆迁认同的社会基础,而这种基础依然存在。事实上,尽管征地拆迁的矛盾比较激烈,利益分化比较大,但是,政府与民众仍旧存在的认同整合的基础,即征地拆迁与国家建设、城市发展的关系;这也是寻找矛盾纠纷化解的前提和基础。

事实上,征地拆迁与城市发展之间的关系是正向积极的。比如,民众对征地拆迁与城市发展之间关系持肯定态度的人数为40.0%,持否定态度的人数为6.4%,持模糊态度的人数为53.6%;官员对征地拆迁与城市发展之间关系持肯定态度的人数为54.7%,持否定态度的人数为4.7%,持模糊态度的人数为40.6%。从这组数据中我们不难发现,总体上来看,征地拆迁对城市发展起到积极的作用,民众和官员在这方面的认识基本上是趋于一致的,二者持肯定态度的分别占到被调查对象的四成和五成。但是,二者在认识上也存在差异,官员往往呈现出较高的肯定态度,而群众低于官员大约10个百分点。因此说,尽管二者都赞同征地拆迁对城市发展的作用,但是,在肯定态度上,官员明显高于民众。

同样,民众与官员对征地拆迁与城市规划的态度是积极正向的。在征地拆迁的效果评价中,除了城市发展之外,城市规划也是非常重要的内容。政府往往为了城市发展采取城市规划,城市规划就直接涉及土地的征用和房屋的拆迁。根据调查数据显示,民众对征地拆迁与城市规划之间关系持肯定态度有效百分比为56.4%,即调查对象中有一半以上的人认为,征地拆迁有利于城市规划;同样,官员对征地拆迁与城市规划之间关系持肯定态度的有效百分比为50.0%,即有一半以上的官员认为,征地拆迁与城市规划之间是正向的积极关系。值得注意的是,无论是民众还是官员对征地拆迁与城市规划之间关系都持积极肯定的态度。

正如前文一直所强调的,征地拆迁所引发的矛盾是人民内部矛盾,是利益矛盾,不是敌我矛盾。因为国家建设、城市化所引发的征地拆迁,作为拆迁户和失地农民本质上并不想挑战国家政权,而是为了改进自己的生活或解决个体未来生存,寻找一种制度性的保障。在快速城市化转型过程中,原有的社会秩序被打破,而新的秩序还没有建立,作为失去土地的他们,征地拆迁也许成了他们唯一一条可以既提升自己生活水平,又寻找未来生活保障的捷径。因此,征地拆迁对于城市规划、城市发展、经济增长等的影响是正面的,即使对于抗拒征地拆迁的居民来说,影响也是正向的。无论对征地拆迁的非议有多大,但城市生活的优越感已深深地扎根于中国老百姓的心中。这是基于理论分析和实地调查后,做出的一种判断,这种判断也符合当前的社会事实。

第二节 "自下而上":社会参与认同的建构

社会大众的有效参与是化解征地拆迁矛盾激烈程度的有效途径。通过典型案例分析,我们发现,现实中的征地拆迁矛盾分化,矛盾冲突形式有着一个共同的特征,即引发矛盾冲突的直接原因在于经济补偿和社会保障认同存在显著差异,而这种认知上的差异形成的重要因素在于缺乏社会参与。

集中安置解构了失地农民固有的生活方式,新的社会认同一时难以建构起来。沃斯认为,城市性是一种生活方式。这种生活方式不仅有别于农村的日常生活习俗、习惯等,还包含着制度、规划和方法等结构方面的内容。① 城市化过程中失地农民更关注补偿标准和安置方式。特别是在被迫城市化的大背景下,安置方式是失地农民生活方式转型的重大事件。从文化人类学的视角来看,失地农民集中安置居住不仅仅是农民身体的空间位移,更是文化在空间上的移动,也是文化的不断解构和重构的过程。②"任何一种生态环境总要在一定程度上迫使生活在其中的人们接受一种生活方式。"③

目前各地对失地农民的安置方式主要有集中安置和货币补偿两种方式。城市化过程中的征地拆迁,大多数失地农民在集中安置之列。集中居住涉及失地农民的整体搬迁和空间位移。被安置的农民对于新环境的文化适应过程也不是一朝一夕的事情。同时由于集体经济的不断强化,塑造出了一批既不同于传统农民也不同于现代市民的"食租者"群体及城市社区类型。"食租者"群体的大量存在导致新居民的融入城市社会的动力不足,集体经济组织的强势则会维持原有的社区关系,反过来降低了新居民的城市融入能力。④ 同时,失地农民被征地前,在时间上随意,生活上随便,左邻右舍知根知底,邻里守望相助,安全性强,而集中安置后人们彼此陌生。在农民看来,自己种菜、养鸡甚至养猪都是自然的,不需要花钱。进城后一切都需要用金钱做交换。对此,失地农民转为市民后,相当一部分人不适应。可以说,失地农民被集中安置后,他们原有的固定的生活方式被解构了,新的城市生活方式一时难以建构起来,增加了失地农民对城市生活方式社会认同的难度。

---

① Wirth, L. Urbanism as a Way of Life. American Journal of Sociology, 1938, 44: (1).
② 叶继红:《城郊失地农民的集中居住与移民文化适应》,《思想战线》2010 年第 2 期。
③ 付广华:《生态环境与龙脊壮族村民的文化适应》,《民族研究》2008 年第 2 期。
④ 任强、毛丹:《构建从农民到市民的连续谱——关于农民市民化政策的观察与评论》,《浙江社会科学》2008 年第 2 期。

正如典型案例中分析的那样,利益认同和对社会保障的认同是征地拆迁矛盾冲突的最直接原因。征地拆迁矛盾争论的焦点在于经济利益和社会保障,这也是矛盾纠纷的最直接原因。研究表明,在城镇化过程中,对于失地农民福祉的直接影响因素依次为后续生活保障、补偿公平、居住状态、社会参与支持和健康状态。其中,后续生活保障和补偿公平是影响失地农民多维福祉水平的最重要的两个因素。征地拆迁过程中,被征地农民、被拆迁户与政府之间最大的争议就在经济利益的认同上。经济利益的认同集中体现在征地拆迁过程中的利益分配,即补偿标准和社会保障。理论上来讲,无论是征地,还是拆迁,只要补偿标准和后续保障得到被征地、被拆迁人群的认同,整个征地拆迁工作就会顺利得多。因为被征地户、被拆迁户、项目承包商和政府存在着一个整体认同基础,即征地拆迁对国家建设和城市发展的重要性和必须性,在这一点上,征地拆迁涉及的群体认识是一致的。

民众与官员之间的分歧在于,补偿标准和社会保障方面。征地拆迁经济利益的认同首当其冲就是补偿标准,然而,对于补偿标准却呈现出了认知上的差异,即民众觉得低,官方说法不一。根据笔者的调查,民众对征地拆迁的标准普遍不认同,而官方的态度则有分歧,高层政府要求当地政府适时地调整补偿标准,而当地政府尽管非常努力地按上面的政策去做,可依然会有部分民众认为地方政策走偏。当然,这一过程中会涉及各种利益的博弈和分配。根据一名基层工作人员的介绍,征地拆迁的经济利益总额是一定的,如果调高了补偿标准,其他参与者的分配就会变少,更重要的是补偿标准的制定基层工作人员根本没有发言权,更何况民众。在这里的社会保障主要是指失地农民、拆迁户的后续生活保障,包括低保、医疗、教育以及对于有劳动能力的民众就业问题等。用一位村民的话说:"土地没有了,口粮要买,钱从哪里来?"尽管这句话很短,却道出了失地农民对后续生活的担忧和顾虑。

在20世纪90年代之前,农民与城市居民基本上是两个互相隔绝的群体,在城市,穷人并不一定都很清楚富人过着与他们十分不同的生活,因为城市空间较大、生活密度较低,相互之间有广阔的回旋余地;而且城市化之前城里富人也不是很多,所以贫富之间很少有机会接触,人们对贫富差别的认识比较模糊。而城市化大幅增加了城市人口,特别是失地农民被迫进入城市生活以后，在日益拥挤的城市空间中，一边是光鲜亮丽的富人别墅区，一边是集中安置的移民区，强烈地刺激着失地农民的眼球，不平衡感、不公平感油然而生。不仅城里富人的奢侈生活令他们眩晕，就连普通城市居民也享有一些他们无法得到的待遇，使他们感到落寞和深深的挫败感。城市化不仅没把失地农民带入现代化的城市，反而把已经深刻分化的社会差别集中到更加密集、更加窄小的空间中，而且在有限的空间中明晰或加深了人们对社会差别的认识，从客观和主观两个方面扩大了社会分化和社会差别，客观上消解了失地农民对城市的美好向往和社会认同。

因此，在征地拆迁过程中，政府应该鼓励社会参与，不但要进行信息公开，而且还要做到责任到人，把失地农民和拆迁户的利益表达纳入到整个征地拆迁的决策与考核体系中来。真正做到民众的有效参与，而不是形式上的参与。笔者认为，化解征地拆迁的矛盾，必须引入社会参与，这也是扩大社会认同的有效策略。与社会参与紧密相关的另外一个因素就是网络社会的崛起对社会认同带来的新挑战。还应当深入分析人们的价值信念和社会认同的分化与冲突。因此，在讨论经济利益分配的基础上，还应该看到新形势下社会认同的基础发生的变化。正如刘少杰在谈到城市化过程中的社会分化与风险时提到的那样，同时，他还指出，如果化解城市化过程中的社会矛盾（征地拆迁矛盾纠纷），作为解释问题和寻找答案的深层次根源。① 网络社会的崛起，是引发社会冲突和分化的一个重要原因。如果分析只停留在经济利益分配上，并没有看到整个社会基础正在发生变化（网络社会的崛起给社会认同带来新的挑战）。

卡斯特对网络社会崛起对社会认同带来的新挑战曾做过非常精确的论述。这种新型群体涉及面非常广，只要有网络的地方就会有这样的群体。从位于闹市中心的商务楼到偏远的农村角落，从掌握主流媒介的强势政府到处于弱势身份建构的拆迁户和失地农民。每个涉及的个体，卷入到网络当中，会形成不同或者自我归类不同的网络群体。

借助网络沟通的快捷性和广阔性，其表达出来的社会认同是一种潜力无限的强大的社会力量。正如前面所分析的那样，借助这些力量，行

---

① 刘少杰：《城市化进程中的认同分化与风险集聚》，《探索与争鸣》2011年第2期。

动者可以促成一些事情，也可以破坏一些事情。比如征地拆迁中，拆迁户和失地农民采取的弱者身份建构策略，比如"自焚"、"受虐"、"无助"和对抗"暴力"强拆等方式，借助网络，通过正式或非正式渠道传播开来，大众间形成了一种受害群体的角色。一旦这种受害群体角色形成，不但会博得大众的同情，而且还会引发同样遭遇的人的共鸣，一种"非利益相关群体"就会出现，从而形成一种与政府对抗的无形力量。迫于这种力量或非利益相关群体的压力，地方政府不得不做出征地拆迁政策的调整。这种基于网络的社会参与，是征地拆迁矛盾化解面临的新挑战。

第三节 "上下联动"：制度认同的建构

制度和体制是征地拆迁城市化意义建构和吸纳社会参与的保障与支撑。化解征地拆迁的矛盾，仅仅有"自上而下"的规划性认同的重构和"自下而上"的社会参与还不够，还应该进行征地拆迁制度体制的建设。征地拆迁的制度体制建设，就如黏合剂一样，把来自上层的规划性力量和来自基层的抗拒性社会力量有效地整合到一起，"上下连接"共同推动征地拆迁矛盾纠纷的解决。

"安土重迁"的乡土情结阻碍了失地农民对城市的情感认同。农民一旦离开赖以生存的土地，他们的文化特征便随即发生了改变。他们将从乡村的"熟人社会"向城市的"陌生人社会"过渡。传统的中国乡村社会是以血缘和地缘关系为纽带而集结起来的相对封闭的区域，亲属关系和邻里关系是人们日常交往的重要纽带。而城市文化中的居民观念则深受现代城市意识的影响，属于更加开放的社区多元文化，二者的思维习惯和生活方式在趋同性和价值追求等方面具有显著的差异。费孝通的差序格局理论非常精辟地将中国传统社会的人际交往关系特点做了说明。

在某些情况下，失地农民即使变得富裕了，他们生活的幸福感并不一定就会增强，这是因为他们在文化意义上仍没有完成城镇化的转型所致。如有的"钉子户"不愿搬进指定安置区域的原因并不是因为补偿款的问题，而是不愿改变现有的生活方式；还有的"钉子户"是因为对其长期居住的祖宅具有深厚情感而不愿离去；等等。他们安于本乡本土，不愿轻易迁移。正如东汉·班固《汉书·元帝纪》所言："安土重迁，黎民之性；骨肉相附，人情所愿也。"也正是这种"安土重迁"的乡土情结阻碍了失地农民对城市的情感认同。

通过前文的叙述，我们认为征地拆迁制度的改革和完善对于协调政府与被征收人等之间的关系、保障被征收人合法权益具有重要的作用。改革开放以来，我国先后颁布很多与征地拆迁相关的法律法规，特别是近几年来，由于征地拆迁引发的社会矛盾呈频发之势，征地拆迁中出现的相关制度滞后、虚置、冲突、模糊、虚无等诸多失范现象而引起的社会群体性事件严重地影响着基层政府的权威和形象，威胁着社会稳定。事实上，我国实行城市土地国有和农村土地集体所有制，征地拆迁制度具有计划性和市场性双重特征，其制度模式是一种强制性制度供给，农民只能在国家确立的制度框架内进行选择，因此我国的征地拆迁是一种由政府主导的自上而下的拆迁，这样的制度下，征地拆迁中政府角色由于职责权限划分不清很容易引起越位、错位、缺位现象以及导致政府寻租、腐败、乱作为等行为出现，从而导致矛盾加剧。已有的政策措施执行不力，不同利益主体均渴望新的法规政策的出台以便自己能在其中多分得一杯羹，这期间的博弈既有地方政府的强力推动，也有被征地拆迁居民的顽强抗拒。

目前我国城镇化率已超过50%，这意味着我国还有将近50%的人生活在农村。在很长一段时间内，社会保障并没有覆盖我国广大的农村地区，虽然目前社会保障已逐步在农村建立，但覆盖范围小、保障水平低、保障项目不全、社会化程度低、保障标准欠科学等问题，这致使土地无法卸下农民沉重的社会保障功能。也就是说，农民对土地的依赖性依然很强，那么他们必然不会轻易让政府或开发商将土地征用。这也是本书在实地调研中，发现被征地农民对征地拆迁的未来认同不一致的地方，因此，进一步加大农民、失地农民的社会保障制度的建立是一个永恒的话题。

因为征地拆迁毕竟牵涉到当事人的生存和发展，自上而下的规划性认同和自下而上的抗拒性认同，都只是我们的一种理论构想，使这种理论构想付诸实践的还得依赖于社会制度的建构，因此，从这种意义上来说，对征地拆迁矛盾的化解最终还是依赖于各利益主体对征地拆迁制度的认同。

第八章 化解征地拆迁矛盾的政策建议

随着征地规模和被征地农民数量的逐年增加，引发的社会矛盾也逐年增多，导致涉及征地的信访居高不下，群体性事件时有发生，社会风险加剧。失地农民的市民化问题已成为上至政府，下至普通百姓，广至社会各界普遍关注的焦点问题。特别是失地农民的市民化涉及的因素非常复杂，但现有的研究过于强调制度、对立、物质利益等外部性因素分析，而对于卷入利益矛盾中的深层次原因分析不够，尤其是对不同利益主体的社会心理、态度观念、价值评判、选择行为、冲突目的等深层次社会心理因素关注过少，这也是导致失地农民市民化政策的相关法律、政策虽然陆续出台，但也无法遏制住因失地而导致的社会矛盾不断升级和扩大化的趋势。

前面的研究表明，经济利益的比较认同，是社会认同的核心和前提。但各个地区的经济差异显著，经济欠发达地区的经济补偿很难和发达地区相比，横向比较、纵向比较后形成的"相对剥夺感"往往成为矛盾升级的导火索。特别是政策法规的滞后性造成的补偿差异，基层政府的与民争利以及信息社会的导向性等，都很难建构起不同群体的一致性认同。同时，被征地农民面临社会保障问题，市民化的问题，对城市文化的认同问题，已经不再是个体所面临的风险，而是一个具有群体性风险的社会问题。个体风险可以通过家庭或社区的途径来解决，而群体风险的化解则需要通过政府主导来提供一个比较完备的社会保障体系。从国际上通行的社会保障制度的实行情况来看，也无一例外地是由政府主导并承担直接责任。我们认为在新形势下分析中国城市化中的社会矛盾和社会风险，不能仅从直接的物质利益、权力地位或职业资源等关系着眼，还应当深入分析人们社会认同的分化与冲突。

经过对征地拆迁中不同利益群体的社会分析，归类认同的建构、比较认同的建构以及共享意义认同的建构，我们认为从社会认同着手去分析征地拆迁中的矛盾化解，虽然不能完全化解征地拆迁中的社会矛盾，但是对已有征地拆迁矛盾化解对策的一个批判性的反思，为征地拆迁矛盾的化解提供了一个崭新的切入视角，即化解征地拆迁引发的矛盾冲突应该建构社会认同，尤其是社会认同中"共享意义"的构建是化解征地拆迁矛盾的核心要素。换句话说，化解征地拆迁社会矛盾的关键在于构建社会认同整合机制，创新征地拆迁矛盾的化解机制。

第一节 创新征地拆迁矛盾的化解机制

一 构建平等的公民参与机制

各个利益主体在市场经济中的角色、地位及其互动规则的平等性是缓解社会认同分化的关键，各利益主体须在法律规定的范围内合法博弈，以对等的行为主体参与征地拆迁的过程，这样，各个利益主体才能达成一致的社会认同。中国实行城市土地国有制和农村土地集体制，其征收制度具有计划性和市场性双重特征，正因为如此，中国的征地拆迁主要是一种政府主导的拆迁，或者说我国的征地拆迁的制度模式是一种强制性制度供给，农民只能在国家确立的制度框架内进行选择，无法以独立权利主体的地位参与到征用协商谈判中来，由此，政府出台的相关政策无法得到农民的认同，从而导致矛盾激发。

让各利益主体平等地坐到谈判桌前，这是各方利益表达最为有效的渠道，也是维护当事方权益，实现社会公平正义的重要环节。本书认为，只有构建平等的公民参与机制，被拆迁居民这一弱势群体的权益才可以得到很好的保护。当发生利益争夺时，被拆迁居民就有了与政府、开发商进行谈判的合法渠道，更有力地保护本群体的利益，这对缓和被拆迁居民和地方政府、开发商之间的冲突，化解社会矛盾和维护社会稳定都具有重要的作用。

因此国家在征用土地时，首要的是要建立一种平等的公民参与机制，使农民参与到征地过程中来，表达其正当权益和需求，特别是信息的公开性和准确性让农民能够对土地的征用过程充分了解，并就补偿方式、就业安置、社会保障和发展权等问题与国家和基层政权展开平等的对话和谈判，给农民作为所有者应该具有的平等交易地位和资格以及讨价还价的权利。这样，方能使得各利益主体对征地拆迁事件以及相应出台的政策达成社会认同。

二 构建科学的价格评估机制

补偿安置标准是最易引发征地拆迁纠纷的问题，而补偿安置标准的问题常常是由于征地拆迁评估机制的缺失和漏洞造成的。因此，要使补偿安置标准的制定更加科学合理，更易让人接受，就必须着力完善征地拆迁中的土地和房屋价值评估体系。征地拆迁补偿安置的基础是对土地房产的价格评估，在征地拆迁中，农民对评估价格的不认同成为阻碍拆迁的重要因素。确实，现有的价格评估制度存在诟病，而且评估行为也存在不公正现象。一般来说，补偿标准是由地方政府规定具体的评估规则，在此基础上由房地产评估机构评估出最后的价格。这条规定就会产生一些问题，比如，政府定价和实际房价差距过大，另外，房产的评估大都由拆迁人委托，被拆迁人丧失了对自己财产定价的权利。由此有必要建立科学的价格评估机制。

首先，要规范征地拆迁评估市场，确保价格评估公正科学，可以通过提高评估机构等中介组织的独立性并强化其职业道德和服务意识等来实现。具体来说，必须加强农村社会中介组织（社会组织）的建设。各地的实践表明，要平衡农村社会各阶层，特别是被征地农民、政府、开发商之间的利益关系，防止社会冲突离心力的增强以促进社会的整合和团结，关键在于建立一套解决社会冲突的整合机制。从社会结构的角度来讲，一个有助于社会冲突整合的理想社会结构是一种社会分化程度高、社会组织发育比较成熟的社会。这种富有弹性的社会结构使社会冲突有一个较大的迂回空间，不至于伤害到社会的内核，虽然从中央加大培育和扶持社会组织的过程中，我国行政机构开始有意识地从经济和文化领域中退出，社会也开始陆续出现了置身于国家和市场之间的中介组织，但由于征地拆迁巨大的利益驱使，使得培育和扶持一个富有弹性的社会结构的任务显得十分艰难。我们的研究也发现，在征地拆迁模式中，引入第三方抑或中介组织（社会组织）的情形实在是难觅其踪，也因为征地拆迁的特殊性，这类社会组织的生存空间也极其有限，但其作用如此巨大，因此，积极培育这类社会组织，构建科学的价格评估机制，明确被征土地和被拆迁房屋价值的评估必须由独立的房产评估事务所进行。由政府部门或拆迁方指定评估机构或评估专家，其评估结果难以取得被拆迁方的信任。建议更为客观公正的做法是，由多家不同的征地拆迁评估机构参与报名，在拆迁管理部门的监督下供被拆迁人采取投票或抽签等方式进行选择，是有效化解征地拆迁社会矛盾的途径之一。

其次，要确定合理的征地拆迁补偿安置标准，保障被征收人对土地与房屋的财产权利以及个人基本的生存权利。征地拆迁标准的确定与人们对土地、房屋与被征收人的关系的认识密切相关，如果仅把土地与房屋作为人们生活的载体、生存的保障，其补偿标准将主要依据作为农业用途时的土地的产出与价格或者没有把未来增值部分计入在内的房屋价值来确定，在这种情况下，其补偿与安置标准难以弥补被征收人的利益损失；反之，如果将土地与房屋作为被征收人的财产权利，对被征收人的补偿安置将不只包括土地与房屋的原始价值，还应该包括其作为财产由区位、经济发展可能带来的增值部分在内，那么这种征地拆迁安置补偿标准将是合理的。因此，应规定同一拆迁范围内，只由同一家评估机构或专家组进行评估，防止评估中的双重标准引发纠纷。

再次，加强对征地拆迁评估机构及从业人员业务行为的监督与制约，对以回扣等方式参与不正当竞争、出具不实评估报告等违反国家标准《房地产估价规范》及其他相关法律法规的估价机构和估价人员实施严惩。

再其次，建立征地拆迁评估救济机制。成立征地拆迁估价专家委员会，当拆迁当事人对评估机构估价结果有异议时，可以申请复核评估或另行评估，与原评估结果的差异超过规定标准的，由房屋拆迁专家委员会进行鉴定后给出最终补偿办法。

最后，要健全和规范征地拆迁的法律程序，从程序上加大对政府权力的约束和监督，保障被征收人等的知情权、参与权与监督权。被征收人的广泛参与和监督，不仅有利于决策的科学化与民主化，而且有利于征地拆迁政策的有效执行、实现政策目标。因此，要在征地拆迁程序中增加听证程序、参与程序等，提高征地程序的公开性与公正性，促进政府与被征收人等的互动与合作。针对目前我国土地征用给予失地农民补偿经常不到位、农民的知情权被剥夺、被征地农民不了解不熟悉征地程序等突出问题应对土地价格实行听证制度。政府在制定征地补偿标准时，要听取农民意见，让农民对国家征用有发言权，让他们对整个价格有一个明确的了解。这也是构建科学的价格评估机制不可缺少的一环。同时，要通过建立健全官员政绩考核制度与征地拆迁责任追究制度，对政府的侵权行为要追究其政治责任、行政责任与法律责任。

三 构建畅通的利益诉求机制

征地拆迁中，因对利益的认同分化而引发的矛盾占主导地位，化解社会矛盾的切入点也应从利益的角度来寻找。多元利益主体在利益博弈中能否充分代表自己的利益，关键在于其是否有制度化的利益诉求途径。农民缺乏自己利益表达的制度化方式，这是导致矛盾演化的一个极为关键的因素。社会分化日益加速，社会由此分为不同阶层，每个阶层代表不同的利益主体，卷入征地拆迁场域的各个利益主体由于价值取向、意识形态、宗教、民族和文化等方面的差异，会导致其行为方式的不同。考察征地拆迁中利益主体行为方式差异，可以更好地挖掘征地拆迁中矛盾产生的根源。

探索建立畅通的利益诉求机制的思路是：首先，不同的利益集团要建立制度化的组织。由于制度、历史等原因造成农民的自主意识、法律意识、平等意识等都比较弱，并且农民自组织不发达，农民还是处于以自我为中心开展行动的差序格局中，而没有发展出纵横交错、相互利用相关资源的现代自组织，在与政府的关系上，没有参与政策制定的意识、能力、机会，处于被动地位，这种被动使得农民在征地拆迁场域中的博弈不可避免地处于劣势，当其利益受损时，其利益诉求的不通畅、维权组织的缺失、社会保障权丧失等导致农民采取一些体制外的利益表达方式，从而引发矛盾。因此，建构各个利益主体畅通的平等对话的平台，尤其要加强处于弱势的农民自身组织的建设，形成一个真正能代表其自身利益的组织群体。具体来说，应当加强和培育农民合作组织，就如十七届三中全会所通过的《关于推进农村改革发展若干重大问题的决定》中所指出的那样，应当加强培育农民合作组织，应当加强农民自身的组织建设，形成一个真正能代表自身利益的组织群体。著名的政治学家亨廷顿说过，"像中国这样的大国要进行土地改革，在政府和农民之间有两种组织联系是必不可少的。其一，政府必须建立一个新的、经费充裕的行政组织，并配备立志于改革大业的专门人才去主持其事，即建立专司其事的机构。其二便是农民自身的组织。"他进一步提到，"集中的权力能够颁布土地改革法令，但只有广泛扩展的权力才能使这些法令成为现实。农民的参与对通过法律或许并非必要，但对执行法律却不可或缺。如果没有农民组织参与其执行，此类法令只是官样文章。农民联盟、农民协会、农民合作社都是保证土地具有持久活力的必备条件。不管它们自己宣布的宗旨如何，组织本身就在农村形成了新的权力中心。"① 可以考虑从以下几个方面着手：一是建立农村协会组织，这是区域性组织；二是建立行业协会组织，这是纵向的组织；三是组建全国性的农民团体，任何涉及农民利益的政策和制度安排，必须征求全国性协会农会等团体的意见。对此，很多学者提出可以成立农会等，农会活动的主要目的可以定位于保障农民最基本的政治、经济权利，为农民得到平等的市场交换的权利，并监督基层政府严格执行国家在农村的各项政策，使农民享有国家应该赋予农民的各项实际利益。农会作为农民利益的有效表达组织，便于整合分散农民的矛盾，通过制度化的渠道与政府和其他利益集团进行对等谈判，实现各方均能接受的正和博弈，从而更好地维护农民自身的合法权益。

其次，要完善信访工作制度。在一个利益分化和利益主体多元化的社会中，一个好的制度往往并不是表现为其中没有或很少有矛盾，而是表现为它能容纳矛盾和冲突，在矛盾和冲突面前不至于显得束手无策或过于脆弱，同时，能够表现出很强的解决冲突与纠纷的能力。由此，信访工作室要能真正发挥其作为了解社情民意的窗口作用，把矛盾消灭在萌芽状态。近年来，国家和政府对于信访制度不断完善，为征地拆迁社会矛盾的缓解起到了关键的作用。比如，2014年2月26日，中共中央办公厅国务院办公厅印发的《关于创新群众工作方法解决信访突出问

---

① [美] 赛缪尔·P. 亨廷顿：《变化社会中的政治秩序》，生活·读书·新知三联书店1989年版，第364—365页。

题的意见》中着重强调了三点：一是着力从源头上预防和减少信访问题发生。要求加大保障和改善民生力度；提高科学民主决策水平；坚持依法办事；改进工作作风。二是进一步畅通和规范群众诉求表达渠道。要求健全公开透明的诉求表达和办理方式；突出领导干部接访下访重点；完善联合接访运行方式；引导群众依法逐级反映诉求；充分发挥法定诉求表达渠道作用。三是健全解决信访突出问题工作机制。要求完善信访联席会议制度，强化各级信访联席会议综合协调、组织推动、督导落实等职能作用，形成整合资源、解决信访突出问题的工作合力；健全解决特殊疑难信访问题工作机制。综合运用法律、政策、经济、行政等手段和教育、协商、调解、疏导等办法；健全统筹督查督办信访事项工作机制。党委和政府统一领导、信访联席会议组织实施、相关职能部门共同参与；健全科学合理的信访工作考核评价体系。不简单以信访数量多少为标准进行考评，推动各地区把工作重点放在预防和解决问题上；健全经常性教育疏导机制。教育和引导群众正确认识发展中存在的问题，正确处理个人利益和集体利益、局部利益和全局利益、当前利益和长远利益的关系。提高互联网时代做好群众思想政治工作的能力和水平。另外，2014年10月15日，国家信访局出台《国家信访局关于进一步加强初信初访办理工作的办法》，其中特别强调首办责任，着力推动第一时间把群众的合理合法诉求解决到位。要求县级以上人民政府信访工作机构收到初信初访事项，应在15日内区分情况进行处理；要求有权处理机关收到初信初访事项，应当在15日内决定是否受理，并向信访人出具是否受理告知书。国家信访局副局长张恩玺特别强调，不能简单把信访与维稳等同起来，更不能把上访人员当作"维稳对象"，这是与法规规定相悖的。关于信访和维稳的关系，他提到信访工作通常要讲三句话，第一句叫"切实维护合法权益"，这是第一位的任务，是信访工作的核心；第二句叫"及时反映社情民意"，这是信访工作发挥参谋助手作用的体现；第三句叫"着力促进社会和谐"，通过解决信访矛盾和问题，增加社会和谐因素。[①] 这三点，对于征地拆迁矛盾化解来说同样是切实有效的。征地拆迁中的社会矛盾的解决涉及政治、经济、文

[①] 2015年5月13日中新网。

化、社会等多个方面，是一项艰巨、复杂的系统工程，需要通过加强制度件事，创新体制机制，抓紧建立一套能够不断解决利益矛盾、妥善化解利益冲突，有效促进和谐的利益调节机制。

四　构建公正的利益协调机制

公正的利益协调机制的缺失或未制度化是导致征地拆迁中社会矛盾骤增的直接因素。政府如何转换自身职能，站在公正的立场，协调不同利益主体之间的关系，寻找他们之间的最佳利益联结点，建立公正的利益协调机制，使各利益主体能平等分享到土地征用后的溢出收益，这是摆在政府面前的一个严肃而又非常重要的课题。

首先，要在明确界定"公共利益"的内容的基础上，确定合理的征地拆迁范围。"公共利益表示构成一个整体的大多数人的共同利益，它基于这样一种思想，即公共政策应该最终提高大家的福利而不只是几个人的福利。"这表明，公共政策应该首先是基于公共利益的需要，公共利益是征地拆迁合法性的前提和基础，是决定征与不征、拆与不拆的重要标准和依据。然而，从目前来看，我国还没有一部法律对公共利益的范畴和内容做出明确的规定，征地拆迁过程中公共利益与部门利益、商业利益、个人利益等交织在一起，其结果往往是对被征人利益的损害。因此，应该从法律上对公共利益加以明确界定，并将征地拆迁的范围严格限定在公共利益需要这一基础上。

其次，寻找各个利益主体之间的最佳利益联结点。具体来说，要明确公平补偿的原则。其中有两点尤为重要：一是补偿标准市场化程度要提高，但又不能完全交给市场来确定。市场经济的特点是公平竞争，但是市场机制自身有着其功能性缺陷，很难达到帕累托最优，难以协调个人利益与社会利益、短期利益与长期利益。二是市场调整本身不能保证公平竞争。市场经济是一种契约经济，任一达成的交易都可以视为交易双方达成或完成了一个契约。不过，这并不意味所有交易都是公平的，比如交易双方信息的不对称、力量不对称等很多因素都会影响公平。另外，要转换政府职能。征地拆迁中，政府职能转换滞后，以及政府越位、错位和缺位现象等存在，导致政府对利益调整出现机制空位。政府职能的转变应以公共社会职能为中心，其中促进社会公平应将成为政府的一种基本职能。目前由于征地拆迁中利益协调不到位，相关主体经过横向、纵向比较后产生相对剥夺感，从而导致社会认同分化，严重地影响了被征地农民对政府征地拆迁的认同，这是导致目前因征地拆迁引发群体性事件的重要原因。

五 构建完善的社会保障机制

征地拆迁中，在整个认同整合基础上，对于社会保障的认同差异最为显著。一个重要的原因在于征地拆迁动摇了农民传统的社会保障，而新的可以被征地农民依赖和信赖的社会保障体系尚未建立，因此，被征地农民面临的这些问题已经不再是个体农民所面临的风险，而是一个具有群体性风险的社会问题。个体风险可以通过家庭或社区的途径来解决，而群体风险的化解则需要通过政府主导来提供一个比较完善的社会保障机制。

首先要建立被征地农民基本生活保障制度。社保基金的来源可以考虑由在土地市场化配置前提的征地赔偿费以及土地流转后的增值收益构成，以及政府财政福利支出等。基金的运营及监管可交由私营机构而非政府机构经营管理。世界银行研究报告显示：在大部分国家，由私营机构经营的社保基金收益率普遍高于由政府部门经营的收益率。

其次要创新安置方式。安置是拆迁的前置条件，须秉着差别正义原则，采取"先安置，后拆迁"的原则，维护被拆迁人的居住利益。目前的安置方式有：货币补偿、住房安置、入股分红安置、就业安置和社会保障等，但据调查，因为财政等诸多因素，土地和房屋补偿更多的是采取一次性货币补偿的方式，住房安置主要采取以集中安置为主、分散自建模式为辅的模式，而就业安置和社会保障安置在很多地方基本形同虚设，于是，这些安置方式很难照顾到农民的利益，特别是农民的长远利益。因此，要进一步拓展思路、创新形式，大胆尝试和探索符合本地实际的安置机制。一方面进一步建立健全统一的劳动力就业机制，按照属地管理的原则，使"征地农转非"人员享有与城镇劳动力平等的就业机会。另一方面通过对农民的技能培训和介绍就业服务，形成多渠道、多层次吸纳被征地农村劳动力的良好局面。在目前总体就业形势十分严峻的情况下，建立健全失地农民社会保障制度，保障他们失地后的基本生活，解除他们的生存危机，更为重要。因为由于长期稳定的生活保障——土地的丧失，他们子孙后代的生活风险系数也大大提高，有限的征地安置补偿费对大多数失地农民来说，根本无法解决他们长期稳定的生活问题，就业机会和就业技能的缺乏，加上对生活规划的欠缺，部分失地农民"坐吃山空"，最后陷入生活无着落的困境，对农村社会的稳定，甚至对整个中国社会的稳定都将是一个严重的威胁因素，因此，应建立长效的社会保障机制，重点应当置于长期的就业补偿和社会保障补偿，针对不同年龄段失地农民的实际困难和需求，探索与市场经济条件相适应的就业培训与安置、创业扶持和社会保障等新的模式，使被征拆农民无论是在经济、身份、地域、文化还是社会保障方面都有认同感和归属感。

六 构建透明的社会监督机制

按照新制度经济学的观点，政府和其他社会群体一样，在没有监督和责任约束的情况下，同样也会导致逐利行为。在征地拆迁过程中，出现了很多不规范现象，从而导致矛盾升级，比如，有些地方的拆迁主管机关工作人员方法简单，行为不规范，采取暴力行为；有些地方的拆迁主管部门对当地拆迁市场研究不深，对拆迁过程监管不严，对拆迁中的违规行为查处不力；有些地方的拆迁主管部门由于职责权限划分不清引起了角色越位、错位、缺位等现象；有的评估机构从业人员思想不端，人为压低或抬高评估价格，高评低估现象时有发生，补偿价格与被拆迁房屋严重背离，严重影响社会的公正、公平的实现。因此要加强监督，推进依法行政。在政府履行其职能的过程中出现的问题，人们应该有监督并要求其承担责任的权利。人民有权利评判政府的服务、对于政府的违法服务、过失服务造成的后果，人民有权追究。具体来说，要建立征地拆迁责任追究机制。重视建立征地权执行者责任制，使征地决策理解偏差、贯彻不力、执行失误，甚至违背征地政策的责任落实到具体的执行者身上，以使征地过程中的责任明晰，增强征地权执行者责任感、使命感和危机意识，也就减轻了冲突。可以实行目标责任制，加强岗位责任制、党风廉政责任制、失职违法责任制的建立与完善等，重在提高政府官员的公共责任意识。

征地程序的每一步骤都是一个决策，即使好的决策执行不力、不能落实，其结果还是影响了决策的整体质量，因而，完整的决策过程是从决策制定到决策执行的往复循环。公民实施的权利约束力和纵向层级的权力约束力在事前预防、事中及时纠错、事后信息及时反馈及评估纠偏监督，将这三个过程的有机结合去设计严密的征地权监控程序，使征地权运行制约有效。另外，具体来说，要加强地方政府的角色转变，增强干部的服务意识。农民集体上访，使基层正常表达与沟通渠道闲置，关键在于干部，20世纪80年代中后期以来，几乎全国所有的村民上访事件都与基层党员干部的工作方式简单粗暴、严重侵害农民合法权益有关，面对转型时期农村中出现的新现象、新问题，基层干部应加快从管理型、监督型向引导型、指导型、服务型的方式转化，从而获得群众基础的"合法性"。换句话说，要自觉树立公仆意识和服务意识，转变工作思路，改变工作方法，让农民有面对面的直接倾诉的机会，及时发现问题，将问题消灭在萌芽之中。再次要建立民间组织的监督管理体系，使民间组织自觉主动地将相关情况向社会公布。

总之，我国社会结构和利益格局正在发生深刻变化，我们应统筹协调各方面利益关系，妥善处理社会矛盾，形成科学有效的平等的公民参与机制、科学的价格评估机制、畅通的利益诉求机制、公正的利益协调机制、完善的社会保障机制等。并通过选举制度、信访制度、听证制度、政务公开等制度的改革与完善，增加和拓宽利益表达的渠道与途径，进而进行有效的利益疏导与利益调节，化解和消除各种利益矛盾和冲突。美国经济学家阿瑟·奥肯曾说过，"社会虽然不能制止老天下雨，但可以生产雨伞"，借用这句话，征地拆迁社会矛盾虽然不能完全避免，但可以通过各种积极的手段来加以改善。征地拆迁的目标是卷入该场域的各个利益主体之间的社会的和经济的融合，而达到这种融合，关键在于构建与利益联系相比而更加具有稳定性的社会认同整合机制。一旦稳定的社会认同整合机制建立起来了，征地拆迁社会矛盾就能得到很大程度的化解，城市化的步伐就能稳步前进。

第二节 化解征地拆迁矛盾的路径选择

城市化的快速发展，一方面是开发区林立，城郊土地被大量征用；另一方面是失地农民的数量急剧增加，急需转换身份，融入城市，享受现代文明成果。但已有研究均指出，失地农民的市民化进程远落后于土地城市化的进程。中国社科院2013年发表的《城市蓝皮书》指出，全国需要市民化的农业转移人口总量，2020年前将达3.0亿，2030年前将超过3.9亿。由此可见，城市化的发展带给我国农民市民化的任务非常繁重。因为，城市化不是土地的城市化，归根结底是人的城市化。失地农民的社会认同问题始终是城市化发展绕不开的屏障。

城镇化进程是实现伟大复兴的中国梦的一种必然的社会变迁。在国家城市化战略实施过程中，城市化的强力推进客观上催生了一个庞大的失地农民群体。在城市迅速扩张的同时，数以千万计的失地农民被制造出来，从而形成了城市社会新的对立面。因为失地农民虽然生活在城市，工作在城市，但是仅凭土地的补偿大多数失地农民根本买不起商品房，更不用说享受城镇居民的医疗保险以及健康方面的社会支持了，子女教育同样处于城市的边缘，正常的社会交往机会因城市化的发展而变得七零八落，从某种意义上说，失地农民对城市是爱恨交加。事实上，农民在失去土地的同时，在很大程度上就注定了他们会成为城市社会新的贫困群体。

费孝通先生曾把20世纪的中国形象地概括为"三级两跳"，即"农业社会、工业社会及信息社会三种社会形态；从农业社会跳跃到工业社会，再从工业社会跳跃到信息社会两个大的跳跃"[1]。由于城市化进程的加快，城郊农民面临着在第一跳还没有完成的情况下不得不进行第二跳的局面。单从社会形态上讲，城郊农民在城市化过程中可以直接从农业社会跳跃到信息社会，但从社会认同的角度来看，他们对城市社会的社会认同却是一个漫长的趋同过程。如果失地农民不能顺利地融入城市，对城乡一体化发展和社会稳定都将是一个巨大的隐患。可以毫

---

[1] 费孝通：《"三级两跳"中文化思考》，《读书》2001年第4期。

不夸张地说，失地农民群体的社会融入过程直接影响着中国城市化的进程和城市化发展的质量，因为如果没有这些农民的正常市民化，城乡一体化发展必将是无源之水，无本之木。由此，笔者认为失地农民社会认同是城市化快速发展的重要本底支撑，解决好失地农民的问题，是城市化顺利推进的根本。基于此，本节专门分析失地农民的社会认同困境以及化解路径。

一　区分不同角色特点，构建身份认同

不同的社会角色，承担不同的权利和义务。失地农民、政府是征地拆迁中最重要的两种社会角色，矛盾也主要集中于这两种社会角色上，从社会认同的视角出发，化解征地拆迁中的社会矛盾，关键是寻找二者的利益契合点，而在这一过程中，首要的是明确各自的角色定位，获得各自的身份认同。

拆迁安置房社区失地农民的身份转换是自上而下的制度安排，是非自愿性的，他们在身份转变前并没有为转变后所要承担的角色做好准备，更谈不上为顺利完成角色扮演任务、履行角色义务和权利，储备塑造好角色形象所必需的知识、智慧、能力和经验。因此，在内心深处，他们仍然认为自己还是农民，难以对自己的制度性身份——城市居民产生认同。总的来说，部分拆迁安置房社区失地农民不容易把自己界定为农民，同时又无法把自己界定为市民，成为身份认同缺失的个体，从而呈现出农村—城市夹缝中"边缘人"的形象。因为，对于失地农民来说，社会结构本身——包括生活方式、社会关系、规范和价值体系——是不可能在一夜之间颠倒过来的。社会结构的改革要缓慢得多，特别是风俗和约定俗成的传统。拆迁安置房社区失地农民借助于工业化和城市化的推动，在实现户籍身份甚至是职业的转变后，并没有带来身份认同的自动转换，绝大多数人在心理上仍倾向于农民身份。即使有部分人由于体制性的标定而认同自己的市民身份，但是在角色层面（生活方式、处事习惯等）仍然觉得自己是农民，这种身份认同的模糊状态表明了拆迁安置房社区失地农民实际身份与制度性身份发生了错位。

拆迁安置房社区失地农民虽然持有了城市身份证，却缺乏融入城市社会的基础，缺乏在城市谋生的手段。体制性的身份可以在朝夕间改变，户籍证也可以把一部分群体由农民变为市民，但这部分人身份认同的基础却是根深蒂固的。要实现农民角色向市民角色的转变对拆迁安置房社区失地农民来说近乎是一种奢望，不是短时间内就能转变完成的。此外，由于拆迁安置房社区采取的是整建制的撤村建居，其中的失地农民大都是以集中安置为主。在这样的社会情境中，由于他们彼此都知道对方是失地农民，他们的社会记忆将会强化并比较长久地停留在以往农村社会生活的场景之中，其社会互动与认同的视域被限制在同群体内而失去现代取向选择的异质性参照物及实践机会。彼此经常性地交换和依赖着的是熟悉的乡土生活经验，并且不断地重复使用着这些早已溶入血脉的既有的经验性知识，固化着乡土经验及其认同的社会取向。这种社会记忆的存在模糊了身份，不利于失地农民身份认同的建构。因此，破解失地农民在征地拆迁中的困惑，首先就应帮助失地农民明确自己的角色定位，认同身份的转换。当然这是一个漫长的过程，不可能一蹴而就。

政府职能是指政府为实现国家目的，促进社会发展，依法对社会公共事务进行管理时在各个领域内应承担的职责和所具有的功能，它反映了政府活动的基本内容和主要作用，是公共行政的本质体现。征地拆迁作为城市建设和发展的必要工程，政府发挥着重要的职能作用，但政府能否在征地拆迁活动中准确定位自身的角色，合理界定应有的权限，将直接影响政府行政行为的有效性。随着当前社会转型的推进，政府面临的公共管理环境日趋复杂化，政府职能也应做出适应性的调整。市场机制逐步成熟，公民权利意识日益增强，社会自治能力不断提升的宏观背景下，政府应适时收缩权力触角，将职能重心落脚在仅靠市场和社会无法解决的问题上，理性地充当"仲裁者"的角色，行使宏观协调管理权，防止过度干预行为。

征地拆迁是一项复杂的系统工程，涉及政府、拆迁评估机构、开发商、拆迁执行单位、拆迁工作人员、被拆迁人等方方面面的利益关系，政府在这复杂的博弈格局中，应只作为规则的设定者，在征地拆迁工作中主要发挥监督、指导和协调的职能，采取一系列公平有效的措施协调这些利益相关者之间的关系，减少行政干预和行政倾向性。征地拆迁工作的顺利开展离不开一个良好的制度化和法制化的运行环境，政府发挥"仲裁调解人"的角色作用中最关键的就是要在宏观层面通过人民代表大会等多方意见明确界定充分体现民意的"公共利益",有效协调公权与私权的关系,防止个别地方政府官员以公共利益的名义损害个人合法权益的行为发生;同时加强征地拆迁相关法律制度的建立和完善,使征地拆迁工作有法可依,有据可循,建立起正常的动拆迁秩序,使被拆迁人的合法权益得到有力保障,使开发商和拆迁执行者的行为得到有效规范,从而在源头上避免了一部分可能引发纠纷的问题;另外,政府应舍弃政府大包大揽的模式,坚持市场化、社会化的改革方向,剥离部分行政管理职能,鼓励促进相关企事业单位、中介机构等社会组织参与到征地拆迁的管理工作中,从而形成一个生动活泼、可持续发展的征地拆迁工作管理局面。总之,政府在征地拆迁过程中,应合理界定自身角色和职能,避免同时充当征地拆迁规则的制定者、决策者、执行人及纠纷的一言裁决者等多种角色,应始终代表公共利益制定公平公正的规则,由各方严格地按照规则进行讨价还价,而政府仅作为公正的裁判者和调解人,对利益冲突做出不偏不倚的裁决,在增进公共利益和保护个人合法权益中求得有效的平衡。

二 加强公共设施建设,构建社区认同

社区是"社会"和"地区"的结合,社区是聚居在一定的地域内的相互关联的人群形成的生活共同体。在新的历史条件下,"单位人"将向社区人过渡,社区越来越成为人们的利益共同体。社区在沟通人与人之间的关系、凝聚区内社员的亲和感等方面的作用日益重要。土地被征收了,部分农民城镇化了,一个新的社区出现了,或者因为房屋拆迁,来自不同地域的人们又重新组成了一个新的社区,生活发生了变化,弱势群体失去了原来帮扶照顾他们的对象。在此背景下,社区服务的重要性开始凸显。特别是积极向上的社区文化不仅有助于丰富精神生活、陶冶居民情操、开发居民潜能、增进居民交往、塑造居民素质,在促进农民向市民的转变中也发挥着重要的作用。因此,要在农转居社区中花大力气建设和完善一批供失地农民使用的图书室、文化娱乐室、活动广场等;同时要引导"洗脚进城"的农民们学习科学文化、公共卫生、社会公德等市民必备知识,了解并遵守城市的行为规范,使他们不仅从身份上进城,更要从思想意识和情感上,认同城市的生活和文化。

但失地农民居住的社区公共基础设施和公用事业建设离不开政府的支持,需要政府通过财政投入和协调组织来解决。不少地方在行政村撤销后,符合条件的建立了社区居委会或并入了相应的社区,但是村集体经济组织还继续保留,实际上仍然还是农村社区的形式,或是村、居两种形式并存。即便是已经完成撤村建居的地方,行政管理体制从"村民委员会"转变为"居民委员会",但由于这些地区城市基础设施和公共设施建设严重缺乏,严重滞后于经济建设的发展和村民的需求,缺乏居住生活所需的公共活动场地,使社区管理体制的形式转变快于实质转变,没有真正从农村社区管理过渡到城市社区管理。因此,要大力加强失地农民居住社区的公共文化设施建设,通过强化综合配套改革,初步形成市民化长效机制,基本实现基本公共服务城乡常住人口全覆盖。建立市民化与城镇化同步推进机制,推动形成全国统一的社会保障制度和均等化的基本公共服务制度,在全国范围内实现社会保障一体化和基本公共服务常住人口全覆盖,夯实失地农民市民化的公共服务基础,积极构建失地农民的社区认同。

三 促进失地农民就业,构建城市认同

失地农民市民化的困境归根结底在于失地农民的经济补偿和就业安置。征地补偿国家有相关的法律法规政策,因此补偿数有时是一个刚性数,很难有实质性的改观。但人生是一个漫长的渐进过程,让失地农民有一个看得见的"收入流"是实现失地农民社会认同的根本条件。实践中,失地农民转为城市居民后最担心的问题是社会保障问题,即土地没了,工作无着落,补偿款用完了,今后怎么生存的问题。由于目前政府有关社会保障、就业、享受同市民同等待遇等一系列公共政策的供给不足,使失地农民难以解除后顾之忧,对未来生活预期不高。

亨廷顿曾指出:一个高度传统化的社会和一个已经实现了现代化的社会,其社会运行是稳定而有序的,而一个处在社会急剧变动、社会体制转轨的现代化之中的社会,往往充满着各种社会冲突和动荡。[1] 在城

---

[1] [美]赛缪尔·P.亨廷顿:《变化社会中的政治秩序》,生活·读书·新知三联书店1989年版,第40—41页。

市化的快速发展过程中，建立失地农民的"三条保障线"固然重要，但俗话说，"授人以鱼不如授人以渔"，因此，实现失地农民的市民化，加大对失地农民的就业安置，构建失地农民的城市认同，是促进失地农民社会认同的根本之策。

（一）加强失地农民的就业培训

社区要按照培训与市场相结合、培训与产业项目相结合、培训与失地无业农民的就业需求相结合的原则，加大对失地无业农民的培训力度，建立起培训机构与用工单位合作开展定岗、订单、定向等针对性技能培训机制。要采取政府购买培训成果的模式，择优确定培训机构，根据培训协议验收培训成果，给予培训经费补贴，动员和组织社会各界培训力量共同做好失地无业农民的培训。同时，应鼓励失地农民参加职业技能培训。社区要从促进城乡充分就业资金中安排专项培训经费，用于失地无业农民职业技能培训和职业技能鉴定补贴。鼓励初、高中毕业未升学的失地无业农民进入职业技术学校学习，对获得毕业证书和《国家职业技能资格证书》的学员，由劳动保障部门认定后给予相应的学费补贴。

（二）扶持失地农民自主创业

各社区要引导失地无业农民树立正确的择业观和立志创业观。通过组织开展创业培训，帮助失地无业农民实现多形式就业和自主创业就业，高度重视失地农民的创业扶持工作。首先，政府应建立失地农民创业孵化基地，并给予资金扶持；其次，对失地农民进行创业培训及相关服务活动给予创业培训资金扶持；最后，对失地农民从事个体经营、创办企业给予创业项目资金扶持，单个项目资金扶持额度不超过自有资金投入额度，且根据不同城市的创业标准控制扶持额度，两名以上（含两名）失地农民合伙创办企业，申请项目扶持额度不得超过企业自有资金的投入额度，但相比单个项目资金扶持力度应相应加强。

四 重构社会支持网，构建心理认同

（一）重构失地农民的社会交往网络

有着相近社会位置的人们之间的社会交往要比其位置相差大的人们交往普遍些。从调查数据中可以看出，拆迁安置房社区失地农民的关系

纽带仍以血缘、地缘为主，沿袭着传统乡村社会的特色，但是，地理空间的移动割裂了他们原有的社会关系，人际关系处于断裂重建状态，长期在乡土社会积累的非正式的社会关系网络以及嵌于其中的社会资本面临重构的挑战。原先在农村社区，村民在日常生活事务中的相互帮助，往往是其日常生活和经济活动等各个方面必不可少的支持系统。进入安置小区后，建立在乡土社会的交往圈子在场域的变化下，联系方式发生变更，原先形成的社会关系网络和社会资本由于拆迁安置房社区失地农民场域的变更而贬值或失效，对其在城市社会和非农业领域的经济参与助益甚微。另外，笔者发现在拆迁安置房社区失地农民的社会交往中，业缘关系的重要性日益凸显，这使得拆迁安置房社区失地农民的社会交往又有了些城市社会的特征。

失地农民既是一个文化素养相对偏低的特殊人群，同时又是鲜活的富含精神追求的个体的集合。他们在心理上和情感上具有较大的趋同性，但各自的天性和兴趣爱好的差异、个人对精神文化价值的追求的悬殊导致了他们在失地之后对自身将来的职业规划和生活理想的设想迥然相异。① 因此，政府应积极创造条件，促进失地农民之间、失地农民与城镇居民之间以及失地农民与城市社会的各科层组织之间加强交往和互动，同时建立尊重个体权利和多样性的文化保障网络，重构失地农民的社会交往网络，增进对城市的了解进而促进文化认同的形成。

（二）加强对失地农民的精神关怀

拆迁安置房社区失地农民首先是拥有一定属性、技能和资源的个体，其次拆迁安置房社区失地农民之间的社会互动构成了一个相对稳定的体系。他们既能从体系中摄取资源以维持日常生活的正常运转，同时也受制于该体系。从这点来说，采用地位结构观和网络结构观分析拆迁安置房社区失地农民的心理认同是有必要的。地位结构观主要考虑拆迁安置房社区失地农民的年龄、文化程度和生活现状的满意程度。其中年龄与认同度呈负相关，即年龄越低越倾向于认为自己是城市人。文化程度与认同感呈正相关，即文化程度高的群体，倾向于认

---

① 万志昂：《城镇化进程中失地农民民生保障中的文化关怀》，《城市问题》2011 年第 12 期。

同市民身份，愿意留在城市生活。生活现状的满意程度分为社会地位满意度、经济收入满意度、家庭生活满意度，这三者都与身份认同度呈高度正相关。

网络结构观主要探究拆迁安置房社区失地农民的社会网络资本（主要分析拆迁安置房社区失地农民的交往规模和邻里亲密度）对其身份认同的影响。相关分析数据表明拆迁安置房社区失地农民的人际交往规模越大，邻里亲密度越高，对城市的认同也越高。

社会情感支持网的构建能有效释放失地农民的不良情绪反应，重建失地农民之间的情感依赖，从而为实现失地农民身份和角色的顺利转型提供条件。有助于建立和谐稳定的失地农民群体的心理认同感、发泄不满情绪、防止矛盾激化等。加强失地农民成员间的社会交往，能通过形成较为稳定的社会交往关系网络引导失地农民对城市意识形成认同感，强化开放观念和进取意识，排遣相对封闭的乡村社区意识，使失地农民自内生成积极的生活观和职业意识。农民的交往对象主要是亲戚和邻里，同质性较强，在市民化过程中，农民社会关系网络与关系资源基本被打破，农民心理上难以转变。同时，中国"家本位"的思想传统使农民在交往中奉行特殊主义的人际信任原则。长期处于"差序格局"中的农民坚信"非我族类，其心必异"，对互动中的陌生人持着低信任的怀疑态度，对跨出狭小的生活圈与陌生人接触有着一种莫名的恐惧感和本能的排斥。因此，在市民化过程中，必须主动采取措施引导农民，使之实现信任类型的转型。再次是农民合作意识缺乏，自治能力弱化，个体化意识强烈。中国农民从来没有形成跨血缘、跨地域的自发性互助社团，对组织自治团体的必要性也完全没有察觉，对通过自发团体诉求其正当权益、寻求发展的外部支持的建议也基本上漠不关心。从失地农民利益的角度考虑，最低限度应是短期内生活水平不降低，长期内能共享城市化发展的成果。

如拆迁中政府官员一般更重视拆迁的进度和征收补偿的数额，而对农民拆迁后的生活状况和内心世界考虑甚少。而现实的情况是，拆迁中的农民一旦得到征地或拆迁的通告后，内心世界是极其复杂的：他们面临的是强大的政府和权威的工作部门，心理上的弱势和现实的制度设计决定了失地农民即便有什么不愿或不舍也难逃"强拆"的命运；他们对土地的眷恋和依赖情怀也不是政府官员所能理解的，因为政府主要着眼当前，很难在短期内对失地农民将来的精神和文化生活做出详尽的规划，失地农民即便不想跟政府作对也会心生抵触情绪；农民早已习惯并引以为乐的"日出而作、日落而息"的生活模式一旦被拆迁所打破，也无人来弥补这种空虚和落寞，等等。这些都是农民在土地被征时所面临的令其心理不安的问题。拆迁中的农民是活生生的人，他们不只是"经济人"，同时也是充满情感和灵性的"文化人"。所以，政府既要考虑失地农民的物质补偿，也要给失地农民以文化关怀，满足失地农民的精神诉求。因为，政府所拆掉的，除了农民的房子，还有他们心中那个厚实的情感家园。

因此，应对失地农民进行心理疏导，化解失地农民心理失落感和对原住地的情感依赖，早日走出失地的阴影，加强思想政治工作，给失地农民以情感上的关怀，以非正式制度建构当地政府与实地农民的情感链条，获得失地农民对城市化的情感认同。

五 健全法规制度，构建制度认同

"认同可以来自于支配性制度，但只有行动者将其内化，且将其行动意义环绕着这一内化过程建构时，它才能成为认同。""市民"和"农民"的区别不仅仅是地域上的区别，也不只是职业上的区别。他们的区别更重要的在于：权利、待遇、生活方式、文明程度等。从这个层面上来理解，"市民"不光是指居住在城里的人，而是具有同等国民待遇、城乡共同体的正式成员。拆迁安置房社区失地农民在户籍身份上虽然与城市居民已无实质性差别，但是政府在制定相关政策时却仍然有意无意地将这些新市民和城市原来的市民群体区别对待，特别是在进行制度设计和制定政策时，大都以"低起点、低标准"作为保障水平定位的原则，其参照的标准明显低于城市居民。尽管这种做法有一定道理，但从另外一个角度也说明，失地农民仍然被当作农民看待，这就容易导致失地农民在身份认同上的失衡，从而形成对拆迁安置房社区失地农民第二次的身份隔离。空间的转换已使拆迁安置房社区失地农民和城市市民处于同一户籍身份体系、同一货币衡量体系之中，但是拆迁安置房社区失地农民的同等市民待遇（就业、就学、社会保障、政治民主等方面享有的权利和应履行的义务）却迟迟没有实现。为此，应从制度制定入手，积极健全征地拆迁的各项法规制度，构建失地农民的制度认同。

（一）全面实行征地统一年产值标准和区片综合地价

制定征地统一年产值标准和区片综合地价是完善征地补偿机制、实现同地同价的重要举措，也是提高征地补偿标准、维护农民权益的必然要求，各类建设征收农村集体土地都必须严格执行。对于新上建设项目，在用地预审时就要严格把关，确保项目按照公布实施的征地统一年产值标准和区片综合地价核算征地补偿费用，足额列入概算。建设用地位于同一年产值或区片综合地价区域的，征地补偿水平应基本保持一致，做到征地补偿同地同价。

各地应建立征地补偿标准动态调整机制，根据经济发展水平、当地人均收入增长幅度等情况，每2—3年对征地补偿标准进行调整，逐步提高征地补偿水平。目前实施的征地补偿标准已超过规定年限的省份，应按此要求尽快调整修订。未及时调整的，不予通过用地审查。

（二）探索完善征地补偿款预存制度

为防止拖欠征地补偿款，确保补偿费用及时足额到位，各地应探索和完善征地补偿款预存制度。在市县组织用地报批时，根据征地规模与补偿标准，测算征地补偿费用，由申请用地单位提前缴纳预存征地补偿款；对于城市建设用地和以出让方式供地的单独选址建设项目用地，由当地政府预存征地补偿款。用地经依法批准后，根据批准情况对预存的征地补偿款及时核算，多退少补。

省级国土资源部门应结合本省（区、市）实际情况，会同有关部门，建立健全征地补偿款预存的有关规章制度，并在用地审查报批时审核把关。

（三）合理分配征地补偿费

实行征地统一年产值标准和区片综合地价后，省级国土资源部门要会同有关部门，按照征地补偿主要用于被征地农民的原则，结合近年来征地实施情况，制定完善征地补偿费分配办法，报省级政府批准后执行。

征地批后实施时，市县国土资源部门要按照确定的征地补偿安置方案，及时足额支付补偿安置费用；应支付给被征地农民的，要直接支付给农民个人，防止和及时纠正截留、挪用征地补偿安置费的问题。

（四）建立健全征地拆迁听证制度

建立健全征地拆迁听证制度，提高信息交流的公开性、透明性与参与性。听证制度是政府和被征地拆迁方之间一个交换意见的正式沟通平台，政府通过听证向被征地拆迁方说明征地拆迁的具体理由和实施程序，被征地拆迁方也借此机会表达自身的利益诉求和相关意见，在博弈双方不断的互动交流中，分歧将得到一定程度的磨合，或者至少矛盾的焦点将得到进一步的明晰，认真落实征地拆迁听证制度对于及时疏导和化解矛盾，防止纠纷升级具有积极作用。征地拆迁听证的核心内容，一是要对征地拆迁安置决策进行听证，二是要对强制拆迁行政裁决进行听证。征地拆迁是事关被拆迁人重大切身利益的活动，出于保护个人合法权益，理应让被拆迁人参与征地拆迁决策，根据法律规定的程序召集拆迁管理部门、被拆迁人和开发商召开听证会，由法院以中立身份根据听证会上经过质证的事实做出决定。征地拆迁工作中，被拆迁方对征地拆迁决策不满的现象比较普遍，对于未达成拆迁补偿安置协议的，出于公共利益征地拆迁管理部门需要申请行政强制拆迁的，在申请前应当邀请相关管理部门、拆迁当事人代表以及具有社会公信力的代表等，对行政强制拆迁的依据、程序、补偿安置标准等事项进行听证，根据听证产生的具有公信力的决策提请强制拆迁，依法采取相应的行动。

（五）完善强制拆迁制度

完善强制拆迁制度，防止权力滥用和暴力执法，侵害被拆迁人人身安全及合法权益。在征地拆迁过程中，拆迁人与被拆迁人因搬迁期限、补偿方式、安置条件、过渡期限等原因未达成拆迁协议的，当事人可以申请行政裁决，未经行政裁决，房屋拆迁管理部门不得实施强制拆迁。强制拆迁行政裁决的依据主要是审查强制拆迁是否遵循法律程序，召开听证会并给出有效的征收理由，是否依法给予被拆迁人合理的补偿安置条件，拆迁目的是否用于公共设施的建设。强制拆迁在满足三项基本条件的基础上，在实施的过程中还应确保执行程序依法开展。具体地，在实施强制拆迁前应当由补偿安置裁决机关行政负责人或人民法院院长签发公告，通知被拆迁人在指定期限前自觉履行搬迁义务。若被拆迁人逾期未履行义务，由执行人员强制搬迁，确保强拆前将屋内财物登记入档并运至指定安全区，由被拆迁人接收和签字。强制拆迁制度存在漏洞和缺失，极易导致不法执行者的权力恶性膨胀，引发暴力拆迁行为，因此，要着力完善强制拆迁制度，规范强制拆迁执行程序，杜绝滥用权力的现象，避免征地拆迁纠纷升级和矛盾激化引起人身安全事故等恶劣影响。

六 完善社会保障体系，建构经济认同

克雷顿·奥尔德弗（Clayton Alderfer）于 1969 年在《人类需要新理论的经验测试》一文中认为，人们共存在三种核心的需要，即生存的需要、相互关系的需要和成长发展的需要。生存是人的最基本的需要，只有满足了基本的生存需要之后，才能产生更高的需求。因此，对于拆迁安置房社区失地农民来讲，只有解决了在城市生活中的后顾之忧，才能促使其产生身份认同的需要。但目前，拆迁安置房社区失地农民面临就业无门、保障无份的现状，在一定程度上增加了其身份认同的难度。

拆迁安置房社区失地农民在征地以前对城市生活、市民身份有很多美好的想象，他们急于离开土地进行都市体验，觉得城市能提供给他们比土地更多的资源和财富。这种想象提高了拆迁安置房社区失地农民对城市生活的期望和需求的水平。可现实状况是相当一部分拆迁安置房社区失地农民成为长期失业者，过半数的拆迁安置房社区失地农民经济收入低于城市居民的最低工资水平。这些拆迁安置房社区失地农民只能进入次级劳动力市场（工资低、工作条件差、工作不稳定、权益得不到保障等），从事保安、保洁员、保姆等劳动技能简单的工作，这些工作替代性强、工资低，却竞争激烈。与当地城镇居民相比，拆迁安置房社区失地农民处于社会弱势地位，缺乏发展的机会，有部分变为贫困的社会群体。这实质上是可行能力被剥夺的状态，主要表现在：长期积累的劳动技能因为失去土地而无法发挥作用，非农业领域需要的知识和技能自身又不具有；经济参与能力从"短缺"走向"丧失"，成为被劳动力市场完全排斥的群体。这些都直接导致失地农民心理价位的落差阻碍了其对制度身份的认同，为此，应从如下几个方面完善制度体系，以建构

失地农民的经济认同。

（一）设立失地农民社会保障专项基金

土地乃农民的命根子，是生产生活的基础资料，土地被征收了，农民就意味着失去了生产资料，它是马克思主义理论者认定的生产力三要素之一，也是劳动者进行生产时所需要使用的资源或工具。一般可包括土地、厂房、机器设备、工具、原料等。生产资料是生产过程中的劳动资料和劳动对象的总和，它是任何社会进行物质生产所必备的物质条件。要让失地农民进行自主创业、自主择业、培训就业等，没有资金的支持是不可能实现的。因此，十分有必要设立专项资金长期的支持失地农民生产生活用，即设立专项基金解决失地农民后顾之忧，为生产生活提供最根本的保障。

优先进行农业安置。各地应结合当地实际，因地制宜，采取多种有效的征地安置方式。在一些通过土地整治增加了耕地以及农村集体经济组织预留机动地较多的农村地区，征地时应优先采取农业安置方式，将新增耕地或机动地安排给被征地农民，使其拥有一定面积的耕作土地，维持基本的生产条件和收入来源。

规范留地安置。在土地利用总体规划确定的城镇建设用地范围内实施征地，可结合本地实际采取留地安置方式，但要加强引导和管理。留用地应安排在城镇建设用地范围内，并征为国有；涉及农用地转用的，要纳入年度土地利用计划，防止因留地安置扩大城市建设用地规模；留用地开发要符合城市建设规划和有关规定要求。实行留用地安置的地区，当地政府应制定严格的管理办法，确保留用地的安排规范有序，开发利用科学合理。

推进被征地农民社会保障资金的落实。将被征地农民纳入社会保障，是解决被征地农民长远生计的有效途径。各级国土资源部门要在当地政府的统一领导下，配合有关部门，积极推进被征地农民社会保障制度建设。当前，解决被征地农民社保问题的关键在于落实社保资金，本着"谁用地、谁承担"的原则，鼓励各地结合征地补偿安置积极拓展社保资金渠道。各地在用地审查报批中，要对被征地农民社保资金落实情况严格把关，切实推进被征地农民社会保障资金的落实。

(二) 建立健全失地农民最低生活保障制度

最低生活保障制度是现代社会保障制度的重要环节，是公民的生存权得到保障的重要体现，也是宪法所规定的"物质帮助权"的必然要求。部分失地农民由于年龄偏大、缺乏劳动技能等原因生活暂时受到很大影响，我们必须确保这部分群众的最低生活要求得到及时保障，构建起和谐的社会环境。

(三) 建立健全失地农民养老保障制度

(1) 加强失地农民养老保障立法，明确政府、征地人及被征地人各方责任并保证制度的稳定性。"当前部分地方有着土地换社保的做法，即，'土地换保障'将征地农村人口的合法权益得以保护，有效化解他们的生活风险，且提高城镇化速度，保持社会安定。在实行'土地换保障'的地区，对于劳动年龄段以上（女55周岁、男59周岁及以上）的失地农民一般是一次性为其缴足费用，建立养老金的个人账户，从失地后缴足费用的次月起逐月发放养老金。"但在实际操作的过程中，社保发放的费用保证不了正常的生活。加之现在物价飞涨，社保金不增长，失地农民生活越来越贫困。加强失地农民养老保障立法，通过立法提高各级政府和集体、失地农民等各方对失地农民养老保障重要性的认识，提高养老金发放额度，同时通过立法明确各方的责任，保障制度发展的稳定性。

(2) 加大贫困地区农民的长期财政转移力度。在失地农民养老保障制度的构建过程中，建议加大对失地贫困地区、贫困农民的财政转移支付力度，进行金融政策方面的调控干预。只有政府在政策调整、长期的财政支付方面，持续地对贫困地区农民进行财政转移支付投入，才可使得失地农民有一个"安稳"的晚年生活。

(四) 建立健全失地农民医疗保障制度

为失地农民建立相应的社会医疗救助制度。有效的办法有三种：一是政府与民间结合，强化多元投入机制，引导社区经济、企业、慈善机构及个人等方面的捐助，来充实失地农民医疗救助基金。二是把商业保险作为一条重要的选择途径或补充模式，为失地农民投团体大病保险等。三是积极建立新型合作医疗保障制度。

（五）建立健全失地农民就业政策和管理体系

富余农民的最佳途径就是减少农民，尤其是加快失地农民的转移步伐，保证农民"失地不失业"显得尤为重要。为此，我们在积极采取有效措施扶持农民就业，不断探索失地农民转移途径上做了大量有益的尝试，切实加快了"农民变民工、农民变职工、农民变市民"的步伐。

一是建立人力资源信息网络，为失地农民就业搭建服务平台。由于农民多数生活比较闭塞，与外界接触的信息渠道有限，可能就会失去许多外出务工的机会。为此，要坚持"政府引导、统筹规划、创新机制、注重实效"的原则，加强了信息平台和中介平台建设，成立了由区劳动服务公司、乡镇社会保障办公室和村委会"三位一体"的劳务信息网络机构。对劳动力资源和失地农民的状况进行全面普查，建起了包括年龄、教育程度、健康状况、技术状况等在内的劳动力资源台账及数据输出平台。

二是制定优惠政策，积极扶持失地农民就业。随着招商引资步伐的不断加快，大量外地企业纷纷投资兴业。为确保项目引进后，农民失地不失业，应制定相关的优惠政策措施，明确规定建设单位征地后应优先招用被征地的劳动力，积极鼓励用人单位吸纳农村失地人员，对用人单位招用失地农村劳动力的，给予社会保险补贴、职业介绍补贴等优惠；此外，认真清理和纠正对农民工的歧视性政策，使失地农民可以享受到与城镇失业人员一样的最新优惠和扶持政策。

同时，大力倡导失地农民自主创业，出台了农村失地人员创办民营企业税费减免政策，积极为他们提供资金、场地、创业培训和创业项目等方面支持和帮助。

三是强化技能培训，增强失地农民的就业能力。实现农民充分就业，关键是要搞好就业培训和指导，提高他们的整体素质和劳动技能。

总之，我国幅员辽阔，地区差异巨大，失地农民的市民化必须依据现有条件来展开，因而必然会形成不同的市民化模式。不同模式所依据的基础条件、动员机制、现实路径与策略倾向的抉择等都会各不相同，甚至大相径庭。因此，比较农民市民化的模式将会对出台区域性的农民市民化应对策略，具有重要的参考意义。当然，南方有南方的模式，北方有北方的特殊性，经济发达地区与经济欠发达地区，在农民市民化的社会政策的选取上也会不尽相同，但农民市民化归结到一点，如果没有对城市的社会认同，失地农民始终是城市的边缘人，不可能转变为现代意义上的城市市民，因为没有人的城市化，任何农民市民化的社会政策都将是无稽之谈。

上述提出的几点建议，是基于构建转型期的"安全阀"，它们稳定和强化的社会分化的现状，使村民对既存的不平等变得淡漠和不敏感。征地拆迁中的利益分配，如果仅仅靠法律上的重新界定抑或构建新的社会认同就能得以实现，尽管在制度上是完备和可接受的，但是并不符合各地千差万别的"乡情"。在上升的资产者和"被剥夺者"之间的不平衡，隐藏着潜在的不安定，基层政权必须采取合理化的手段来消弭这种失衡。正因为如此，在道义基础被经济利益的结合取代的同时，地方政府，抑或被征地拆迁的居民必须能够创造出一种新的地区凝聚力，为城市化的快速发展和被征地拆迁的居民生活的改善提供一种"安全阀"的作用。

综观城市化进程中的征地拆迁，本研究确实看到了隐藏在基层的不稳定因素，不管是为城市化的快速发展叫好，还是为农村快速的社会分化感到担忧的学者，如果深入被征地拆迁的村庄中去，深入被征地拆迁居民中去，去观察被征地拆迁中居民的行为，体会被拆迁居民那种复杂的情感，都会为不同地区的征地拆迁巨大的差距所震撼。但不管怎样，无论在什么地方，土地都是农民的最大利益所在，也是农村最大的稳定因素。搞征地拆迁，绝不能强迫命令，以牺牲农民利益为代价。新中国成立以来农村发展的经验反复证明：尊重了农民意愿，农民有了积极性，农村就快速发展，反之，农村发展就停滞甚至倒退。立足中国的国情，建构征地拆迁中的社会认同，化解征地拆迁中的社会矛盾，无论城市化发展到什么程度，对于增促社会进步，减缩社会代价都具有举足轻重的作用。

笔者在这里把约四百年前，弗兰西斯·培根在《伟大的复兴》一书的序言中，曾经谈到书中描述的对象作为本研究的结尾。他"希望人民不要把他看作一种意见，而要看作一项事业，并相信我们在这里所做的不是为某一宗派或理论奠定基础，而是为人类的福祉和尊严……"[①]

[①] ［美］肯尼思·阿罗：《社会选择与个人价值》，陈之武、崔之元译，四川人民出版社1987年版。

附　录

附录 1　调查问卷

征地拆迁中社会认同机制研究调查问卷

（普通居民填写）

尊敬的先生/女士，您好！

　　为全面了解全国不同地区政府工作人员、开发商、拆迁地居民对征地拆迁的相关看法，我们目前正在全国进行调研，以了解您对下面这些问题的看法，为政府相关决策提供参考依据。这可能会耽搁您一些时间。本次调查采取匿名的方式，根据《中华人民共和国统计法》和《中华人民共和国保密法》的相关要求，我们将严格予以保密。请在符合您情况的备选答案下画"√"，如无特殊说明，每题只选一项。

　　衷心感谢您的支持与合作！

"征地拆迁矛盾化解机制研究"课题组

2013 年 1 月

调查时间：　　　　调查地点：　　　　调查员：

1. 您的性别　（1）男　　（2）女
2. 您的年龄
（1）35 岁及以下　　（2）36—45 岁
（3）46—55 岁　　　（4）56 岁以上

3. 您的教育程度

(1) 初中及以下　　　(2) 高中或中专

(3) 大学本科　　　　(4) 研究生及以上

4. 您的职业性质

(1) 农民　　　　　　(2) 工人

(3) 个体户　　　　　(4) 事业编制

(5) 公务员

5. 您现在的户口性质

(1) 农业　　　　　　(2) 非农业

6. 您在本区域（本村或社区）居住年限

(1) 5 年及以下　　　(2) 6—10 年

(3) 11—20 年　　　　(4) 21 年以上

7. 您家庭的主要收入来源

(1) 务农　　(2) 外出打工　　(3) 小本生意

(4) 养殖　　(5) 工资收入　　(6) 商业经营（包括投资）

(7) 其他

8. 您居住的房屋是否面临拆迁

(1) 曾经被拆迁　　　　　　　(2) 正在被拆迁

(3) 将要被拆迁　　　　　　　(4) 否

9. 就目前您了解的情况来看，现实中，下列哪种拆迁方式比较普遍（最多选 3 项）

(1) 完善征地拆迁法律法规，并严格按照法律法规办事

(2) 建立拆迁办公室和信访接待室制度

(3) 设置地方政府一把手信访接待日

(4) 聘请第三部门（社会组织）从中协调、斡旋、评估

(5) 利用亲戚朋友邻里关系进行动员

(6) 由村委会或居委会代表村民利益进行谈判

(7) 由拆迁户组成集体代表进行谈判

(8) 由村民推举本村德高望重又与政府联系紧密的乡村精英们协调

(9) 由房产商牵头，按照本地区市场价格进行协调补偿

（10）其他

10. 您对目前征地拆迁中"经济补偿"实现情况满意度评价
（1分为最不满意，10分为最满意，按照实际情况给出您的满意度）

|—|—|—|—|—|—|—|—|—|
1　2　3　4　5　6　7　8　9　10

11. 您对目前征地拆迁中法律法规运用及其实施效果的满意度评价
（1分为最不满意，10分为最满意，按照实际情况给出您的满意度）

|—|—|—|—|—|—|—|—|—|
1　2　3　4　5　6　7　8　9　10

12. 您对目前征地拆迁中行政介入的满意度评价
（1分为最不满意，10分为最满意，按照实际情况给出您的满意度）

|—|—|—|—|—|—|—|—|—|
1　2　3　4　5　6　7　8　9　10

13. 您对目前征地拆迁中社区和谐稳定的满意度评价
（1分为最不满意，10分为最满意，按照实际情况给出您的满意度）

|—|—|—|—|—|—|—|—|—|
1　2　3　4　5　6　7　8　9　10

14. 您对当前的征地拆迁情况的总体效果评价
（1分为最不满意，10分为最满意，按照实际情况给出您的满意度）

|—|—|—|—|—|—|—|—|—|
1　2　3　4　5　6　7　8　9　10

15. 您对征地拆迁的法律及相应赔偿标准是否了解
　　（1）非常了解　（2）比较了解　　（3）一般
　　（4）不了解　　（5）一点都不清楚

16. 您认为现有关于征地拆迁政策、法律法规是否合理
　　（1）非常合理　（2）比较合理　　（3）一般

（4）不合理　　（5）很不合理

17. 您认为目前征地拆迁政策存在哪些问题（最多选3项）

（1）补偿标准低

（2）硬性安置

（3）补偿办法实际操作性差

（4）对弱势群体照顾不周

（5）政府行政行为公开透明度不够

（6）拆迁政策不统一

（7）失地后的保障机制不够完善

（8）其他

18. 如果征地拆迁过程中发生了矛盾，您会采取哪种维护方式

（1）接受部门调解

（2）诉诸法律

（3）依法上访

（4）暴力拒绝拆迁

19. 您对当前征地拆迁政策看法如何

（1）政策非常好，妥善安置了拆迁户

（2）比较好，拆迁情况比其他地区好

（3）一般，政策是好的，但是底下部门没有完全按照政策实施

（4）比较差，拆迁时矛盾冲突比其他地区多

（5）非常差，经常出现因征地拆迁暴力冲突

20. 对以下征地拆迁补偿方式您更乐意选择

（1）货币赔偿

（2）房屋安置

（3）社会保障（医疗、就业、教育等）

（4）货币赔偿与房屋安置结合

（5）货币赔偿与社会保障结合

（6）房屋安置与社会保障结合

（7）货币、房屋安置与社会保障结合

21. 您认为政府的征地拆迁的货币赔偿、房屋安置等是否合理

（1）非常合理　（2）比较合理　　　（3）一般

(4) 不合理　　(5) 极其不合理

22. 相关部门对于征地拆迁的补偿落实情况如何

(1) 非常及时　(2) 比较及时　　(3) 一般

(4) 不及时，一拖再拖　　　(5) 说了就算，没有落实

23. 在安置地，您希望政府从哪方面进行改善（最多选 3 项）

(1) 生活环境　(2) 交通道路　　(3) 教育条件

(4) 医疗卫生　(5) 社会福利和保障(6) 休闲娱乐设施

(7) 邻里关系　(8) 治安水平　　(9) 环境卫生

(10) 就业机会 (11) 其他

24. 您认为当地政府为城市发展而进行的征地拆迁是否能发挥积极效果

(1) 能，起到很大作用

(2) 一般，作用不明显

(3) 不能，仅是形象工程、官员政绩

25. 您所在的区域，因为征地拆迁老百姓上访的数量变化趋势

(1) 急剧增多　(2) 增速缓慢　　(3) 保持平稳

(4) 增速减少　(5) 下降很多

26. 您所在的区域，每年因为征地拆迁引起的暴力冲突事件数量变化趋势

(1) 急剧增多　(2) 增速缓慢　　(3) 保持平稳

(4) 增速减少　(5) 下降很多

27. 在征地拆迁过程中，当地政府是否召开居民协商会、听证会等活动

(1) 经常召开　(2) 偶尔为之　　(3) 从来都没有

28. 您所在区域征地拆迁对城市建设起到了什么作用

(1) 利大于弊，拆迁后城市变得更加美丽

(2) 利大于弊，大部分地区拆迁后变得更加美丽了

(3) 有利有弊，弊大于利，拆迁后城市一片混乱

29. 据您了解，拆迁户拆迁后生活状况如何

(1) 有很大提高

(2) 稍微提高

（3）跟拆迁前情况差不多

（4）情况变差

（5）生活质量急剧下降

30. 征地拆迁会造成您心理上焦虑或恐慌吗

（1）非常严重

（2）比较严重

（3）一般

（4）稍微有影响

（5）基本没有影响

31. 征地拆迁是否会影响社区和谐与邻里关系呢

（1）非常有影响　（2）比较有影响　（3）一般

（4）稍微有影响　（5）基本没有影响

32. 您周围的经历过拆迁或征地的朋友拆迁或征地后的情况如何

（1）好，征地拆迁进行顺利，补偿金额充足，到位及时

（2）一般，新环境导致了生活不便，补偿金额没有预期的高

（3）不好，征地拆迁后遭遇种种生活难题

（4）很差，生活极其不好

33. 在征地拆迁过程中，以下哪些因素可能导致您拒绝拆迁（最多选 3 项）

（1）征地补偿标准不公平

（2）拆迁人员态度粗暴

（3）拆迁工作不透明

（4）对征地拆迁法律不了解

（5）拆迁后自身得不到好的安置

（6）此次拆迁对城市发展起不到多大作用，劳民伤财

（7）此次拆迁使原来社区遭到破坏，尤其是邻里关系

（8）对拆迁地感情不舍

（9）其他

34. 您认为对拆迁户的补偿方式和标准应该由谁来决定（多选）

（1）地产商根据市场情况来决定

（2）被拆迁户与开发商议价，政府充当公证角色

（3）由政府、开发山商、被拆迁户共同商定

（4）由政府指定法律规定补偿标准

（5）由政府根据不同地域的实际情况决定

（6）引入第三方力量，由中介组织（评估机构和社会组织）来进行协调

（7）其他

…………………问卷到此结束，再次感谢您的大力支持…………………

征地拆迁中社会认同机制研究调查问卷

（政府工作人员填写）

尊敬的先生/女士，您好！

为全面了解全国不同地区政府工作人员、开发商、拆迁地居民对征地拆迁的相关看法，我们目前正在全国进行调研，以了解您对下面这些问题的看法，为政府相关决策提供参考依据。这可能会耽搁您一些时间。本次调查采取匿名的方式，根据《中华人民共和国统计法》和《中华人民共和国保密法》的相关要求，我们将严格予以保密。请在符合您情况的备选答案下画"√"，如无特殊说明，每题只选一项。

衷心感谢您的支持与合作！

"征地拆迁矛盾化解机制研究"课题组
2013 年 1 月

调查时间：　　　调查地点：　　　调查员：

1. 您的性别（1）男　　（2）女

2. 您的年龄

（1）35 岁及以下　　（2）36—45 岁

（3）46—55 岁　　（4）56 岁以上

3. 您的教育程度

（1）初中及以下　　（2）高中或中专

（3）大学本科　　（4）研究生及以上

4. 您的岗位性质

（1）领导岗位　　（2）非领导岗位

5. 您现在的职务是

(1）一般办事人员　　　　（2）科级干部

(3）处级干部　　　　　　（4）处级以上干部

6. 您现在的户口性质

(1）农业　　　　　　　　（2）非农业

7. 您在本区域（本村或社区）居住年限

(1）5 年及以下　　　　　（2）6—10 年

(3）11—20 年　　　　　　（4）21 年以上

8. 就目前您了解的情况来看，现实中，下列哪种拆迁方式比较普遍（最多选 3 项）

(1）完善征地拆迁法律法规，并严格按照法律法规办事

(2）建立拆迁办公室和信访接待室制度

(3）设置地方政府一把手信访接待日

(4）聘请第三部门（社会组织）从中协调、斡旋、评估

(5）利用亲戚朋友邻里关系进行动员

(6）由村委会或居委会代表村民利益进行谈判

(7）由拆迁户组成集体代表进行谈判

(8）由村民推举本村德高望重又与政府联系紧密的乡村精英们协调

(9）由房产商牵头，按照本地区市场价格进行协调补偿

(10）其他

9. 您对目前征地拆迁中经济目标实现情况满意度评价

(1 分为最不满意，10 分为最满意，按照实际情况给出您的满意度）

```
1   2   3   4   5   6   7   8   9   10
```

10. 您对目前征地拆迁中法律法规及其实施的满意度评价

(1 分为最不满意，10 分为最满意，按照实际情况给出您的满意度）

```
1   2   3   4   5   6   7   8   9   10
```

11. 您对目前征地拆迁中政治目标实行情况的满意度评价

（1 分为最不满意，10 分为最满意，按照实际情况给出您的满意度）

```
|___|___|___|___|___|___|___|___|___|
1   2   3   4   5   6   7   8   9   10
```

12. 您对目前征地拆迁中社会效益实现情况的满意度评价

（1 分为最不满意，10 分为最满意，按照实际情况给出您的满意度）

```
|___|___|___|___|___|___|___|___|___|
1   2   3   4   5   6   7   8   9   10
```

13. 您对当前的征地拆迁情况的总体效果评价

（1 分为最不满意，10 分为最满意，按照实际情况给出您的满意度）

```
|___|___|___|___|___|___|___|___|___|
1   2   3   4   5   6   7   8   9   10
```

14. 您对征地拆迁的法律及相应赔偿标准是否了解

（1）非常了解　　　　（2）比较了解　　　　（3）一般

（4）不了解　　　　　（5）一点都不清楚

15. 您认为现有关于征地拆迁政策、法律法规是否合理

（1）非常合理　　　　（2）比较合理　　　　（3）一般

（4）不合理　　　　　（5）很不合理

16. 您认为目前征地拆迁政策存在哪些问题

（1）补偿标准低

（2）硬性安置

（3）补偿办法实际操作性差

（4）对弱势群体照顾不周

（5）政府行政行为公开透明度不够

（6）拆迁政策不统一

（8）失地后的保障机制不够完善

（7）其他

17. 您对当前征地拆迁政策看法如何

（1）政策非常好，妥善安置了拆迁户

(2) 比较好，拆迁情况比其他地区好

(3) 一般，政策是好的，但是底下部门没有完全按照政策实施

(4) 比较差，拆迁时矛盾冲突比其他地区多

(5) 非常差，经常出现因征地拆迁暴力冲突

18. 对以下征地拆迁补偿方式您更乐意选择

(1) 货币赔偿

(2) 房屋安置

(3) 社会保障（医疗、就业、教育等）

(4) (1)、(2) 结合

(5) (1)、(3) 结合

(6) (2)、(3) 结合

(7) (1)、(2) 和 (3) 结合

19. 您认为政府的征地拆迁的货币赔偿、房屋安置等是否合理

(1) 非常合理　　(2) 比较合理　　　(3) 一般

(4) 不合理　　(5) 极其不合理

20. 相关部门对于征地拆迁的补偿落实情况如何

(1) 非常及时　　(2) 比较及时　　　(3) 一般

(4) 不及时，一拖再拖　　(5) 说了就算，没有落实

21. 在安置地，您希望政府从哪方面进行改善（最多选3项）

(1) 生活环境　　(2) 交通道路　　　(3) 教育条件

(4) 医疗卫生　　(5) 社会福利和保障　(6) 休闲娱乐设施

(7) 邻里关系　　(8) 治安水平　　　(9) 环境卫生

(10) 就业机会　　(11) 其他

22. 您认为当地政府为城市发展而进行的征地拆迁是否能发挥积极效果

(1) 能，起到很大作用

(2) 一般，作用不明显

(3) 不能，仅是形象工程、官员政绩

23. 您所在的区域，因为征地拆迁老百姓上访的数量变化趋势

(1) 急剧增多　　(2) 增速缓慢　　　(3) 保持平稳

(4) 增速减少　　(5) 下降很多

24. 您所在的区域，每年因为征地拆迁引起的暴力冲突事件数量变化趋势

　　（1）急剧增多　　（2）增速缓慢　　　　（3）保持平稳

　　（4）增速减少　　（5）下降很多

25. 在征地拆迁过程中，当地政府是否召开居民协商会、听证会等活动

　　（1）经常召开　　（2）偶尔为之　　　　（3）从来都没有

26. 您所在区域征地拆迁对城市建设起到了什么作用

　　（1）利大于弊，拆迁后城市变得更加美丽

　　（2）利大于弊，大部分地区拆迁后变得更加美丽了

　　（3）有利有弊，弊大于利，拆迁后城市一片混乱

27. 据您了解，拆迁户拆迁后生活状况如何

　　（1）有很大提高

　　（2）稍微提高

　　（3）跟拆迁前情况差不多

　　（4）情况变差

　　（5）生活质量急剧下降

28. 征地拆迁会造成您心理上焦虑或恐慌吗

　　（1）非常严重　　（2）比较严重　　　　（3）一般

　　（4）稍微有影响　（5）基本没有影响

29. 征地拆迁是否会影响社区和谐与邻里关系

　　（1）非常有影响　（2）比较有影响　　　（3）一般

　　（4）稍微有影响　（5）基本没有影响

30. 您周围的经历过拆迁或征地的朋友拆迁或征地后的情况如何

　　（1）好，征地拆迁进行顺利，补偿金额充足，到位及时

　　（2）一般，新环境导致了生活不便，补偿金额没有预期的高

　　（3）不好，征地拆迁后遭遇种种生活难题

　　（4）很差，生活极其不好

31. 在征地拆迁过程中，以下哪些因素可能导致您拒绝拆迁（最多选3项）

　　（1）征地补偿标准不公平

（2）拆迁人员态度粗暴

（3）拆迁工作不透明

（4）对征地拆迁法律不了解

（5）拆迁后自身得不到好的安置

（6）此次拆迁对城市发展起不到多大作用，劳民伤财

（7）此次拆迁使原来社区遭到破坏，尤其是邻里关系

（8）对拆迁地感情不舍

（9）其他

32. 您认为对拆迁户的补偿方式和标准应该由谁来决定（多选）

（1）地产商根据市场情况来决定

（2）被拆迁户与开发商议价，政府充当公证角色

（3）由政府、开发山商、被拆迁户共同商定

（4）由政府指定法律规定补偿标准

（5）由政府根据不同地域的实际情况决定

（6）引入第三方力量，由中介组织（评估机构和社会组织）来进行协调

（7）其他

…………………问卷到此结束，再次感谢您的大力支持………………

附录2　政府工作人员访谈提纲

一、整体情况与做法
整体征地拆迁情况介绍。
对于征地拆迁，本地好的做法有哪些？
二、主要矛盾与办法
目前征地拆迁过程中遇到的主要矛盾（问题、冲突等）。
产生这些矛盾的原因是什么？
解决这些矛盾，您有哪些建议？
三、政策法规
目前都有哪些征地拆迁政策法规？
这些政策法规调整，给动拆迁工作带来哪些影响？
如何宣传和落实相关政策法规？
拆迁户如何看待这些政策法规？
四、介入主体
行政介入村民是否配合，不配合的话，原因是什么？
后来，又是怎么做群众工作？
村委会、乡村精英等在征地拆迁过程扮演的角色或功能？
亲戚朋友关系网在征地拆迁过程中扮演什么角色或功能？
征地拆迁过程中，有没有借助第三方力量，比如中介、企业或社会组织等？
五、经济补偿
赔偿标准是怎么制定出来的，有无村民参与？
村民如何看待拆迁赔偿？
这些赔偿有无弹性，是什么？如何操作？

如果村民认为赔偿标准过低，这种想法怎样产生的？

六、自身认同

征地拆迁后，拆迁户如何看待他们的身份转变？

征地拆迁后，拆迁户对生活是否适应？后续保障如何？

征地拆迁后，拆迁户的归属感如何，他们心态如何？

七、拆迁矛盾

实际拆迁中，最难拆迁的典型个案。

实际拆迁中，您认为难以拆迁的原因是什么？有什么好的办法能化解这种矛盾？

附录3 访谈对象

LD 市 LX 区：

黄某某，男，36 岁，征地拆迁办副主任

周某某，男，36 岁，征地拆迁办三科副科长

曾某某，男，33 岁，副科长

杨某某，男，45 岁，检察院副院长

成某某，男，42 岁，国土局副局长

CHS 市 YL 区：

张大爷，男，60 岁，学士街道联丰村民

邓科长，男，37 岁，拆迁办副科长

张书记，男，38 岁，联丰村支部书记

YY 市 LX 县：

李某某，男，50 岁，忠防镇沙坪村干部，负责拆迁协调工作

卢先生，男，38 岁，LX 市横铺乡某村村主任

张某某，男，25 岁，忠防镇办公室干部，大学生村官

陈先生，男，30 岁，横铺乡人大主任

刘队长，男，40 岁，詹桥镇某村村干部

马女士，女，45 岁，村干部妇联主任

张女士，女，40 岁，詹桥镇某村村民

王某某，男，52 岁，大界村村民

卢某某，男，44 岁，横铺乡爱国村村干部，三口之家，2012 年 9 月被政府征得 1 亩多旱地，得到补偿费用（旱地 18711 元和青苗 1300 元）。

龙某某，男，50 岁，五口之家，横铺乡巨麻村治安主任，2011 年

3月份被政府征2亩多山林地，补偿标准为10692元/亩，获得将近3万元的补偿费。

李某某，女，30岁，横铺乡办公室工作人员，2010年政府在我家测量面积，今年4月份，补偿金额已到位。

李乡长，男，42岁，横铺乡国家征迁项目主要有S301公路和杭岳高速，S301公路征迁项目已完成，杭岳高速项目我乡房屋拆迁有325栋，全长32.5公里。

李某某，男，33岁，忠防镇党委书记，杭岳高速项目在我镇途经4.2公里，征地面积400.5亩，房屋52栋。

李镇长，男，36岁，詹桥镇副镇长，本镇征迁有10个村，58个组，土地16000亩，179户，房屋139栋，2012年11月启动此项目。

附录4 国土资源部关于进一步做好征地管理工作的通知

(国土资发〔2010〕96号)

各省、自治区、直辖市国土资源厅(国土环境资源厅、国土资源局、国土资源和房屋管理局、规划和国土资源管理局),新疆生产建设兵团国土资源局:

为贯彻落实党中央、国务院关于做好征地工作的一系列指示精神,以及日前国务院办公厅《关于进一步严格征地拆迁管理工作切实维护群众合法权益的紧急通知》(国办发明电〔2010〕15号,以下简称《紧急通知》)有关规定和要求,切实加强和改进征地管理,确保被征地农民原有生活水平不降低,长远生计有保障,现就有关事项通知如下:

一、推进征地补偿新标准实施,确保补偿费用落实到位

(一)全面实行征地统一年产值标准和区片综合地价。制定征地统一年产值标准和区片综合地价是完善征地补偿机制、实现同地同价的重要举措,也是提高征地补偿标准、维护农民权益的必然要求,各类建设征收农村集体土地都必须严格执行。对于新上建设项目,在用地预审时就要严格把关,确保项目按照公布实施的征地统一年产值标准和区片综合地价核算征地补偿费用,足额列入概算。建设用地位于同一年产值或区片综合地价区域的,征地补偿水平应基本保持一致,做到征地补偿同地同价。

各地应建立征地补偿标准动态调整机制,根据经济发展水平、当地人均收入增长幅度等情况,每2—3年对征地补偿标准进行调整,逐步提高征地补偿水平。目前实施的征地补偿标准已超过规定年限的省份,

应按此要求尽快调整修订。未及时调整的，不予通过用地审查。

（二）探索完善征地补偿款预存制度。为防止拖欠征地补偿款，确保补偿费用及时足额到位，各地应探索和完善征地补偿款预存制度。在市县组织用地报批时，根据征地规模与补偿标准，测算征地补偿费用，由申请用地单位提前缴纳预存征地补偿款；对于城市建设用地和以出让方式供地的单独选址建设项目用地，由当地政府预存征地补偿款。用地经依法批准后，根据批准情况对预存的征地补偿款及时核算，多退少补。

省级国土资源部门应结合本省（区、市）实际情况，会同有关部门，建立健全征地补偿款预存的有关规章制度，并在用地审查报批时审核把关。

（三）合理分配征地补偿费。实行征地统一年产值标准和区片综合地价后，省级国土资源部门要会同有关部门，按照征地补偿主要用于被征地农民的原则，结合近年来征地实施情况，制定完善征地补偿费分配办法，报省级政府批准后执行。

征地批后实施时，市县国土资源部门要按照确定的征地补偿安置方案，及时足额支付补偿安置费用；应支付给被征地农民的，要直接支付给农民个人，防止和及时纠正截留、挪用征地补偿安置费的问题。

二、采取多元安置途径，保障被征地农民生产生活

（四）优先进行农业安置。各地应结合当地实际，因地制宜，采取多种有效的征地安置方式。在一些通过土地整治增加了耕地以及农村集体经济组织预留机动地较多的农村地区，征地时应优先采取农业安置方式，将新增耕地或机动地安排给被征地农民，使其拥有一定面积的耕作土地，维持基本的生产条件和收入来源。

（五）规范留地安置。在土地利用总体规划确定的城镇建设用地范围内实施征地，可结合本地实际采取留地安置方式，但要加强引导和管理。留用地应安排在城镇建设用地范围内，并征为国有；涉及农用地转用的，要纳入年度土地利用计划，防止因留地安置扩大城市建设用地规模；留用地开发要符合城市建设规划和有关规定要求。实行留用地安置的地区，当地政府应制定严格的管理办法，确保留用地的安排规范有序，开发利用科学合理。

（六）推进被征地农民社会保障资金的落实。将被征地农民纳入社会保障，是解决被征地农民长远生计的有效途径。各级国土资源部门要在当地政府的统一领导下，配合有关部门，积极推进被征地农民社会保障制度建设。当前，解决被征地农民社保问题的关键在于落实社保资金，本着"谁用地、谁承担"的原则，鼓励各地结合征地补偿安置积极拓展社保资金渠道。各地在用地审查报批中，要对被征地农民社保资金落实情况严格把关，切实推进被征地农民社会保障资金的落实。

实行新型农村社会养老保险试点的地区，要做好被征地农民社会保障与新农保制度的衔接工作。被征地农民纳入新农保的，还应落实被征地农民的社会保障，不得以新农保代替被征地农民社会保障。

三、做好征地中农民住房拆迁补偿安置工作，解决好被征地农民居住问题

（七）切实做好征地涉及的拆迁补偿安置工作。各地要高度重视征地中农民住房拆迁工作，按照《紧急通知》规定要求切实加强管理。农民住房拆迁补偿安置涉及土地、规划、建设、户籍、民政管理等多方面，同时也关系到社会治安、环境整治以及民俗民风等社会问题，市县国土资源部门应在当地政府的统一组织领导和部署下，配合相关部门，建立协调机制，制订办法，共同做好拆迁工作。要严格执行相关法律法规和政策规定，履行有关程序，做到先安置后拆迁，坚决制止和纠正违法违规强制拆迁行为。

（八）住房拆迁要进行合理补偿安置。征地中拆迁农民住房应给予合理补偿，并因地制宜采取多元化安置方式，妥善解决好被拆迁农户居住问题。在城市远郊和农村地区，主要采取迁建安置方式，重新安排宅基地建房。拆迁补偿既要考虑被拆迁的房屋，还要考虑被征收的宅基地。房屋拆迁按建筑重置成本补偿，宅基地征收按当地规定的征地标准补偿。

在城乡结合部和城中村，原则上不再单独安排宅基地建房，主要采取货币或实物补偿的方式，由被拆迁农户自行选购房屋或政府提供的安置房。被拆迁农户所得的拆迁补偿以及政府补贴等补偿总和，应能保障其选购合理居住水平的房屋。

（九）统筹规划有序推进征地拆迁。在城乡结合部和城中村，当地

政府应根据城市发展需要，合理预测一段时期内征地涉及的农民住房拆迁安置规模，统筹规划，对拆迁安置用地和建造安置住房提前作出安排，有序组织拆迁工作。安置房建设要符合城市发展规划，防止出现"重复拆迁"。在城市远郊和农村地区，实行迁建安置应在村庄和集镇建设用地范围内安排迁建用地，优先利用空闲地和闲置宅基地。纳入拆并范围的村庄，迁建安置应向规划的居民点集中。有条件的地方应结合新农村或中心村建设，统筹安排被拆迁农户的安置住房。

四、规范征地程序，提高征地工作透明度

（十）认真做好用地报批前告知、确认、听证工作。征地工作事关农民切身利益，征收农民土地要确保农民的知情权、参与权、申诉权和监督权。市县国土资源部门要严格按照有关规定，征地报批前认真履行程序，充分听取农民意见。征地告知要切实落实到村组和农户，结合村务信息公开，采取广播、在村务公开栏和其他明显位置公告等方式，多形式、多途径告知征收土地方案。被征地农民有异议并提出听证的，当地国土资源部门应及时组织听证，听取被征地农民意见。对于群众提出的合理要求，必须妥善予以解决。

（十一）简化征地批后实施程序。为缩短征地批后实施时间，征地报批前履行了告知、确认和听证程序并完成土地权属、地类、面积、地上附着物和青苗等确认以及补偿登记的，可在征地报批的同时拟订征地补偿安置方案。征地批准后，征收土地公告和征地补偿安置方案公告可同步进行。公告中群众再次提出意见的，要认真做好政策宣传解释和群众思想疏导工作，得到群众的理解和支持，不得强行征地。

五、切实履行职责，加强征地管理

（十二）强化市县政府征地实施主体职责。依照法律规定，市县政府是征地组织实施的主体，对确定征地补偿标准、拆迁补偿安置、补偿费用及时足额支付到位、组织被征地农民就业培训、将被征地农民纳入社会保障等负总责。国土资源部门应在政府的统一组织领导下，认真履行部门职责，确保征地工作依法规范有序地进行。

（十三）落实征地批后实施反馈制度。建设用地批准后（其中国务院批准的城市建设用地，在省级政府审核同意农用地转用和土地征收实施方案后）6个月内，市县国土资源部门应将征地批后实施完成情况，包括实施征地范围和规模、履行征地批后程序、征地补偿费用到位、被征地农民安置及社会保障落实等情况，通过在线报送系统及时报送省级国土资源部门和国土资源部。省级国土资源部门要督促、指导市县做好报送工作，检查核实报送信息，及时纠正不报送、迟报送及报送错误等问题。各级国土资源部门要充分运用报送信息，及时掌握、分析征地批后实施情况，加强用地批后监管，确保按批准要求实施征地。

附录5 国有土地上房屋征收与补偿条例

中华人民共和国国务院令

第 590 号

《国有土地上房屋征收与补偿条例》已经于 2011 年 1 月 19 日国务院第 141 次常务会议通过,现予公布,自公布之日起施行。

总理 温家宝

二〇一一年一月二十一日

国有土地上房屋征收与补偿条例

第一章 总则

第一条 为了规范国有土地上房屋征收与补偿活动,维护公共利益,保障被征收房屋所有权人的合法权益,制定本条例。

第二条 为了公共利益的需要,征收国有土地上单位、个人的房屋,应当对被征收房屋所有权人(以下称被征收人)给予公平补偿。

第三条 房屋征收与补偿应当遵循决策民主、程序正当、结果公开的原则。

第四条　市、县级人民政府负责本行政区域的房屋征收与补偿工作。

市、县级人民政府确定的房屋征收部门（以下称房屋征收部门）组织实施本行政区域的房屋征收与补偿工作。

市、县级人民政府有关部门应当依照本条例的规定和本级人民政府规定的职责分工，互相配合，保障房屋征收与补偿工作的顺利进行。

第五条　房屋征收部门可以委托房屋征收实施单位，承担房屋征收与补偿的具体工作。房屋征收实施单位不得以营利为目的。

房屋征收部门对房屋征收实施单位在委托范围内实施的房屋征收与补偿行为负责监督，并对其行为后果承担法律责任。

第六条　上级人民政府应当加强对下级人民政府房屋征收与补偿工作的监督。

国务院住房城乡建设主管部门和省、自治区、直辖市人民政府住房城乡建设主管部门应当会同同级财政、国土资源、发展改革等有关部门，加强对房屋征收与补偿实施工作的指导。

第七条　任何组织和个人对违反本条例规定的行为，都有权向有关人民政府、房屋征收部门和其他有关部门举报。接到举报的有关人民政府、房屋征收部门和其他有关部门对举报应当及时核实、处理。

监察机关应当加强对参与房屋征收与补偿工作的政府和有关部门或者单位及其工作人员的监察。

第二章　征收决定

第八条　为了保障国家安全、促进国民经济和社会发展等公共利益的需要，有下列情形之一，确需征收房屋的，由市、县级人民政府作出房屋征收决定：

（一）国防和外交的需要；

（二）由政府组织实施的能源、交通、水利等基础设施建设的需要；

（三）由政府组织实施的科技、教育、文化、卫生、体育、环境和资源保护、防灾减灾、文物保护、社会福利、市政公用等公共事业的需要；

（四）由政府组织实施的保障性安居工程建设的需要；

（五）由政府依照城乡规划法有关规定组织实施的对危房集中、基础设施落后等地段进行旧城区改建的需要；

（六）法律、行政法规规定的其他公共利益的需要。

第九条　依照本条例第八条规定，确需征收房屋的各项建设活动，应当符合国民经济和社会发展规划、土地利用总体规划、城乡规划和专项规划。保障性安居工程建设、旧城区改建，应当纳入市、县级国民经济和社会发展年度计划。

制定国民经济和社会发展规划、土地利用总体规划、城乡规划和专项规划，应当广泛征求社会公众意见，经过科学论证。

第十条　房屋征收部门拟定征收补偿方案，报市、县级人民政府。市、县级人民政府应当组织有关部门对征收补偿方案进行论证并予以公布，征求公众意见。征求意见期限不得少于30日。

第十一条　市、县级人民政府应当将征求意见情况和根据公众意见修改的情况及时公布。

因旧城区改建需要征收房屋，多数被征收人认为征收补偿方案不符合本条例规定的，市、县级人民政府应当组织由被征收人和公众代表参加的听证会，并根据听证会情况修改方案。

第十二条　市、县级人民政府作出房屋征收决定前，应当按照有关规定进行社会稳定风险评估；房屋征收决定涉及被征收人数量较多的，应当经政府常务会议讨论决定。

作出房屋征收决定前，征收补偿费用应当足额到位、专户存储、专款专用。

第十三条　市、县级人民政府作出房屋征收决定后应当及时公告。公告应当载明征收补偿方案和行政复议、行政诉讼权利等事项。

市、县级人民政府及房屋征收部门应当做好房屋征收与补偿的宣传、解释工作。

房屋被依法征收的，国有土地使用权同时收回。

第十四条　被征收人对市、县级人民政府作出的房屋征收决定不服的，可以依法申请行政复议，也可以依法提起行政诉讼。

第十五条　房屋征收部门应当对房屋征收范围内房屋的权属、区位、用途、建筑面积等情况组织调查登记，被征收人应当予以配合。调查结果应当在房屋征收范围内向被征收人公布。

第十六条　房屋征收范围确定后，不得在房屋征收范围内实施新建、扩建、改建房屋和改变房屋用途等不当增加补偿费用的行为；违反规定实施的，不予补偿。

房屋征收部门应当将前款所列事项书面通知有关部门暂停办理相关手续。暂停办理相关手续的书面通知应当载明暂停期限。暂停期限最长不得超过1年。

第三章　补偿

第十七条　作出房屋征收决定的市、县级人民政府对被征收人给予的补偿包括：

（一）被征收房屋价值的补偿；

（二）因征收房屋造成的搬迁、临时安置的补偿；

（三）因征收房屋造成的停产停业损失的补偿。

市、县级人民政府应当制定补助和奖励办法，对被征收人给予补助和奖励。

第十八条　征收个人住宅，被征收人符合住房保障条件的，作出房屋征收决定的市、县级人民政府应当优先给予住房保障。具体办法由省、自治区、直辖市制定。

第十九条　对被征收房屋价值的补偿，不得低于房屋征收决定公告之日被征收房屋类似房地产的市场价格。被征收房屋的价值，由具有相应资质的房地产价格评估机构按照房屋征收评估办法评估确定。

对评估确定的被征收房屋价值有异议的，可以向房地产价格评估机构申请复核评估。对复核结果有异议的，可以向房地产价格评估专家委员会申请鉴定。

房屋征收评估办法由国务院住房城乡建设主管部门制定，制定过程中，应当向社会公开征求意见。

第二十条　房地产价格评估机构由被征收人协商选定；协商不成

的，通过多数决定、随机选定等方式确定，具体办法由省、自治区、直辖市制定。

房地产价格评估机构应当独立、客观、公正地开展房屋征收评估工作，任何单位和个人不得干预。

第二十一条　被征收人可以选择货币补偿，也可以选择房屋产权调换。

被征收人选择房屋产权调换的，市、县级人民政府应当提供用于产权调换的房屋，并与被征收人计算、结清被征收房屋价值与用于产权调换房屋价值的差价。

因旧城区改建征收个人住宅，被征收人选择在改建地段进行房屋产权调换的，作出房屋征收决定的市、县级人民政府应当提供改建地段或者就近地段的房屋。

第二十二条　因征收房屋造成搬迁的，房屋征收部门应当向被征收人支付搬迁费；选择房屋产权调换的，产权调换房屋交付前，房屋征收部门应当向被征收人支付临时安置费或者提供周转用房。

第二十三条　对因征收房屋造成停产停业损失的补偿，根据房屋被征收前的效益、停产停业期限等因素确定。具体办法由省、自治区、直辖市制定。

第二十四条　市、县级人民政府及其有关部门应当依法加强对建设活动的监督管理，对违反城乡规划进行建设的，依法予以处理。

市、县级人民政府作出房屋征收决定前，应当组织有关部门依法对征收范围内未经登记的建筑进行调查、认定和处理。对认定为合法建筑和未超过批准期限的临时建筑的，应当给予补偿；对认定为违法建筑和超过批准期限的临时建筑的，不予补偿。

第二十五条　房屋征收部门与被征收人依照本条例的规定，就补偿方式、补偿金额和支付期限、用于产权调换房屋的地点和面积、搬迁费、临时安置费或者周转用房、停产停业损失、搬迁期限、过渡方式和过渡期限等事项，订立补偿协议。

补偿协议订立后，一方当事人不履行补偿协议约定的义务的，另一方当事人可以依法提起诉讼。

第二十六条　房屋征收部门与被征收人在征收补偿方案确定的签约

期限内达不成补偿协议,或者被征收房屋所有权人不明确的,由房屋征收部门报请作出房屋征收决定的市、县级人民政府依照本条例的规定,按照征收补偿方案作出补偿决定,并在房屋征收范围内予以公告。

补偿决定应当公平,包括本条例第二十五条第一款规定的有关补偿协议的事项。

被征收人对补偿决定不服的,可以依法申请行政复议,也可以依法提起行政诉讼。

第二十七条 实施房屋征收应当先补偿、后搬迁。

作出房屋征收决定的市、县级人民政府对被征收人给予补偿后,被征收人应当在补偿协议约定或者补偿决定确定的搬迁期限内完成搬迁。

任何单位和个人不得采取暴力、威胁或者违反规定中断供水、供热、供气、供电和道路通行等非法方式迫使被征收人搬迁。禁止建设单位参与搬迁活动。

第二十八条 被征收人在法定期限内不申请行政复议或者不提起行政诉讼,在补偿决定规定的期限内又不搬迁的,由作出房屋征收决定的市、县级人民政府依法申请人民法院强制执行。

强制执行申请书应当附具补偿金额和专户存储账号、产权调换房屋和周转用房的地点和面积等材料。

第二十九条 房屋征收部门应当依法建立房屋征收补偿档案,并将分户补偿情况在房屋征收范围内向被征收人公布。

审计机关应当加强对征收补偿费用管理和使用情况的监督,并公布审计结果。

第四章 法律责任

第三十条 市、县级人民政府及房屋征收部门的工作人员在房屋征收与补偿工作中不履行本条例规定的职责,或者滥用职权、玩忽职守、徇私舞弊的,由上级人民政府或者本级人民政府责令改正,通报批评;造成损失的,依法承担赔偿责任;对直接负责的主管人员和其他直接责任人员,依法给予处分;构成犯罪的,依法追究刑事责任。

第三十一条 采取暴力、威胁或者违反规定中断供水、供热、供气、供电和道路通行等非法方式迫使被征收人搬迁，造成损失的，依法承担赔偿责任；对直接负责的主管人员和其他直接责任人员，构成犯罪的，依法追究刑事责任；尚不构成犯罪的，依法给予处分；构成违反治安管理行为的，依法给予治安管理处罚。

第三十二条　采取暴力、威胁等方法阻碍依法进行的房屋征收与补偿工作，构成犯罪的，依法追究刑事责任；构成违反治安管理行为的，依法给予治安管理处罚。

第三十三条　贪污、挪用、私分、截留、拖欠征收补偿费用的，责令改正，追回有关款项，限期退还违法所得，对有关责任单位通报批评、给予警告；造成损失的，依法承担赔偿责任；对直接负责的主管人员和其他直接责任人员，构成犯罪的，依法追究刑事责任；尚不构成犯罪的，依法给予处分。

第三十四条　房地产价格评估机构或者房地产估价师出具虚假或者有重大差错的评估报告的，由发证机关责令限期改正，给予警告，对房地产价格评估机构并处5万元以上20万元以下罚款，对房地产估价师并处1万元以上3万元以下罚款，并记入信用档案；情节严重的，吊销资质证书、注册证书；造成损失的，依法承担赔偿责任；构成犯罪的，依法追究刑事责任。

第五章　附则

第三十五条　本条例自公布之日起施行。2001年6月13日国务院公布的《城市房屋拆迁管理条例》同时废止。本条例施行前已依法取得房屋拆迁许可证的项目，继续沿用原有的规定办理，但政府不得责成有关部门强制拆迁。

附录6　中华人民共和国征地拆迁补偿暂行条例

为了适应经济建设的需要，为人民建设更美好安宁的家园，方便交通，充分发挥现代交通工具的便捷，用时间缩小边远地区的距离，实现城乡一体化，希望广大人民群众支持配合，特制定本条例。

（一）征地补偿

1. 征收耕地补偿标准。

旱田平均每亩补偿5.3万元。

水田平均每亩补偿9万元。

菜田平均每亩补偿15万元。

2. 征收基本农田补偿标准。

旱田平均每亩补偿5.8万元。

水田平均每亩补偿9.9万元。

菜田平均每亩补偿15.6万元。

3. 征收林地及其他农用地平均每亩补偿13.8万元。

4. 征收工矿建设用地、村民住宅、道路等集体建设用地平均每亩补偿13.6万元。

5. 征收空闲地、荒山、荒地、荒滩、荒沟和未利用地平均每亩补偿2.1万元。

（二）其他税费

1. 耕地占用税，按每平方米2元计算。

2. 商品菜地开发建设基金，按每亩1万元计算。

3. 征地管理费，按征地总费用的 3% 计算。由国土资源部门严格按有关规定使用。

4. 耕地占补平衡造地费，平均每亩 4000 元，统筹调剂使用，省国土资源厅负责监督验收。

（三）征地工作程序

1. 告知征地情况。在征地依法报批前，当地国土资源部门应将拟征地的用途、位置、补偿标准、安置途径等，以书面形式告知被征地农村集体经济组织和农户。在告知后，凡被征地农村集体经济组织和农户在拟征土地上抢栽、抢种、抢建的地上附着物和青苗，征地时一律不予补偿。

2. 确认征地调查结果。国土资源部门会同交通、林业部门，对拟征土地的权属、地类、面积以及地上附着物权属、种类、数量等现状进行调查，调查结果应与被征地农村集体经济组织、农户和地上附着物产权人、各市动迁办公室共同确认。

3. 组织征地听证。在征地依法报批前，国土资源部门应告知被征地农村集体经济组织和农户，对拟征土地的补偿标准、安置途径有申请听证的权利。当事人申请听证的，应按照《国土资源听证规定》规定的程序和有关要求组织听证。

4. 签订征地补偿协议。国土资源部门要按照本方案制定的补偿标准，与被征地农村集体经济组织和农民个人签订征地补偿协议，并将协议作为征地报件必备件附征地卷一同上报。

5. 公开征地批准事项。经依法批准征收的土地，除涉及国家保密规定等特殊情况外，省国土资源厅通过媒体向社会公示征地批准事项。县（市）国土资源部门应按照《征用土地公告办法》规定，在被征地所在村、组公告征地批准事项。

6. 支付征地补偿安置费。征地补偿安置方案经市、县 ZF 批准后应按法律规定的时限向被征地农村集体经济组织按时支付征地补偿安置费用。当地国土资源部门要协同农业、民政等有关部门对被征地集体组织内部征地补偿安置费用的分配和使用情况进行监督。

(四) 房屋地上物补偿标准

1. 房屋补偿标准

楼房（二层以上）每平方米补偿3300元。

捣（预）制砖砼结构房屋每平方米补偿2800元。

砖瓦房每平方米补偿2400元。

平（草）房每平方米补偿1900元。

2. 其他地上（下）附着物补偿标准

仓房每平方米补偿920元。

室外水泥地坪每平方米补偿165元。

沼气池每个补偿4600元。

厕所每平方米补偿190—300元。

猪鸡舍每平方米补偿150—260元。

塑料大棚每平方米补偿165—280元。

菜窖每平方米补偿180—330元。

砖石墙每延长米补偿190元。

格栅（含工艺格栅栏）每延长米补偿450元。

大门楼每个补偿2400元。

饮用水井（含压水设备）每眼补偿1000元。

农家排灌水井（含泵水设备）每眼补偿15000元。

排灌大井（含设备）每眼补偿3万元。

排水管（塑料管、铸铁）每延长米补偿80—150元。

电话移机补助费每户200元。

有线电视迁移补助费每户300元。

坟每座补偿5000元。

3. 异地安置补助费（包括宅地、配套设施、租房费等）每户2万元

(五) 征占林木补偿标准

1. 林木补偿标准

(1) 杨、柳、榆、槐树林木补偿费

1—3年平均每亩补偿6000元；

4—13年平均每亩补偿12000—36000元；

14—20年平均每亩补偿60000—80000元；

21年以上平均每亩补偿32000元。

（2）柞树林木补偿费

1—3年平均每亩补偿12000元；

4—20年平均每亩补偿18000—30000元；

21—50年平均每亩补偿44000—60000元；

51年以上平均每亩补偿24000元。

（3）红松林木补偿费

1—3年平均每亩补偿12000元；

4—20年平均每亩补偿20000—31000元；

21—40年平均每亩补偿56000—62000元；

41—70年平均每亩补偿168000元；

71年以上平均每亩补偿126000元。

（4）落叶松林木补偿费

1—3年平均每亩补偿150000元；

4—20年平均每亩补偿180000—250000元；

21—50年平均每亩补偿60000—130000元；

51年以上平均每亩补偿110000元。

2. 村民房前屋后林木补偿标准

一般林木（杨、柳、榆、槐等）

幼龄林（1—10年生）平均每株补偿35—65元；

中龄林（11—20年生）平均每株补偿220—300元；

成熟林（21年以上）平均每株补偿350元。

3. 森林植被恢复费

用材林、经济林、薪炭林、苗圃地每亩120000元；

未成林每亩86600元；

防护林、特种用途林每亩63360元、国家重点防护林和特种用途林每亩76670元；

疏林地、灌木林地每亩50000元；

宜林地、采伐迹地、火烧迹地每亩43340元。

4. 林业设计费按林地、林木和森林植被恢复费总和的3%收取

（六）果树补偿标准

1. 苹果树

培育期（1—5年）平均每株补偿150—220元；

初果期（6—8年）平均每株补偿300—450元；

盛果期（9—25年）平均每株补偿600—1800元；

衰果期（26年以上）平均每株补偿900元。

2. 梨树

培育期（1—5年）平均每株补偿45—120元；

初果期（6—8年）平均每株补偿150—300元；

盛果期（9—25年）平均每株补偿1900—2200元；

衰果期（26年以上）平均每株补偿1200元。

3. 桃树

培育期（1—3年）平均每株补偿45—90元；

初果期（4—8年）平均每株补偿150—280元；

盛果期（9—20年）平均每株补偿350—680元；

衰果期（21年以上）平均每株补偿280元。

4. 葡萄树

培育期（1—2年）平均每株补偿30—55元；

初果期（3—5年）平均每株补偿40—150元；

盛果期（6—11年）平均每株补偿150—330元；

衰果期（12年以上）平均每株补偿190元。

5. 枣树

培育期（1—3年）平均每株补偿30—80元；

初果期（4—8年）平均每株补偿50—120元；

盛果期（9—30年）平均每株补偿520—130元；

衰果期（31年以上）平均每株补偿680元。

6. 杏树

培育期（1—3年）平均每株补偿45—185元；

初果期（4—7年）平均每株补偿200—310元；

盛果期（8—35年）平均每株补偿500—1600元；

衰果期（36年以上）平均每株补偿980元。

7. 栗

培育期（1—4年）平均每株补偿45—95元；

初果期（5—7年）平均每株补偿190—210元；

盛果期（8—35年）平均每株补偿50—1600元；

衰果期（36年以上）平均每株补偿860元。

8. 杂果树

培育期（1—3年）平均每株补偿25—50元；

初果期（4—10年）平均每株补偿80—130元；

盛果期（11—25年）平均每株补偿130—280元；

衰果期（26年以上）平均每株补偿140元。

（七）电力设施动迁补偿标准

1. 低压线路改移（0.4kV）每公里补偿30000元；线路加高木杆平均每根1000元，砼杆平均每根1500元（含金具、线、占地、税金等费用）。

2. 高压线路改移（10kV）每公里补偿47000元；线路加高砼单杆平均每根6000元，砼H杆平均每基8000元（含金具、线、占地、税金等费用）。

3. 高压线路加高（66kV）：砼单杆平均每根5500元，砼H杆平均每基8000元，砼A杆平均每基10000元，铁塔平均每基10万元（含金具、线、占地、税金等费用）。

4. 高压线路加高（220kV以上）：砼双杆平均每基2万元，铁塔平均每基20万元（含金具、线、占地、税金等费用）。

（八）邮电通信设施动迁补偿标准

1. 电话线路

木杆平均每根（含话线横担瓷瓶等）1000—2000元；

砼杆平均每根（含话线横担瓷瓶等）1500—3000元。

2. 架空光（电）缆

木杆平均每根 500 元；

砼杆平均每根 1000 元；

光（电）缆每米 50—150 元。

3. 地下电缆

电缆、光缆每米 100—200 元。

（九）农田灌溉水利设施动迁补偿标准

采取工程修复和补偿相结合的原则，按成本价适当补偿。

1. 农村小型水库

水库水面（灌溉与养殖兼用）每亩补偿 19000 元；

水库水面（灌溉）每亩补偿 16000 元；

水库荒滩每亩补偿 300 元。

2. 农田灌溉水利设施

小型闸门（砼结构）每个补偿 15000—20000 元；

排灌干渠堤坝每延长米补偿 80 元。

（十）厂矿企事业单位动迁补偿标准

国有和集体所有制的厂矿企事业单位的动迁，考虑实际损失给予适当的补偿。办公用房参照民房动迁标准；厂房等生产设施按重置折旧计算，适当考虑停工搬迁损失费用。

（十一）施工运输道路补偿标准

凡工程施工指定的乡村运输道路，施工期间由施工单位负责维修养护，工程竣工后按补偿标准由各市组织修复。乡村道路（沥青路面）视取料难易、路面宽度情况，每公里补偿 20 万—35 万元。

乡村道路（砂石路面）每公里补偿 9 万元。

乡村道路（土路面）每公里补偿 4 万元。

（十二）乡村道路和田间作业道补偿标准

考虑农民群众生产和生活需要，确需修建的乡村道路连接线和田间作业道，按补偿标准由各市组织实施。

村道路连接线（砂石路面）每公里补偿12万元（含征地费用、简易构造物）。乡村道路连接线、田间作业道每公里补偿8万元。

（十三）征地及动迁不可预见费

按签订的征地和动迁补偿投资协议中所核定总费用的5%计算。不可预见费由建设单位负责使用，主要用于因工程设计变更引发的扩大征地和地上附着物动迁的补偿；

工程设计时没有发现，征地动迁协议中没有列入的不可预见的地下构造物动迁补偿；因国家政策性调整及不可抗拒的地震灾害等不可预见项目的补偿。涉及征地的不可预见项目，由省交通厅和省国土资源厅共同核定。

（十四）各市动迁办公室管理费

按省市签订的动迁补偿投资协议中所核定的总费用的3%计提。

各市动迁办公室为临时性机构，主要负责高速公路建设项目拆迁地上、地下附着物和地方协调工作。市动迁办公室应严格按有关规定包干使用，不得超支。

（十五）高速公路占地赔偿——林地补偿费计算方法

一、苗圃地补偿费计算方法

苗圃地补偿费＝该苗圃前三年年平均产值（公顷）苗圃地面积（公顷）补偿倍数

注：补偿系数＝临时占地（指占用期两年以下，下同）为每年2.5—5倍；永久占用（指占用期三年以上，下同）为10—25倍。

二、国有其他林地补偿费计算方法（不含苗圃地）

其他林地补偿费＝所在乡（镇）农田地前三年年平均产值（公顷）林地面积林种补偿系数

三、集体其他林地永久占地补偿费计算方法（不含苗圃地）

集体其他林地永久占地补偿费＝所在乡（镇）旱田地前三年年平均产值（公顷）林地面积补偿倍数（6至10）

四、集体其他林地临时占地补偿费计算方法（不含苗圃地）

集体其他林地临时占地补偿费＝所在乡（镇）旱田地前三年年平均产值（公顷）林地面积补偿倍数（占用期一年为1.5—3倍，占用期两年为5倍）

（十六）对拆迁特困户和丧失劳动能力没有生活来源的残疾人的房屋，由拆迁人按以下规定给予照顾：

1. 对拆迁持有有效《市居民最低生活保障证》的住户，其拆迁货币补偿款低于5.5万元的，按5.5万元给予货币补偿。

2. 对拆迁持有有效《城市居民最低生活保障证》的住户中的残疾人，其持有的《中华人民共和国残疾人证》标明残疾标准程度为一级、二级的听力、语言、肢体残疾的和标明视力、智力、精神残疾的，在第一条的基础上，再给予补助1万元照顾。

（十七）对于特殊情况参照有关规定，依照现行当地物价市场，由省市主管部门举行听证会，与业主协商处理。

（十八）经济建设是民生工程，要征得人民理解与支持，掀起全民建设家园的氛围，不得强制进行，若有对群众有威胁、恐吓甚至暴力行为，直接追究负责官员责任。

本条例自2011年3月1日施行

中华人民共和国主席：胡锦涛

附录7 最高人民法院关于坚决防止土地征收、房屋拆迁强制执行引发恶性事件的紧急通知

近年来，一些地方在土地征收、房屋拆迁强制执行中引发的恶性事件屡屡发生。有的被执行人以自焚、跳楼等自杀、自残方式相对抗，有的以点燃煤气罐、泼洒汽油、投掷石块等方式阻挠执行，有的聚众围攻、冲击执行人员酿成群体性事件，有的法院干警不当使用武器致人死伤，等等。前不久，湖南省株洲市又发生一起被执行人在房屋拆迁强制执行中自焚（经抢救无效死亡）的严重事件。上述事件虽属少数或个别，但引起的社会关注度极高，造成的社会影响极为恶劣，其中的教训也极为深刻。为防止和杜绝类似事件再次发生，现就有关问题紧急通知如下：

一、必须高度重视，切实增强紧迫感和危机感。土地征用、房屋拆迁往往事关人民群众切身利益和社会稳定大局，是社会高度关注的问题，也是矛盾多发的领域。各级人民法院的领导和干警必须站在依法保护人民群众合法权益、维护社会和谐稳定、巩固党的执政地位和国家政权的高度，充分认识做好这项工作的极端重要性，将此作为坚持群众观点、贯彻群众路线的重要载体，以更加严格执法的信念、更加严谨审慎的态度、更加务实细致的方法，依法慎重处理好每一起强制执行案件，坚决反对和抵制以"服务大局"为名、行危害大局之实的一切错误观点和行为，坚决防止因强制执行违法或不当而导致矛盾激化、引发恶性事件。

二、必须严格审查执行依据的合法性。对行政机关申请法院强制执行其征地拆迁具体行政行为的，必须严把立案关、审查关，坚持依法审

查原则，不得背离公正、中立立场而迁就违法或不当的行政行为。凡是不符合法定受案条件以及未进行社会稳定风险评估的申请，一律退回申请机关或裁定不予受理；凡是补偿安置不到位或具体行政行为虽然合法但确有明显不合理及不宜执行情形的，不得作出准予执行裁定。

三、必须严格控制诉讼中的先予执行。对涉及征地拆迁申请法院强制执行的案件，凡是被执行人尚未超过法定起诉期限的，一律不得受理；凡是当事人就相关行政行为已经提起诉讼，其他当事人或有关部门申请先予执行的，原则上不得准许，确需先予执行的，必须报上一级法院批准。

四、必须慎用强制手段，确保万无一失。对当事人不执行法院生效裁判或既不起诉又不履行行政行为确定义务的案件，要具体情况具体分析，注意听取当事人和各方面意见，多做协调化解工作，尽力促成当事人自动履行。凡最终决定需要强制执行的案件，务必要做好社会稳定风险评估，针对各种可能发生的情况制定详细工作预案。凡在执行过程中遇到当事人以自杀相威胁等极端行为、可能造成人身伤害等恶性事件的，一般应当停止执行或首先要确保当事人及相关人员的人身安全，并建议政府和有关部门做好协调、维稳工作，确保执行活动安全稳妥依法进行。

五、必须加强上级法院的监督指导。上级法院要切实履行监督指导职责，增强工作协同性，及时发现和纠正下级法院存在的各种问题。下级法院要主动争取上级法院的指导和支持，充分发挥执行工作统一管理的优势。凡涉及征地拆迁的强制执行案件，相关法院在执行前必须报上一级法院审查同意后方可实施。

六、进一步优化执行工作司法环境。鉴于目前有关征地拆迁的具体强制执行模式尚待有关国家机关协商后确定，各级人民法院要紧紧依靠党委领导，争取各方理解和支持。凡涉及征地拆迁需要强制执行的案件，必须事前向地方党委报告，并在党委统一领导、协调和政府的配合下进行。同时，积极探索"裁执分离"即由法院审查、政府组织实施的模式，以更好地发挥党委、政府的政治、资源和手段优势，共同为有效化解矛盾营造良好环境。

七、严格重大信息报告制度。凡在执行中发生影响社会稳定重大事件的，有关法院必须迅速向当地党委和上级法院如实报告有关情况，做到信息准确、反应灵敏。对不具备交付执行条件的案件，凡遇到来自有关方面的压力和不当干扰的，必须及时向上级法院和有关机关报告，坚决防止盲目服从、草率行事、不计后果的情况发生。

八、明确责任，严肃追究违法失职行为。凡是因工作失误、执法不规范或者滥用强制手段、随意动用法院警力实施强制执行导致矛盾激化，造成人员伤亡或财产严重损失等恶性后果以及引发大规模群体性事件，或者对重大信息隐瞒不报、歪曲事实，造成影响社会稳定等负面效果持续扩大的，要严肃追究有关法院领导和直接责任人员的责任，并予以曝光通报。

特此通知。

二〇一一年五月六日

附录 8　湖南省最新土地征收补偿标准

湖南省人民政府关于调整湖南省征地补偿标准的通知

各市州、县市区人民政府，省政府各厅委、各直属机构：

为进一步规范全省征地补偿工作，促进经济社会持续健康发展，切实维护被征地农村集体经济组织和农民的合法权益，现就调整湖南省征地补偿标准有关事项通知如下：

一、本征地补偿标准包含土地补偿费和安置补助费两项之和。征收单位或个人的房屋及其他不动产、青苗补偿等，执行由市州制订并报省人民政府批准的补偿标准。非农建设用地需要收回农林牧渔场国有农用地的，参照执行邻近农民集体土地的征地补偿标准。

二、征收集体建设用地、农村道路及坑塘水面等农用地，参照执行所在区域征地补偿标准。征收荒山、荒地（其他草地），参照执行所在区域征地补偿标准的 50%。征收裸地的补偿标准不超过所在区域征地补偿标准的 30%。

三、征地补偿区域以县市为单位划分并公布，同时报省国土资源厅备案，区域划分资料未报省国土资源厅备案的不得征地。

四、各市州、县市区人民政府要根据征地补偿费主要用于被征地农民生产生活的原则，制订征地补偿费分配指导意见，征用土地的各项费用应当自征地补偿安置方案批准之日起 3 个月内全额支付，被征地农民社会保障执行国家和省有关规定。

五、本标准自 2013 年 1 月 1 日起施行。本标准施行前，市州、县市区人民政府已公告征地补偿、安置方案的，可以继续按照公告确定的标准执行。在本标准实施前已办理征地审批手续，但市州、县市区人民政府未公告征地补偿、安置方案的，按照本标准执行。

附件：湖南省征地补偿标准（2012年修订）

附件　　　　　　**湖南省征地补偿标准（2012年修订）**　　　　单位：元/亩

市州	县市区	补偿标准						地类修正系数	
		Ⅰ区	Ⅱ区	Ⅲ区	Ⅳ区	Ⅴ区	Ⅵ区	旱地、园地	林地
长沙市	市区	76000	70000	65000	60000	55000		0.8	0.6
	长沙县	54700	52600	48600	45600	43000		0.8	0.6
	宁乡县	50000	47500	43700	41000	38000		0.8	0.6
	望城区	54700	52000	47200	43600			0.8	0.6
	浏阳市	52400	47000	43600	40000	38000		0.8	0.5
株洲市	市区	72000	65000					0.8	0.6
	株洲县	56000	51000	46500				0.8	0.5
	醴陵市	57000	51000	46000				0.8	0.5
	攸县	52000	48000	44000				0.8	0.5
	茶陵县	52000	48000	44000				0.8	0.5
	炎陵县	50000	45000	42000				0.8	0.5
湘潭市	市区	72000	65000					0.8	0.6
	湘乡市	56000	48000	44000				0.8	0.5
	湘潭县	57000	51000	46000				0.8	0.6
	韶山市	56000	46000					0.8	0.5
衡阳市	市区	64000	54000					0.8	0.6
	常宁市	45000	38000	33000				0.8	0.5
	衡南县	45000	39000	35000				0.8	0.6
	耒阳市	46400	40000	35000				0.8	0.5
	南岳区	50400	39000					0.8	0.5
	祁东县	45000	39000	35000				0.8	0.5
	衡东县	45000	39000	35000				0.8	0.5
	衡山县	45000	39000	33000				0.8	0.5
	衡阳县	45000	39000	35000				0.8	0.6

续表

市州	县市区	补偿标准						地类修正系数	
		Ⅰ区	Ⅱ区	Ⅲ区	Ⅳ区	Ⅴ区	Ⅵ区	旱地、园地	林地
邵阳市	市区	55000	48000					0.8	0.6
	邵东县	48000	43000	38000				0.8	0.6
	新邵县	46000	41000	36000				0.8	0.5
	隆回县	44000	39000	35000				0.8	0.5
	洞口县	44000	39000	35000				0.8	0.5
	武冈市	44000	39000	35000				0.8	0.5
	绥宁县	44000	39000	35000				0.8	0.5
	城步县	43000	38000	34000				0.8	0.8
	新宁县	43000	38000	34000				0.8	0.5
	邵阳县	44000	39000	35000				0.8	0.5
岳阳市	岳阳区	60500	50000					1.0	0.6
	云溪区	52500	44000					0.8	0.6
	君山区	45700	38000					1.0	1.0
	临湘市	48400	40000	35000				0.8	0.5
	汨罗市	49400	44200	36000				0.8	0.6
	屈原区	43800	38000					1.0	1.0
	湘阴县	47400	41000	35000				1.0	0.6
	华容县	45700	41200	35000				0.8	0.6
	平江县	41900	37300	32000				0.8	0.5
	岳阳县	43800	39000	35000				0.8	0.6
常德市	武陵区	60500	52900					1.0	0.7
	鼎城区	48400	42800	36700				1.0	0.7
	安乡县	44400	39400	35700				1.0	1.0
	汉寿县	48400	42800	36700				1.0	0.7
	澧县	48400	40800	35700				1.0	0.7
	临澧县	48400	40800	35000				0.8	0.6
	桃源县	48400	40800	34500				0.8	0.5
	石门县	48400	40800	34500				0.8	0.5
	津市	48400	40800	35700				1.0	0.7

续表

市州	县市区	补偿标准						地类修正系数	
		Ⅰ区	Ⅱ区	Ⅲ区	Ⅳ区	Ⅴ区	Ⅵ区	旱地、园地	林地
益阳市	资阳区	55000	47000					0.8	0.7
	赫山区	55000	47000	41000				0.8	0.6
	沅江市	47000	40500	35500				1.0	1.0
	安化县	42700	36000	31500				0.8	0.5
	桃江县	42700	38000	32000				0.8	0.5
	南县	44500	39000	34500				1.0	1.0
张家界市	永定区	56000	44000					0.8	0.6
	武陵源区	56000	44000					0.8	0.6
	慈利县	50000	43000					0.8	0.6
	桑植县	50000	42000					0.8	0.6
郴州市	市区	55000	48000	40000				0.8	0.7
	桂阳县	42000	36400	33000				0.8	0.5
	永兴县	42000	36400	33000				0.8	0.5
	宜章县	43000	36400	33000				0.8	0.5
	安仁县	40000	35000	31000				0.8	0.5
	嘉禾县	40000	35000	31000				0.8	0.5
	资兴市	44000	38000	35000				0.8	0.5
	汝城县	41000	35000	31000				0.8	0.5
	临武县	41000	35000	31000				0.8	0.5
	桂东县	40000	34600	31000				0.8	0.5
永州市	冷水滩区	52200	47500	43000				0.8	0.6
	零陵区	50000	42000	38000				0.8	0.6
	祁阳县	43100	38000	33000				0.8	0.5
	东安县	41100	36000	31000				0.8	0.5
	双牌县	40000	34000	31000				0.8	0.5
	道县	40000	36000	32000				0.8	0.5
	宁远县	40000	36000	32000				0.8	0.5
	新田县	40000	35000	31000				0.8	0.5
	江永县	40000	34000	31000				0.8	0.5
	江华县	40000	34000	31000				0.8	0.5
	蓝山县	40000	34000	31000				0.8	0.5

附录 8 湖南省最新土地征收补偿标准

续表

市州	县市区	补偿标准						地类修正系数	
		I区	II区	III区	IV区	V区	VI区	旱地、园地	林地
怀化市	市区	57000	48000					0.8	0.6
	洪江市	47000	39000	34000				0.8	0.5
	溆浦县	47000	40000	34000				0.8	0.5
	辰溪县	47000	39000	34000				0.8	0.5
	沅陵县	44000	40000	33000				0.8	0.5
	芷江县	47000	40000	35000				0.8	0.5
	靖州县	44000	37000	33000				0.8	0.5
	麻阳县	44000	39000	33000				0.8	0.5
	会同县	43700	37000	33000				0.8	0.5
	洪江区	47000	40000					0.8	0.5
	新晃县	43700	37000	33000				0.8	0.5
	中方县	47000	40000	35000				0.8	0.5
	通道县	43700	37000	33000				0.8	0.5
娄底市	市区	57000	50000					0.8	0.7
	冷水江	46000	39800					0.8	0.7
	新化县	46000	39800					0.8	0.7
	涟源市	46000	39800					0.8	0.7
	双峰县	46000	39800					0.8	0.7
湘西自治州	吉首市	56000	44000					0.8	0.6
	泸溪县	40100	35000	31500				0.8	0.5
	凤凰县	48000	40000	35000				0.8	0.5
	花垣县	48000	40000	35000				0.8	0.5
	保靖县	39200	35000	31000				0.8	0.5
	古丈县	39200	35000	31000				0.8	0.5
	永顺县	40100	36000	31500				0.8	0.5
	龙山县	40100	36000	31500				0.8	0.5

附录9 湖南省部分市县征地拆迁补偿条例

长沙市征地补偿安置条例

(1999年6月25日长沙市第十一届人民代表大会常务委员会第十一次会议通过,1999年8月3日湖南省第九届人民代表大会常务委员会第十次会议批准)

第一章 总则

第一条 为了加强征地补偿安置管理,保障征地工作顺利进行,保护被征地的农村集体经济组织和农民的合法权益,根据有关法律、法规,结合本市实际,制定本条例。

第二条 本行政区域内的征地补偿安置适用本条例,法律、法规另有规定的,从其规定。

第三条 本条例所称征地补偿安置,是指国家为了公共利益的需要,依法征用集体所有的土地,对被征地的农村集体经济组织和农民(包括其他合法使用集体土地的单位和个人,下同)进行补偿安置的行为。

第四条 市人民政府土地行政主管部门负责市辖区范围内征地补偿安置工作;县(市)人民政府土地行政主管部门负责本县(市)范围内征地补偿安置工作,但是需要由市人民政府土地行政主管部门负责的除外。

各级人民政府应当加强对征地工作的领导，有关部门应当依照各自职责做好征地补偿安置工作；街道办事处（场）和村（居）民委员会应当支持、配合土地行政主管部门做好征地补偿安置工作。

第五条　市、县（市）人民政府土地行政主管部门应当依照本条例对被征地的农村集体经济组织和农民给予补偿安置。被征地的农村集体经济组织和农民应当服从国家征地的需要，不得阻挠征地工作。

第六条　除国家征地外，其他任何单位和个人不得进行征地活动。

第七条　在征地补偿安置工作中有突出贡献的单位和个人，由市、县（市）人民政府给予表彰和奖励。

第二章　一般规定

第八条　征用土地方案由市、县（市）人民政府及其土地行政主管部门按照国家有关规定拟订。征用土地方案经依法批准后，市、县（市）人民政府应当将批准征地机关、批准文号、征用土地的用途、范围、面积以及征地补偿依据、农业人员安置办法、办理征地补偿登记的地点和期限等，在被征用土地所在地的乡（镇、场、街道）和村、组予以公告，并组织实施。

第九条　自征用土地公告发布之日起，被征地的农村集体经济组织和农民不得在征地范围内抢栽、抢种农作物和改变土地用途。抢栽、抢种的农作物不予补偿，改变土地用途的按改变前的土地用途予以补偿。

第十条　市、县（市）人民政府在发布征用土地公告的同时，应当书面通知公安、工商行政、规划等有关部门，在征地期限内暂停办理户口迁入、分户，发放营业执照，房屋改建扩建、抵押、租赁、买卖等有关手续。

在征地期限内，因出生、婚嫁和军人复员退伍等确需入户或者分户的，应当经市、县（市）人民政府土地行政主管部门核实后，由公安机关办理。

第十一条　被征用土地的所有权人、使用权人应当在公告规定的期限内，持土地权属证书到公告指定的人民政府土地行政主管部门办理征地补偿登记。被征用土地上有建（构）筑物的，还应提供有关建（构）

筑物的合法证件。市、县（市）人民政府土地行政主管部门应当组织征地工作人员到现场调查核实。

第十二条　市、县（市）人民政府土地行政主管部门应当根据批准的征用土地方案，会同有关部门拟订征地补偿安置方案，其内容包括：征地拆迁数量、补偿依据、补偿费用数额、农业人员安置方式以及房屋安置方式、征地补偿安置方案实施的步骤和期限等。

第十三条　市、县（市）人民政府土地行政主管部门应当将拟订的征地补偿安置方案在被征用土地所在地的乡（镇、场、街道）和村、组予以公告，听取被征地的农村集体经济组织和农民的意见。被征地所在地的村（居）民委员会应当协助做好听取农民意见的工作。

市、县（市）人民政府土地行政主管部门应当将拟订的征地补偿安置方案，以及被征地的农村集体经济组织和农民的意见一并上报市、县（市）人民政府。

第十四条　市、县（市）人民政府土地行政主管部门应当将批准的征地补偿安置方案在被征用土地所在地的乡（镇、场、街道）和村、组予以公告，并组织实施。

第十五条　对征地补偿标准有争议的，由县级以上人民政府协调；协调不成的，由批准征用土地的人民政府裁决。征地补偿安置争议不影响征用土地方案的实施。

第十六条　征地补偿费用应当自征地补偿安置方案批准之日起三个月内全额支付。拒不领取征地补偿费用的，经市、县（市）人民政府同意，可以由土地行政主管部门以被征地方的名义将其征地补偿费用予以专户储存。

被征地的农村集体经济组织和农民应当在征地补偿安置方案规定的期限内拆迁腾地。

第十七条　被征地的农村集体经济组织应当及时支付属于被征地农民的有关费用，并将征地补偿费用的收支状况向本集体经济组织的成员公布，接受监督。

禁止侵占、挪用被征地的农村集体经济组织和农民的征地补偿费用以及其他有关费用。

第十八条　土地行政主管部门的工作人员在征地补偿安置工作中，

必须出示有关证件，秉公执法。

第三章 征地补偿

第十九条 征用土地按照被征用土地的原用途给予补偿。征地补偿费用包括土地补偿费、安置补助费和地上附着物及青苗补偿费。

第二十条 土地补偿费按下列规定支付：

（一）征用水田、旱地、专业菜地、专业鱼池，按该土地被征用前三年平均年产值标准的六至十倍补偿。

（二）征用果园、茶园，按该土地邻近水田补偿标准补偿；征用其他经济林地，按该土地邻近水田补偿标准的百分之五十至百分之七十补偿。

（三）征用用材林地，按该土地邻近水田补偿标准的百分之三十至百分之五十补偿；征用荒山、荒地按邻近水田补偿标准的百分之二十补偿。

（四）征用水塘、渠、坝等农田水利用地，按邻近水田补偿标准补偿；征用水库按邻近水田补偿标准的百分之六十补偿。

（五）征用道路，按被征用道路的邻近土地类别补偿标准给予补偿。

第二十一条 安置补助费按下列规定支付：

（一）征用耕地的安置补助费，按照需要安置的农业人口数计算。需要安置的农业人口数，按照被征用的耕地数量除以征地前被征地的农村集体经济组织平均每人占有耕地的数量计算。每一个需要安置的农业人口的安置补助费标准，为该耕地被征用前三年平均年产值标准的四至六倍。但是，每公顷被征用耕地的安置补助费，最高不得超过被征用前三年平均年产值的十五倍。征用专业鱼池的，参照上述规定办理。

（二）征用果园、茶园的安置补助费，按该土地邻近水田前三年平均年产值标准的四至六倍补助。征用其他经济林地按该土地邻近水田前三年平均年产值标准的四至六倍的百分之七十补助。

（三）征用用材林地的安置补助费，按该土地邻近水田前三年平均年产值标准的四至六倍的百分之三十至百分之五十补助。征用荒山、荒地不支付安置补助费。

（四）征用水塘、渠、坝等农田水利用地的安置补助费，按征用邻近水田前三年平均年产值标准的四至六倍补助。征用水库的安置补助费，按征用邻近水田前三年平均年产值标准的四至六倍的百分之六十补助。

（五）征用道路，需要易地重修的，按被征用道路的邻近土地类别的补助标准给予补助；不需要易地重修的，不支付安置补助费。

第二十二条　依照本条例规定支付的土地补偿费和安置补助费，尚不能使需要安置的农民保持原有生活水平的，经市、县（市）人民政府审查，报省人民政府批准，可以增加安置补助费。但是，土地补偿费和安置补助费的总和不得超过被征用土地前三年平均年产值标准的30倍。

第二十三条　青苗及其他补偿费按下列规定支付：

（一）青苗（包括各类蔬菜、稻谷、麦、薯类作物等），生长期不到一年的按被征用前三年平均年产值标准的百分之五十补偿，生长期在一年以上的按被征用前三年平均年产值标准补偿。

（二）成鱼，按被征用前三年平均年产值标准补偿；鱼苗、鱼种，按邻近专业鱼池类别年产值标准的一点二倍补偿；征用范围外的专业鱼池因施工必须干池停产的，按专业鱼池类别年产值标准及停产时间计算补偿停产费；降低蓄水深度施工的，适当予以补偿。

（三）苗木花卉、经济林木，按邻近水田前三年平均年产值标准结合已栽培年限予以补偿；人造用材林木，按邻近水田前三年平均年产值标准的百分之五十结合已栽培年限予以补偿，但是，最高补偿年限不得超过四年；非人造林木按邻近水田前三年平均年产值标准的百分之五十至百分之一百予以补偿；零星林木，折合成公顷予以补偿；盆栽的只补偿搬运费。补偿后的林木，由被征地方在规定的拆迁腾地期限内处理；逾期未处理的，归征地方所有。征地方需要保留的林木，另行按材积进行补偿。

第二十四条　被征用土地上的房屋，其房屋产权、面积、结构、使用性质、建筑年限的认定，均以征用土地公告前土地使用权证和其他合法证件为依据。

第二十五条 拆除被征用土地上的房屋，按合法建筑面积和建筑结构的重置价格剔除残值后的标准予以补偿；征地方需要保留的房屋按合法建筑面积和建筑结构的重置价格标准予以补偿；对被拆除房屋原有的装饰装修，按有关标准另行补偿。

拆除违法违章建筑和有关合法证件注明国家建设需要时无条件拆除的临时建筑，不予补偿。拆除未超过批准的使用期限的临时建筑，按建筑结构的重置价格剔除残值后的标准结合剩余使用年限予以补偿。

第二十六条 征用乡（镇）、村建设用地，按合法用地面积和建设用地补偿标准予以补偿。

第二十七条 征用范围内不能搬迁的生产、生活设施或者需要易地修建水塘、水库的，按原结构和工程量以及规定的标准补偿；生产、生活设施废弃不用的，不予补偿。

第二十八条 拆迁电力、电信、给排水、燃气等设施，按国家有关规定核实补偿；废弃不用的，不予补偿。

第二十九条 因国家建设需要收回借给农村集体经济组织耕种的国有土地，应区别不同情况，适当给予补偿。收回1986年12月31日以前被借用的国有土地，除对青苗和生产设施进行补偿外，还应按安置补助费标准的百分之五十进行安置补助；收回1986年12月31日以后被借用的国有土地，只对青苗和生产设施进行补偿。原签订了借地协议的，按协议履行。

第三十条 经批准临时使用农用地的，土地使用者应当根据土地权属与农村集体经济组织签订临时使用土地合同，并按临时用地的土地类别平均年产值标准逐年补偿，土地上的青苗和附着物，按本条例的规定补偿。临时使用土地期满后造成土地破坏的，土地使用者应当负责复垦；没有条件复垦的，应当支付土地复垦费，专项用于土地复垦。

第三十一条 征用土地范围内坟墓的迁移应当发布公告，并按国家有关法律、法规执行。应当补助的，按规定标准给予补助。在公告规定的期限内，坟墓由墓主自行迁移；逾期未迁移的，由市、县（市）人民政府土地行政主管部门会同有关部门处理。

第三十二条 大中型水利水电工程建设征用土地的补偿标准和移民安置办法，按国家有关规定办理。

第三十三条　征用土地的土地补偿费归被征地的农村集体经济组织所有；地上附着物及青苗补偿费归地上附着物及青苗的所有者所有。

第三十四条　耕地被征用后，市、县（市）人民政府土地行政主管部门应当按照省对农业税核减的有关规定，通知有关部门及时办理农业税的核减手续。

第三十五条　国家和省对征地补偿费用的标准另有规定的，从其规定。

第四章　征地安置

第三十六条　征用土地后，需要安置的人员由被征地的农村集体经济组织安置的，安置补助费由被征地的农村集体经济组织管理使用。

被征地的农村集体经济组织可以采取整理土地、开垦耕地、调整土地、留用土地、兴办企业、建立征地安置专项资金等方式予以安置。

采取留用土地安置的，由被征地的农村集体经济组织按批准的建设用地指标和规划要求留出生产、生活用地，利用所留土地和征地补偿费用统一安置农民的生产和生活。对于留用的土地，被征地的农村集体经济组织应依法办理有关用地、报建手续。

第三十七条　征用土地后，需要安置的人员由其他单位安置的，被征地的农村集体经济组织应当将安置补助费支付给安置单位。

第三十八条　征用土地后，需要安置的人员不需要统一安置的，安置补助费可以发放给被安置人员个人或者征得被安置人员同意用于支付被安置人员的保险费用。被安置人员应与被征地的农村集体经济组织签订协议。

第三十九条　征用土地的安置补助费必须专款用于因征用土地而引起的需要安置人员的安置，不得挪作他用。市、县（市、区）、乡（镇）人民政府和街道办事处应当加强对安置补助费使用情况的监督。

第四十条　被拆迁的房屋需要重建的，必须符合城市规划和村庄、集镇规划。

依据城市规划重建的，市、县（市）人民政府土地行政主管部门应当按规定的标准安排用地指标，并将建设用地补偿费用核算到被征地的农村集体经济组织，用于重建用地的规划设计、用地和报建手续、补偿安置、基础设施施工等。被征地的农村集体经济组织完成房屋基础设施施工后，可以实行统一建设，也可以由农民自行建设。

依据村庄和集镇规划重建的，市、县（市）土地行政主管部门按重建用地土地类别将土地补偿费、安置补助费、地上附着物和青苗补偿费支付给被征地的农村集体经济组织。被征地的农村集体经济组织完成重建地补偿安置后，可以实行统一建设，也可以由农民自行建设。

农民房屋的重建用地按本条第二款、第三款补偿后，原宅基地与重建用地面积相等的部分不再进行补偿。原宅基地大于重建用地面积的部分和不需易地重建的宅基地按邻近土地类别年产值标准补偿土地补偿费，不补助安置补助费。

第四十一条　在农民集体所有的土地上，有两处以上宅基地的农户，被拆除一处，他处宅基地已达到规定用地面积标准的，不再划地重建。

第四十二条　拆除房屋的搬迁补助费，按房屋的合法建筑面积和规定的标准予以补助；涉及生产设备搬迁的，按国家有关规定另行支付拆卸、搬运、安装费用。需要过渡的，付给两次搬迁补助费。

第四十三条　农民住宅房屋重建的过渡补助期限不得超过九个月，乡（镇）、村建设用地单位的房屋重建的过渡补助期限不得超过十二个月。其过渡补助费按房屋的合法建筑面积和规定的标准予以补助。

第四十四条　拆迁未满租赁期限的房屋，租赁双方当事人应当在公告规定的拆迁腾地期限内变更或解除租赁关系。房屋出租人应将属于承租人的生产、生活设施补偿费和搬迁补助费支付给承租人。

第五章　法律责任

第四十五条　违反本条例规定进行征地活动的，一律无效；已开发建设的，按照非法转让土地处理。

第四十六条　侵占、挪用被征地的农村集体经济组织和农民的征地补偿费用和其他有关费用，构成犯罪的，依法追究刑事责任；尚未构成犯罪的，依法给予行政处分。

第四十七条 违反本条例规定，被征地方阻挠国家建设征用土地的，由市、县（市）人民政府土地行政主管部门责令限期拆迁腾地；逾期不拆迁腾地的，申请人民法院强制执行。

第四十八条 阻碍土地行政主管部门工作人员依法执行职务，违反《中华人民共和国治安管理处罚条例》的，由公安机关予以处罚；构成犯罪的，依法追究刑事责任。

第四十九条 土地行政主管部门工作人员在执行职务过程中玩忽职守、滥用职权、徇私舞弊，构成犯罪的，依法追究刑事责任；尚未构成犯罪的，依法给予行政处分。

第六章 附则

第五十条 本条例中各类土地年产值标准、房屋补偿标准、建设用地补偿标准、土地复垦费标准、生产和生活设施补偿标准、坟墓迁移补助标准、搬家补助费标准、过渡补助费标准、留用土地指标等，由市人民政府另行制定。

第五十一条 国家建设使用国有农用地和乡（镇）村公共设施、公益事业建设使用本集体经济组织以外的集体所有土地的补偿安置可参照本条例执行。

第五十二条 本条例经湖南省人民代表大会常务委员会批准后，由长沙市人民代表大会常务委员会公布，自2000年1月1日起施行。

《长沙市征地补偿实施办法》2008年4月施行长沙市人民政府令

第 103 号

《长沙市征地补偿实施办法》已经2008年2月17日市第13届人民政府第3次常务会议通过,现予发布,自2008年4月1日起施行。

市长:张剑飞

二〇〇八年二月二十七日

第一条 为加强征地补偿工作,维护被征地农村集体经济组织、村民和其他权利人的合法权益,根据《中华人民共和国土地管理法(一)》、《长沙市征地补偿安置条例》等法律、法规的规定,结合本市实际,制定本办法。

第二条 本市行政区域内的征地补偿工作,适用本办法。

第三条 市人民政府统一领导本市行政区域内的征地补偿工作。

区、县(市)人民政府负责本辖区内征地补偿工作的实施、协调、监督和管理并设立征地办公室,履行以下职责:

(一)拟订征地方案;

(二)发布征地公告并报市人民政府征地办公室备案;

(三)审批征地补偿安置方案;

(四)协调处理征地补偿安置争议;

(五)法律、法规、规章规定的其他补偿安置工作。

市人民政府征地办公室对区、县(市)人民政府征地办公室的工作进行指导、协调和监督。

第四条 市土地行政主管部门对区、县(市)土地行政主管部门征地补偿安置工作的全过程进行指导和监督。

区、县（市）土地行政主管部门负责以下征地补偿工作：

（一）发布预征地公告；

（二）办理征地补偿登记，并组织进行现场调查核实；

（三）会同有关部门拟订征地补偿安置方案；

（四）发布征地补偿安置方案征求意见公告；

（五）发布征地补偿安置方案实施公告并报市人民政府征地办公室备案；

（六）按规定拨付征地补偿费用；

（七）责令限期拆迁腾地；

（八）法律、法规、规章规定的其他征地补偿工作。

各区的征地补偿费用概算由市土地行政主管部门统一审核；各县（市）的征地补偿费用概算由各县（市）土地行政主管部门负责审核，但应当由市土地行政主管部门审核的除外。

第五条　土地行政主管部门可以将征地工作中的事务性和技术性工作委托给征地事务机构承担。

第六条　乡（镇）人民政府、街道办事处承担下列征地补偿安置工作：

（一）协助征地补偿登记、调查；

（二）督促、指导农村集体经济组织实施征地补偿安置方案具体事项；

（三）监督农村集体经济组织对征地补偿费用的管理、使用、分配、公开等情况；

（四）协助处理征地补偿纠纷及遗留问题。

第七条　征地补偿费用总额的80%应当在征地公告发布前存入土地行政主管部门在财政开设的征地补偿专用账户，其余部分应当在征地补偿安置方案实施公告发布前足额存入。未足额存入的，区、县（市）土地行政主管部门不得发布征地补偿安置方案实施公告。

第八条　征地补偿费用包括土地补偿费、安置补助费和地上附着物及青苗补偿费。

第九条　土地补偿费、安置补助费的征地年产值标准，按省人民政府的规定执行；土地补偿费、安置补助费的征地年产值倍数，按照规定的标准执行。

另行提高安置补助费专项用于被征地农民的社会保障，直接拨入被征地农民社会保障资金专户，提高的安置补助费按照一类水田征地年产值标准的5倍计算。

第十条 青苗、林木、水产品的补偿费按照规定的标准执行。

征地范围外的专业鱼池因施工需要降低蓄水深度的，按降低水位的比例乘以该专业鱼池的征地年产值标准予以补偿；养殖水深度降到不足50厘米时，按照征地年产值标准予以补偿。

第十一条 取得市、县（市）房屋产权管理部门2006年7月1日以后颁发的房屋权属证书的，其房屋合法建筑面积以房屋权属证书为依据。

第十二条 未取得市、县（市）房屋产权管理部门2006年7月1日以后颁发的房屋权属证书的，其房屋合法建筑面积由区、县（市）土地行政主管部门按下列规定认定：

（一）1987年1月1日以后兴建的房屋，一律以建设用地批准文件、建设工程规划许可证为依据；

（二）市区范围内，1982年4月1日至1986年12月31日兴建的房屋，属原基改建和占用非耕地建房的，须经乡（镇、场、街道）批准；属占用耕地建房的，须经区建设行政主管部门批准；未经批准的，按违法建筑处理。1982年3月31日以前兴建的房屋未进行改建、扩建的，按合法建筑对待。

（三）县（市）辖区内，1987年1月1日以前兴建的房屋，根据国家有关规定和实际情况进行认定。对房屋合法建筑面积的认定有异议的，可以在征地补偿安置方案征求意见公告期间向区、县（市）人民政府申请复查，区、县（市）人民政府应当组织国土、规划、建设、房产部门审查后予以确定。

第十三条 拆除非农业户或采取货币安置方式的农户的住宅，按照规定的标准支付房屋补偿费、房屋装饰装修及设施补偿费和购房补助费。

第十四条 拆除采取农村集体经济组织统一安置方式的农户的住

宅，应当支付房屋补偿费、房屋装饰装修及设施补偿费。

拆除采取农村集体经济组织统一安置方式的农户的住宅，需要重建的，另行支付重建用地补助费给农村集体经济组织，用于重建用地的规划设计、用地和报建手续、补偿安置、基础设施建设等。

第十五条　征地范围内不能搬迁的室外生产生活设施、农业生产用房按照规定的标准予以包干补偿。需要易地修建的水塘、水库，按照原蓄水容积及规定的标准补偿。

经批准的临时建筑，在规定的使用期限内按照建筑结构的重置价格结合使用年限剔除残值后补偿。

第十六条　拆迁电力、电信、广播电视、给排水、燃气等设施需要补偿的，由市物价行政主管部门按照有关规定核定后再给予补偿；废弃不用的不予补偿。

第十七条　拆除企业房屋，按照规定的标准予以补偿。涉及生产设备搬迁的，按照设备的拆卸、安装、搬迁台班的实际工作量计算；不能搬迁的，按照规定的标准包干补偿。

第十八条　拆除房屋的搬迁补助费、房屋过渡补助费、按期拆迁房屋奖励费，按照规定的标准执行。

第十九条　拆除砂石场、预制场、砖场，按照规定的标准予以包干补偿补助。

第二十条　采取货币安置方式的农户的农用工具、牲畜，由农户自行处理，并按照规定的标准予以补助。

第二十一条　征地范围内坟墓迁移，按照规定的标准予以补助。

第二十二条　各类征地年产值倍数、房屋补偿标准、生产和生活设施补偿标准、搬家补助费标准和过渡补助费标准等，由市人民政府颁布实施；并可根据社会、经济发展水平适时调整（现行补偿标准附后）。

第二十三条　国家建设使用国有农用地以及乡（镇）村公共设施、公益事业、乡镇企业和村民住宅使用农民集体所有土地的，其补偿、补助标准参照本办法执行。

经批准依法收回国有农场、林场等农用地，其补偿、补助标准参照本办法执行。

第二十四条　县（市）人民政府可根据本办法结合本地实际情况，

制定除土地补偿费、安置补助费和青苗补偿费外的其他补偿、补助费标准，报请市人民政府批准后执行。

第二十五条 本办法自 2008 年 4 月 1 日起施行。2000 年 3 月 16 日发布的《长沙市征地补偿安置条例实施办法》同时废止。

本办法实施前已发布征地补偿安置方案实施公告的，按原有规定办理。

关于执行湖南省征地补偿标准有关事项的通知

长政发〔2013〕9号

发文单位：长沙市人民政府　发布日期：2013—05—21

各区县（市）人民政府、市直机关各单位：

为进一步规范我市征地补偿安置工作，促进经济社会持续健康发展，切实维护被征地农村集体经济组织和农民的合法权益，根据《湖南省人民政府关于调整湖南省征地补偿标准的通知》（湘政发〔2012〕46号），结合我市实际，现就我市执行湖南省征地补偿标准有关事项通知如下：

一、各级各部门要认真贯彻落实湘政发〔2012〕46号文件精神，严格执行政策标准，扎实做好征地补偿工作。

二、本征地补偿标准包含土地补偿费和安置补助费两项之和。征收单位和个人的房屋及其他不动产、地上附着物和青苗补偿等，按照《长沙市征地补偿实施办法》（市政府令第103号）所规定的标准执行。

三、对专业菜地、专业渔池和集体建设用地，给予高附加值补助：一类专业菜地58000元/亩、二类专业菜地40000元/亩；一类专业渔池22000元/亩、二类专业渔池11000元/亩。专业菜地、专业鱼池的认定按照有关主管部门规定的标准、条件执行。企业建设用地（砂石场、预制场、砖厂等用地除外）补助费，根据合法建设用地面积按300元/平方米的标准支付。

四、征地补偿区域（片）的划分作相应调整（见附件）。

五、坚持征地补偿费主要用于被征地农民的原则，由市政府有关部门另行制定集体资产管理、使用和分配指导意见。

六、确保被征地农民社保资金的落实。一是征地时在征地补偿费

（土地补偿费和安置补助费两项费用之和）中提取10%作为社保资金。二是芙蓉区、天心区、岳麓区、开福区、雨花区按征地面积收取社保费90元/平方米；望城区、长沙县、浏阳市、宁乡县范围内被征地农民的社保费用，由县级人民政府统筹，在按照有关规定确保20元/平方米的社保费到位的前提下，可结合本地实际，科学制定社保费收取标准。

七、本征地补偿标准从2013年1月1日起施行。本标准实施前已发布征地补偿安置方案实施公告的，按原有标准执行。

附件 长沙市各区县（市）征地补偿标准

单位：元/亩

区域		区域范围	补偿标准	地类修正系数
芙蓉区	Ⅰ区	浏阳河以西区域，具体包括马王堆街道办事处的火炬村、新桥村；东屯渡街道办事处的农科村；火星街道办事处的新合村。	76000元/亩	旱地、园地0.8；林地（含经济林）0.6；荒山、荒地（其他草地）0.5。
	Ⅱ区	浏阳河以东区域，具体包括东岸街道办事处的东屯村、东岸村、杉木村、望龙村；马坡岭街道办事处的西龙村、张公岭村、新安村；东湖街道办事处的东湖村、东湖渔场、合平村。	70000元/亩	
天心区	Ⅰ区	新铺街道办事处的石人村、新天村；赤岭路街道办事处的新开管委会；青园街道办事处、桂花坪街道办事处。	76000元/亩	旱地、园地0.8；林地（含经济林）0.6；荒山、荒地（其他草地）0.5。
	Ⅱ区	黑石铺街道办事处的黑石村、九峰村、披塘村；大托铺街道办事处的黄合村、兴隆村、桂井村、大托村、新港村；先锋街道办事处的先锋村、新路村。	70000元/亩	
岳麓区	Ⅰ区	观沙岭街道办事处、银盆岭街道办事处、桔子洲街道办事处、岳麓街道办事处、西湖街道办事处、望月湖街道办事处。	76000元/亩	旱地、园地0.8；林地（含经济林）0.6；荒山、荒地（其他草地）0.5。
	Ⅱ区	望城坡街道办事处，望岳街道办事处，咸嘉湖街道办事处，梅溪湖街道办事处，天顶街道办事处，麓谷街道办事处；洋湖街道办事处的洋湖村、连山村、蓝天村、新生社区、山塘村、白庙子社区、坪塘社区；坪塘街道办事处的红桥村、狮峰山村、桐溪港社区、观音港社区；学士街道办事处的白鹤社区、学士村、联丰村。	70000元/亩	
	Ⅲ区	东方红镇；坪塘街道办事处的双湖村、白泉村、兴丰村、太平村、花扎街村、长塘村；学士街道办事处的玉江村、东山湾村；含浦街道办事处的官埠口村、含浦社区、大坡村、九江村、芝字港村、新田村；雷锋镇；莲花镇的云盖村、云友村、五丰村、东塘村。	65000元/亩	
	Ⅳ区	坪塘街道办事处的鹅洲村、新塘村、新合村；莲花镇的龙台村、莲花社区、军营村、金凤村、集贤村；雨敞坪镇的瓦灰村、麻田村、泉水湖村、红叶村、雨敞坪社区、新卯村。	60000元/亩	
	Ⅴ区	含浦街道办事处的干字村；莲花镇的龙洞村、新桥村、中长村、华宝村、大华村、金华村、桐木村、立马村；雨敞坪镇的潘家山村、嵇家山村、福胜村、泉宏村、西湖村。	55000元/亩	

续表

区域		区域范围	补偿标准	地类修正系数
开福区	Ⅰ区	浏阳河以南区域，具体包括红色渔场、先福村、胜利村。	76000元/亩	旱地、园地0.8；林地（含经济林）0.6；荒山、荒地（其他草地）0.5。
	Ⅱ区	浏阳河以北区域，具体包括综合农场的鸭子铺分场、朝阳分场、马栏山分场、月湖分场、养殖分场、洪西分场、果林分场、畜牧分场、渔业分场、陈家渡分场；金霞开发区；青竹湖镇的金盘丘村、植基村、太阳山村、霞凝村、天井村、青竹湖高尔夫社区、群力村；新港镇的综合农场、霞凝港居委会、金霞村、新安寺村、湘粤村、鹅羊山村、荷叶村、大塘村、兴联村、大塘基居委会、竹隐村、戴家河村、宿龙桥社区；捞刀河镇的新源村、金霞村、钟石村、茶子山村、沙坪村、广胜村、双湖村、窑塘村、海塘村、竹坡村、自安村、成功村、板塘村、大明村、乌溪村、汉回村、高源村、高岭村、大安村、中岭村、白霞村、伍家岭村、罗汉庄村、大星村、捞刀河村、彭家巷居委会、凤羽村。	70000元/亩	
雨花区	Ⅰ区	高桥街道办事处、雨花亭街道办事处、井湾子街道办事处、圭塘街道办事处的圭塘社区、大塘社区。	76000元/亩	
	Ⅱ区	圭塘街道办事处的月塘社区；洞井街道办事处的板塘、天华、牛头、桃花、洞井、和平、高升、鄱阳社区；同升街道办事处的白田、洪塘、新兴、联盟、同升、金井、桃阳社区；黎托街道办事处的潭阳、大桥、川河、平阳、合丰、花桥、栗塘社区；东山街道办事处的黎托、边山、长托、东山、侯照、渔场社区。	70000元/亩	
望城区	Ⅰ区	高塘岭街道办事处、喻家坡街道办事处、丁字湾街道办事处、书堂山街道办事处、白沙洲街道办事处、大泽湖街道办事处、月亮街道办事处、黄金园街道办事处、金山桥街道办事处、廖家坪街道办事处；	54700元/亩	旱地、园地0.8；林地（含经济林）0.6；荒山、荒地（其他草地）0.5。
	Ⅱ区	乌山镇、白箬铺镇	52000元/亩	
	Ⅲ区	茶亭镇、桥驿镇、东城镇、铜官镇	47200元/亩	
	Ⅳ区	乔口镇、靖港镇、格塘乡、新康乡	43600元/亩	
长沙县	Ⅰ区	星沙街道办事处、湘龙街道办事处、泉塘街道办事处、暮云镇	54700元/亩	
	Ⅱ区	榔梨街道办事处、长龙街道办事处、黄花镇、黄兴镇、安沙镇	52600元/亩	
	Ⅲ区	江背镇、北山镇、春华镇、果园镇、跳马镇、干杉镇	48600元/亩	
	Ⅳ区	青山铺镇、福临镇、路口镇、高桥镇	45600元/亩	
	Ⅴ区	开慧镇、金井镇、双江镇、白沙镇	43000元/亩	

续表

区域		区域范围	补偿标准	地类修正系数
浏阳市	Ⅰ区	荷花办事处、集里办事处、关口办事处、淮川办事处	52400元/亩	旱地、园地0.8；林地（含经济林）0.5；荒山、荒地（其他草地）0.5。
	Ⅱ区	大瑶镇、永安镇、洞阳镇、北盛镇	47000元/亩	
	Ⅲ区	溪江乡、古港镇、沿溪镇、永和镇、官渡镇、金刚镇、澄潭江镇、太平桥镇、镇头镇、文家市镇、柏家镇、蕉溪乡、淳口镇、沙市镇、枨冲镇	43600元/亩	
	Ⅳ区	龙伏镇、普迹镇、官桥镇、高坪镇、三口镇、达浒镇、社港镇、葛家乡	40000元/亩	
	Ⅴ区	大围山镇、七宝山乡、张坊镇、中和镇、杨花乡、小河乡	38000元/亩	
宁乡县	Ⅰ级	玉潭镇、白马桥乡、金洲镇、城郊乡、历经铺乡、夏铎铺镇	50000元/亩	旱地、园地0.8；林地（含经济林）0.6；荒山、荒地（其他草地）0.5。
	Ⅱ级	沩山乡、大成桥乡、黄材镇、煤炭坝镇、灰汤镇、横市镇、双凫铺镇	47500元/亩	
	Ⅲ级	花明楼镇、青华铺乡、双江口镇、回龙铺镇、偕乐桥镇	43700元/亩	
	Ⅳ级	老粮仓镇、流沙河镇、青山桥镇、巷子口镇、朱良桥乡、坝塘镇、道林镇、东湖塘镇、龙田镇、南田坪乡、沙田乡、资福乡、大屯营乡	41000元/亩	
	Ⅴ级	枫木桥乡、喻家坳乡	38000元/亩	

郴州市征地拆迁补偿安置办法

第一章　总则

第一条　为了加强征地拆迁补偿安置管理，保障征地拆迁工作顺利进行，依法保护被征地的农村集体经济组织和农民的合法权益，根据《中华人民共和国土地管理法》、《中华人民共和国土地管理法实施条例》、《湖南省实施〈中华人民共和—国土地管理法〉办法》等有关法律、法规，结合本市实际，制定本办法。

第二条　本市行政区域内的征地拆迁补偿安置依照本办法执行。法律、法规另有规定的，从其规定。

第三条　市人民政府土地行政主管部门主管全市范围内的征地拆迁补偿安置工作，并直接负责市城市规划区范围内的征地拆迁补偿安置工作；市城市规划区范围外的征地拆迁补偿安置工作，由所在区人民政府土地行政主管部门负责；县（市）人民政府土地行政主管部门负责本县（市）范围内的征地拆迁补偿安置工作，但需要由市人民政府土地行政主管部门负责的除外。

市、县（市、区）人民政府要加强对征地拆迁补偿安置工作的领导，有关部门要按照各自职责协同土地行政主管部门做好征地拆迁补偿安置工作；乡（镇）人民政府、村民委员会应当支持、配合土地行政主管部门做好征地拆迁补偿安置工作，并负责做好被征地村、组干部群众的思想工作。

在征地拆迁补偿安置工作中有突出贡献的单位和个人，由市、县（市、区）人民政府给予表彰和奖励。

第二章 一般规定

第四条 建设需要征用土地的,由市、县(市、区)人民政府统一征地。市、县(市、区)人民政府土地行政主管部门根据职责,依照法定程序,代表政府负责组织征地的审查报批和具体实施工作,其他任何单位和个人不得直接与被征地的农村集体经济组织、村民委员会或者村民小组洽谈征地事宜。

第五条 征地调查、勘测定界完成后,自市、县(市、区)人民政府征地通告发布之日起,被征地的农村集体经济组织和农民不得在征地范围内抢建建(构)筑物,抢栽、抢种农作物、林木和改变土地用途。抢建的建(构)筑物,抢栽、抢种的农作物、林木不予补偿,改变土地用途的按改变前的土地用途补偿。市、县(市、区)人民政府在发布征地通告的同时,有关部门应暂停办理征地范围内的户口迁入、分户以及房屋改(扩)建用地审批等有关手续。

第六条 征用土地方案由市、县(市、区)人民政府土地行政主管部门按照国家有关规定拟订。征用土地方案经依法批准后,由被征用土地所在地的市、县(市、区)人民政府按照规定在被征用土地所在地的乡(镇)、村予以公告,并组织实施。

第七条 被征用土地的所有权人、使用权人应当在公告规定的期限内,持土地权属证书和有关证明材料到公告指定的人民政府土地行政主管部门办理征地补偿登记。被征用土地上有建(构)筑物的,还应提供有关建(构)筑物的合法有效证件。土地行政主管部门应当组织征地工作人员到现场调查核实。

被征用土地的所有权人、使用权人未如期办理征地补偿登记的,其补偿内容以市、县(市、区)人民政府土地行政主管部门的调查结果为准。

第八条 市、县(市、区)人民政府土地行政主管部门应当根据批准的征用土地方案,会同有关部门拟订征地拆迁补偿安置方案,并在被征用土地所在地的乡(镇)、村予以公告。被征用土地的农村集体经济组织和农民对拟订的征地拆迁补偿安置方案有不同意见的,应当在公告规定的期限内,以书面形式报告发布征地拆迁补偿安置方案的机关,有关机关应予以核实,确有差错的,应当纠正。征地拆迁补偿安置方案报市、县(市、区)人民政府批准后,由市、县(市、区)人民政府土地行政主管部门组织实施。

第九条 对征地拆迁补偿安置标准有争议的,由市、县(市、区)人民政府协调解决;协调不成的,由批准征用土地的人民政府裁决。征地拆迁补偿安置标准争议不影响征用土地方案的实施。

第十条 征用土地的各项补偿费用应当自征地拆迁补偿安置方案批准之日起三个月内全额支付。被征地的所有权人、使用权人逾期拒不领取补偿费用的,经市、县(市、区)人民政府同意,可以由土地行政主管部门以被征地的所有权人、使用权人的名义将其征地拆迁补偿费用在银行专户储存。

被征地的农村集体经济组织和农民应当在征地拆迁补偿安置方案规定的期限内拆迁腾地。

第十一条 耕地被征用后,市、县(市、区)人民政府土地行政主管部门应当在收到征用耕地批准文件之日起十五日内,告知相关的财政部门按照国家有关规定核减、农业税。

征用城市郊区的专业菜地,用地单位应当按照国家有关规定缴纳新菜地开发建设基金。

第十二条 征用土地的土地补偿费支付给享有被征用土地所有权的农村集体经济组织,用于发展生产;地上附着物及青苗补偿费根据征地补偿登记,依照征地拆迁补偿安置方案确定的标准支付给地上附着物及青苗的所有者;安置补助费根据不同安置途径,按照法律规定支付给负责安置的农村集体经济组织或单位;不需要统一安置的,可以发放给被安置人员自谋职业。对土地被全部征用,农村集体经济组织成建制被撤销,实行"农转非"的,其征地费用应全部用于转为非农业户口人员的生产和生活安置。

第三章 征地补偿

第十三条 征用土地按照被征用土地的原用途给予补偿。征用土地的补偿费用包括土地补偿费、安置补助费以及地上附着物和青苗补偿费。

第十四条 土地补偿费按下列规定计付：

（一）征用水田、专业菜地、专业鱼池（塘）的，按土地所在区位、类别以及等级进行补偿。其中：郴州市城市规划区内土地补偿费为该土地被征用前三年平均年产值的 6 至 10 倍；资兴市城市规划区内和各县城规划区内，土地补偿费为该土地被征用前三年平均年产值的 6 至 9 倍；各县（市、区）建制镇规划区内，土地补偿费为该土地被征用前三年平均年产值的 6 至 8 倍；各县（市、区）乡集镇规划区内，土地补偿费为该土地被征用前三年平均年产值的 6 至 7 倍。征用旱地，土地补偿费为该土地被征用前三年平均年产值的 7 倍。征用其他区域内的耕地，土地补偿费为该土地被征用前三年平均年产值的 7 倍。

只宜种植单季稻产粮区，征用水田的，按该水田被征用前三年平均年产值的 6 至 10 倍的 60% 分类计算土地补偿费。

（二）征用园地的，按该土地邻近水田补偿标准的 80% 补偿；征用经济林地的，按该土地邻近水田补偿标准的 50% 至 70% 补偿；征用其他林地的，按该土地邻近水田补偿标准的 30% 至 50% 补偿。

（三）征用荒山、荒地及其他未利用土地的，按该土地邻近水田补偿标准的 20% 补偿。

（四）征用水塘、渠、坝等农田水利用地以及专业渔池（塘）以外鱼塘用地的，按该土地邻近水田补偿标准补偿；征用水库用地的，按该土地邻近水田补偿标准的 60% 补偿。

（五）征用乡（镇）、村公共设施（如道路、桥梁）、公益事业（如学校、卫生所、幼儿园、敬老院等）、企业用地和农村村民宅基地的，按该土地邻近水田补偿标准补偿。

第十五条 安置补助费按下列规定计付：

（一）征用耕地的安置补助费，按照需要安置的农业人口数计算。需要安置的农业人口数，按照被征用的耕地数量除以征地前被征地的农村集体经济组织平均每人占有的耕地的数量计算。每一个需要安置的农业人口的安置补助费标准，为该耕地被征用前三年平均年产值标准的 4 至 6 倍。但是，每公顷被征用耕地的安置补助费，最高不得超过被征用前三年平均年产值的15倍。征用专业鱼池（塘）的，参照上述规定办理。

（二）征用园地的，按该土地邻近水田前三年平均年产值标准的4至6倍的80%至100%补助；征用经济林地的，按该土地邻近水田前三年平均年产值标准的4至6倍的70%补助；征用其他林地的，按该土地邻近水田前三年平均年产值标准的4至6倍的50%补助。

（三）征用乡（镇）、村公共设施、公益事业、企业用地、农村村民宅基地和水塘、渠、坝等农田水利用地，需易地重建的，按照重建地类别标准支付安置补助费；不需要恢复重建的，酌情补助。

（四）征用荒山、荒地及其他未利用地的，不支付安置补助费。

第十六条 青苗及其他农作物的补偿费按下列规定计付：

（一）青苗生长期不到一年的，按照被征用前三年平均年产值标准的50%补偿；生长期在一年以上的，按照被征用前三年平均年产值标准补偿，或者根据生长期补偿实际损失。

（二）成鱼，按照被征用前三年平均年产值标准补偿实际损失；鱼苗、鱼种，按照育苗、育种期满出池时的价值补偿实际损失。

（三）成片经济林木、成片用材林木按其邻近水田前三年平均年产值标准结合栽培年限、树木郁闭度予以补偿；零星林木（树木郁闭度低于10%）按株补偿；苗木花卉能搬迁或移栽的补偿搬运费或移栽费，不能搬迁或移栽的参照用材林木标准酌情补偿实际损失；盆栽的只补偿搬运费。补偿后的林木，由被征地的农村集体经济组织、村民委员会、村民小组或个人在规定的拆迁腾地期限内处理。

第四章 征地拆迁补偿

第十七条 拆迁农村村民自用自住的房屋，按下列规定办理：

（一）房屋拆迁补偿费，视房屋的不同结构、质量、面积和使用年限给予补偿；对被拆除房屋原有的装饰装修，按有关标准另行补偿。

（二）违法违章建（构）筑物、超过批准使用期限的临时建（构）筑物以及废弃设施不予补偿，由拆迁户在规定的期限内自行无偿拆除。未超过批准使用期限的临时建（构）筑物给予适当补偿。

（三）拆迁农村村民房屋，以户为单位支付房屋搬家费、自拆自建过渡补偿费。需过渡的发给两次搬家费，由用地单位安排过渡房的，不支付过渡补偿费。搬家费和自拆自建过渡补偿费由用地单位支付。搬家费每次 200 元，自拆自建过渡补偿费 800 元。

（四）有两处以上宅基地的农村村民，因征地被拆迁一处，另处宅基地已达到规定用地面积标准的，不再划地重建；按规定需易地重建的，其建房用地手续按照规定办理，有关费用由用地单位支付。

第十八条　征地范围内不能搬迁的生产、生活设施或者需要易地修建的水塘、水库，按原结构和工程量以及规定的标准补偿；不需要恢复重建的，原则上不给予补偿；搬迁能够搬迁的生产设施，按国家有关规定补偿拆卸、搬运、安装费用。需要过渡的，付给两次搬迁补助费。

第十九条　拆迁电力、电讯、给排水、燃气等设施，按国家有关规定核实补偿；废弃不用的，不予补偿。

第二十条　征地范围内的坟墓，由土地行政主管部门发布迁坟公告，限期由坟主自行迁移，并按规定补偿迁坟费。逾期未迁移的，由土地行政主管部门会同有关部门处理。

第五章　附则

第二十一条　因建设需要临时使用农用地的，其土地补偿费以及地上附着物和青苗补偿费参照本办法的规定执行。

第二十二条　本办法由郴州市土地行政主管部门负责解释。

第二十三条　本办法自公布之日起施行。市人民政府下发的《郴州市城乡建设征地拆迁补偿标准暂行规定》（郴政发〔1996〕2 号）、《郴州布集体土地征地拆迁若干问题的补充规定》（郴政发〔1997〕31 号）同时废止。

邵阳市高速公路建设征地拆迁
补偿安置暂行办法

市政发〔2009〕20号

各县、市、区人民政府，市直有关单位：

现将《邵阳市高速公路建设征地拆迁补偿安置暂行办法》印发给你们，请认真遵照执行。

二〇〇九年十月二十八日

第一条　为做好高速公路建设征地拆迁补偿安置工作，根据《中华人民共和国土地管理法》、《湖南省实施〈中华人民共和国土地管理法〉办法》、《湖南省人民政府办公厅关于发布湖南省征地年产值标准的通知》（湘政发办〔2005〕47号）、《湖南省人民政府办公厅关于全省高速公路征地拆迁补偿标准的通知》（湘政办函〔2008〕159号）、《邵阳市人民政府关于印发〈邵阳市征地拆迁补偿安置办法〉的通知》（市政发〔2002〕17号）、《邵阳市人民政府关于印发〈邵阳市集体土地上房屋拆迁补偿安置办法〉的通知》（市政发〔2008〕16号）等相关法律法规、文件精神，制定本办法。

第二条　邵阳市行政区域内高速公路及其连接线建设（包括服务区和附属设施）的征地拆迁补偿安置，适用本办法。

第三条　市国土资源局和相关县（市）国土资源局会同高速公路建设协调指挥部负责高速公路的建设征地拆迁补偿安置工作，经国土资源局委托的征地拆迁机构负责具体实施。

公安、交通、劳动保障、林业、农业、农经等部门及乡（镇）人民政府、村（居）委会按照各自的职责做好相关工作。

第四条　征地拆迁范围、面积和地类确定。

（一）征地拆迁范围：以高速公路施工图为依据，由业主单位现场放线并经国土资源部门验收确定的范围为准。

（二）征收土地面积计算：以实地丈量、登记的面积为计算依据，全线总面积误差不超过已批复的施工图面积的3%。误差为零的县、市，按征地补偿总额的2%给予奖励；误差控制在1%以内的，奖励1.5%；误愁控制在2%以内的，奖励1%；误差控制在3%以内的，按误差比率与奖励比率之和不超过3%的原则，酌情奖励。

（三）地类确定：以土地现状为基础，以土地利用现状图、实地勘测的结果及相关政策为依据。

第五条　征收土地的补偿标准：水田、旱土、专业菜地、专业渔池执行湘政办发〔2005〕47号文件规定，其他地类执行市政发〔2002〕17号文件规定。

根据湘政办函〔2008〕159号文件关于高速公路征地年产值取中值确定的规定，一般耕地及其他土地的土地补偿费和安置补助费之和为征地年产值的16倍，基本农田的土地补偿费和安置补助费之和为征地年产值的25倍，基本农田面积按耕地面积的87.63%确定。

第六条　根据湘政办发〔2005〕47号文件规定，以邵阳市区征地年产值为标准，邵东、武冈、洞口、绥宁县调整系数为0.9；邵阳县、新邵、新宁、隆回、城步调整系数为0.85。

房屋拆迁补偿标准以邵阳市区调整系数为1，其他各县市区不高于0.9。

第七条　退耕还林土地按林地补偿标准补偿。具体按省政府有关规定执行。

第八条　使用国有农用地的补偿，参照征收集体土地相应地类的补偿标准。使用国有建设用地的，划拨土地按土地成本补偿，出让土地进行地价评估后按评估价格补偿。其地上建构筑物的补偿参照城市房屋拆迁补偿有关规定执行。

第九条　高速公路建设项目土地征收方案经依法批准后，市、县两级人民政府国土资源主管部门应按照《征地公告办法》（国土资源部10号令）进行公告、登记。

征地拆迁机构应按照《征地暂行程序》(湘政办发〔2005〕51号)的规定,做好土地征收及地上附着物的拆迁补偿安置工作。

第十条　高速公路征地公告发布后,在拟征土地上抢栽、抢种、抢建或突击装修的,征地时一律不予补偿。

第十一条　高速公路建设施工确需临时用地的,按照《湖南省临时用地管理办法》(省政府令140号)执行。

临时用地应当支付的土地补偿费不低于该地类的年产值标准。临时用地应当交纳土地复垦押金,也可以由项目业主实行担保。占用耕地用于搅拌场、预制构件制作等场地的,其复垦押金不低于该耕地土地补偿费和安置补助费之和,占用其他土地的按3000元/亩交纳恢复复垦押金。由县人民政府设立专户,临时用地期满后,临时用地者恢复了土地原状并经验收的,退还押金;临时用地期满没有恢复的,复垦押金专项用于临时用地的复垦或由项目业主负责复垦。

第十二条　征收集体土地涉及的房屋等附着物拆迁,其补偿安置按照市政发〔2008〕16号文件执行。

第十三条　城市规划区外一律实行分散重建,城市规划区内实行集中统一重建或货币安置。

第十四条　城市规划区内实行统一重建安置的,按照市政发〔2008〕16号文件规定,其安置面积实行"拆一还一、保底封顶"。被拆正房建筑用地面积不足90m^{2}的,按90m^{2}安排,多于150m^{2}的只安排150m^2。被拆迁房屋有两本以上土地使用证的,其安置面积实行"拆一还一"的原则,其安置房屋总面积不得超过原被拆除房屋正房底层占地建筑占地面积。

城市规划区外符合申请建房用地政策的被拆迁人,其安置建房用地,占用耕地的不得超过120m^2,使用其他土地的不得超过160m^2,使用未利用土地的不得超过210m^2。

被拆迁人按本办法重建安置后,因家庭人口多符合申请建房条件的,按照农村建房的有关规定可另行申请宅基地。

第十五条　分散重建安置的过渡期为10个月。其他安置方式的过渡期按市政发〔2008〕16号文件执行。

第十六条　征收水塘按规定给予补偿后,确需重建的,另外给予

5000元/亩的造塘费，由被征地村、组自行造塘。

第十七条　对在规定期限内腾地拆迁的被拆迁户，按正房补偿总额的5%给予奖励。其中如期签订《房屋拆迁补偿安置协议》的奖励1%，按照协议约定如期腾地的奖励3%，按照协议约定提前5天腾地的奖励1%。

第十八条　本办法自颁布之日起实施。本办法实施前已实施的高速公路建设项目，其征地拆迁补偿安置办法按市人民政府原批准的政策执行。

参考文献

英文文献

[1] Arrow KJ, Social Choice and Individual Values, 2nd edition. , New York：Wiley, 1963.

[2] Brown R, Social Identity Theory, past achievements, current problems and future challenges, European Journal Social Psychology, 2000.

[3] Conbere, J. P, Theory building for conflict management system design, Conflict Resolution Quarterly, 2001.

[4] Erikson, Erik H. Childhood and Society, New York：Norton, 1950.

[5] F. Ewald, Insurance and Risk, In Burchell, G. , Gordon, C. and Miller, P. eds, The Foucault Effect：Studies in Governmentality, Hemel Hemstead：Harvester , Wheatsheaf, 1991.

[6] Gleason P, Identifying Identity, A Semantic History, The Journal of American History, 1983.

[7] Giddens, Moderntiy and Self – identity：, Self and Society in the Late Modern Age , Cambridge：Polity Press, 1991.

[8] Henri Tajfel, Social Identityand Intergroup Relations, Cambridge, 1998.

[9] H. Kunreuther, P. Slovic eds, Challenges in Risk Assessment and Academy of Political and Social Science, 1996.

[10] Hogg, M. A. & D. Abrams , Social Identifications：A Soical Psychology of Intergroup Relationsand Group Process, London：Routeledge, 1988.

[11] John A. Bargh and Katelyn Y. A. McKenna, The in – ternet and social life, Annual. Review of Psy – chology, 2004.

[12] Kawakami & Dion, 1993, 1994; Pettigrew, 1967; Wheeler, 1991.

[13] Louis. Zurcher JR, The Mutable Self: A Self - Concept for Social Change, 1977.

[14] Kelly J. S, Arrow Impossible Theorems, New York: Sprien gerver lag, 1979.

[15] Peters, P. E. Inequality and Social Conflict Over Land in Africa. Journal of Agrarian Change, 2004; review of Psychology. 1982.

[16] Sherif, M., Harvey, O. J. White, B. J., Hood, W. R., & Sherif, C. W.. Intergroup cooperation and competition: The Robbers Cave Experiment. Norman, OK. 1961.

[17] Suls J M, Miller R L. Social Comparison process, Theoretical and empirical perspectives., Washington, DC: Hemisphere Publication Services, 1977.

[18] See David L. Sills (ed.), International Encyclopedia of the Social Science, Vol. 15, Crowell Collier and Macmillan, Inc., 1968.

[19] Tilly, Charles, Social Movements, 1768 - 2004. Boulder, Colorado, USA: Paradigm Publishers, 2004.

[20] Turner, J. C., Hogg, M, A., Oakes, P, J., Reicher, S. D. & Wetherell, M, S, Rediscovering the Social Group, A Self - Cate gorizantion Theory, Oxford: Basil Black - well, 1987.

[21] Tajfel H. Differentiation Between Social Groups, Studies in the Social Psychology of intergroup Relations, chapters1 - 3. London: Academic Press, 1978.

[22] Tajfel H, Turner JC, The social identity theory of intergroup behavior, In Psychology of Intergroup Relations, Worchel S, Austin W (eds). Nelson Hall: Chicago, 1986.

[23] Tajfel H, Social psychology of intergroup relations, Annual, 1987.

[24] W. Lance Bennett, New Media Power, The Internet and Global Activism, Chapter in Contesting Media Power, Edited by Nick Couldry and James Curran, Rowman and Littlefield, 2003.

[25] Zaretsky, Eli, Identity theory, identity politics, psychoanalysis,

Marxism, post-structuralism, in Calhoun (ed.), 1994.

中文文献

著作类

[1] [美] 莫里斯:《社会运动理论的前沿领域》,刘能译,北京大学出版社 2002 年版。

[2] [美] 布坎南:《自由、市场与国家——80 年代的政治经济学》,平新桥、莫扶民译,上海三联书店 1989 年版。

[3] [美] 塞缪尔·亨廷顿:《我们是谁?——美国国家特性面临的挑战》,程克雄译,新华出版社 2005 年版。

[4] [美] 曼纽尔·卡斯特:《认同的力量》,曹荣湘译,社会科学文献出版社 2006 年版。

[5] [美] 科尔曼:《社会理论的基础》,邓方译,社会科学文献出版社 1999 年版。

[6] [美] 本尼迪克特·安德森:《想象的共同体:民族主义的起源于散布》,吴叡人译,上海人民出版社 2005 年版。

[7] [美] 肯尼思·阿罗:《社会选择与个人价值》,陈之武、崔之元译,四川人民出版社 1987 年版。

[8] [美] 吉尔伯特·罗兹曼:《中国的现代化》,陶骅译,江苏人民出版社 1995 年版。

[9] [英] 戴维·莫利:《认同的空间——全球媒介、电子世界景观和文化边界》,周宪等译,南京大学出版社 2001 年版。

[10] [英] 吉姆·麦克盖根:《文化民粹主义》,桂万先译,南京大学出版社 2001 年版。

[11] [英] 安东尼·吉登斯:《现代性与自我认同》,赵旭东、方文译,上海三联书店 1998 年版。

[12] [澳] 迈克尔·A. 豪格:《社会认同过程》,高明华译,中国人民大学出版社 2011 年版。

[13] [美] 道格拉斯·C. 诺思:《经济史中的机构与变迁》,厉以平译,上海三联书店 1994 年版。

［14］［印］阿马迪亚·森：《理性与自由》，李风华译，中国人民大学出版社2006年版。

［15］［美］阿瑟·奥肯：《平等与效率》，王奔洲译，华夏出版社1999年版。

［16］［美］塞缪尔·P.亨廷顿：《变革社会中的政治秩序》，王冠华译，上海三联书店1989年版。

［17］郑杭生：《减缩代价与增促进步》，北京师范大学出版社2007年版。

［18］郑杭生：《中国社会发展研究报告——走向更加有序的社会：快速转型期社会矛盾及其治理》，中国人民大学出版社2007年版。

［19］郑杭生：《中国社会发展研究报告——走向更有共识的社会：社会认同的挑战及其应对》，中国人民大学出版社2009年版。

［20］刘少杰：《经济社会学新视野》，社会科学文献出版社2005年版。

［21］刘少杰：《国外社会学理论》，高等教育出版社2006年版。

［22］沙莲香：《社会心理学》（第三版），中国人民大学出版社2012年版。

［23］冯仕政：《城市居民的阶层意识与社会认同：中国人民大学中国社会发展研究报告》，中国人民大学出版社2005年版。

［24］王春光：《巴黎的温州人——一个移民群体的跨社会建构行动》，江西人民出版社2000年版。

［25］李友梅：《重塑转型期的社会认同》，《社会学研究》2007年第2期。

［26］李友梅、肖瑛：《社会认同：一种结构视野的分析——以美德日三国为例》，上海人民出版社2007年版。

［27］赵鼎新：《社会与政治运动讲义》，社会科学文献出版社2006年版。

［28］孙立平：《博弈：断裂社会的利益冲突与和谐》，社会科学文献出版社2006年版。

［29］李强：《社会分层十讲》，社会科学文献出版社2008年版。

［30］杨宜音：《文化认同的独立性和动力性：以马来西亚华人文化认同的演进与创新为例》，华侨总会出版社2002年版。

[31] 周其仁:《产权与制度变迁》,北京大学出版社 2004 年版。
[32] 应星:《大河农民上访的故事》,上海三联书店 2001 年版。
[33] 应星:《"气"与抗争性政治:当代中国乡村社会稳定问题研究》,社会科学文献出版社 2010 年版。
[34] 王彦斌:《管理中的组织认同》,人民出版社 2004 年版。
[35] 廖小军:《中国失地农民研究》,社会科学文献出版社 2005 年版。
[36] 张海洋:《中国的多元文化与中国人的认同》,民族出版社 2006 年版。
[37] 吴敬琏:《洪范评论:征地与拆迁》,中国法制出版社 2007 年版。
[38] 华红琴:《社会心理学原理和应用》,上海大学出版社 2004 年版。
[39] 樊成玮:《拆迁冲突缓解机制》,中国民主法制出版社 2012 年版。
[40] 孙鹤汀:《征地纠纷的政治学分析——以 Y 市 Z 区城郊村为例》,知识产权出版社 2011 年版。
[41] 陈传峰:《被征地农民的社会心理与市民化研究》,中国农业出版社 2005 年版。
[42] 李慧中、张期陈:《征地利益论》,复旦大学出版社 2011 年版。
[43] 潘光辉:《失地农民:社会保障和就业问题研究》,暨南大学出版社 2009 年版。
[44] 胡守钧:《社会共生论》,复旦大学出版社 2006 年版。
[45]《马克思恩格斯选集》第三卷,人民出版社 1995 年版。
[46] 费穗宇、张潘仕等:《社会心理学辞典》,河北人民出版社 1988 年版。

论文类

[1] 刘少杰:《城市化进程中的认同分化与风险集聚》,《探索与争鸣》2011 年第 2 期。
[2] 刘少杰:《如何对待市场、政府和社会的权力关系》,《天津社会科学》2011 年第 6 期。
[3] 刘少杰:《网络化时代的权力结构变》,《江淮论坛》2011 年第 5 期。
[4] 刘少杰:《网络化时代的社会结构变迁》,《学术月刊》2012 年第

10 期。

［5］郑功成：《加入 WTO 与中国的社会保障改革》，《管理世界》2002 年第 4 期。

［6］杨立雄：《争论与分歧——对社会保障的最新研究》，《中国人口科学》2003 年第 2 期。

［7］王春光：《新生代农村流动人口的社会认同与城乡融合的关系》，《社会学研究》2001 年第 3 期。

［8］郭星华、刘正强：《初级关系变迁与民间纠纷解决》，《江苏行政学院学报》2009 年第 1 期。

［9］风笑天：《"落地生根？"——三峡农村移民的社会适应》，《社会学研究》2004 年第 5 期。

［10］杨荣国：《当代政治认同初探——试用卡斯特认同理论分析》，《内蒙古农业大学学报》（社会科学版）2009 年第 8 期。

［11］刘心红：《农民工认同初探——试用卡斯特尔认同理论进行分析》，《企业家天地》（下半月刊）（理论版）2007 年第 2 期。

［12］田经燚：《返乡农民工家乡认同感实证研究》，硕士学位论文，华中农业大学，2010 年。

［13］娄成武、刘力锐：《论网络政治动员：一种非对称态势》，《政治学研究》2010 年第 4 期。

［14］黄小虎：《重在纠正城市偏向——谈如何避免出现土地利用失控局面》，《中国土地》2003 年第 8 期。

［15］谭术魁：《中国土地冲突的概念、特征与触发因素研究》，《中国土地科学》2008 年第 4 期。

［16］杨华：《税费改革后农村信访困境的治理根源——以上访主要类型为分析对象》，《云南大学学报》（法学版）2011 年第 5 期。

［17］吕德文：《媒介动员、钉子户与抗争政治——宜黄事件再分析》，《社会》2012 年第 3 期。

［18］钱忠好、曲福田：《中国土地征用制度：反思与改革》，《中国土地科学》2004 年第 5 期。

［19］田先红：《当前农村谋利型上访凸显的原因及对策分析——基于湖北省江华市桥镇的调查研究》，《华中科技大学学报》（社会科学

版）2010 年第 6 期。

[20] 贺雪峰：《论熟人社会的选举——以关东 L 镇调查为例》，《广东社会科学》2011 年第 5 期。

[21] 贺雪峰、魏继华：《地利共享是中国土地制度的核心》，《学习与实践》2012 年第 6 期。

[22] 贺雪峰：《论村级权力结构的模化》，《社会科学战线》2001 年第 3 期。

[23] 周诚：《关于我国农地转非自然增值分配理论的新思考》，《农业经济问题》2006 年第 12 期。

[24] 梁爽：《土地非农化过程中的收益分配及其合理性评价——以河北涿州市为例》，《中国土地科学》2009 年第 1 期。

[25] 张世勇：《资源输入与乡村治理转型》，《中共宁波市委党校学报》2010 年第 6 期。

[26] 刘燕舞：《农地确权确地：实践及其出路——基于湖北省五个地区的调查思考》，《中共宁波市委党校学报》2011 年第 3 期。

[27] 贾林州、赵晓峰：《地权：回归村社，回归农民》，《中共宁波市委党校学报》2012 年第 1 期。

[28] 刘世定：《嵌入性与关系合同》，《社会学研究》1999 年第 4 期。

[29] 臧得顺：《臧村"关系地权"的实践逻辑——一个地权研究的分析框架的建构》，《社会学研究》2012 年第 1 期。

[30] 于建嵘：《当前农民维权活动的一个解释框架》，《社会学研究》2004 年第 2 期。

[31] 李怀：《坡市拆迁的利益冲突：一个社会学解析》，《社会学研究》2005 年第 3 期。

[32] 尹世杰：《关于消费环境的几个问题》，《消费经济》2006 年第 2 期。

[33] 陈平：《建立统一的社会保障体系是短视国策》，《中国改革》2002 年第 4 期。

[34] 白亮、金露：《近十年来我国社会认同研究评析》，《当代教育与文化》2002 年第 1 期。

[35] 张莹瑞、佐斌：《社会认同理论及其发展》，《心理科学进展》

2006 年第 3 期。

[36] 韩静:《社会认同理论研究综述》,《山西煤炭管理干部学院学报》2009 年第 1 期。

[37] 张静:《土地使用规则的不确定:一个解释的框架》,《中国社会科学》2003 年第 1 期。

[38] 赵爽:《论失业失地农民市民化的制度障碍与途径——基于就业保障城乡一体化的视角》,《中州学刊》2007 年第 3 期。

[39] 聂鑫、汪晗、张安录:《城镇化进程中失地农民多维福祉影响因素研究》,《中国农村观察》2013 年第 4 期。

[40] 陈平:《建立统一的社会保障体系是短视国策》,《中国改革》2002 年第 4 期。

[41] 杨立雄:《争论与分歧——对社会保障的最新研究》,《中国人口科学》2003 年第 2 期。

[42] 涂四益:《从拆迁到征收——当下中国拆迁面临的问题、出路及难点》,《法学评论》2010 年第 3 期。

[43] 靖建新、王兰锋:《Erikson 的自我同一性理论及其评价》,《华北水利水电学院院报》(社会科学版) 2008 年第 1 期。

[44] 赵志裕、温静、谭俭邦:《社会认同的基本心理历程——香港回归中国的研究范例》,《社会学研究》2005 年第 2 期。

[45] 孟红莉:《对农民工群体的社会认同的探讨》,《石河子大学学报》(哲学社会科学版) 2005 年第 3 期。

[46] 方英:《农民工的职业认同与和谐社会的构建》,《农业考古》2006 年第 3 期。

[47] 张文宏、雷开春:《城市新移民的社会认同的结构模型》,《社会学研究》2009 年第 4 期。

[48] 单松:《城市拆迁过程中的被拆迁者心理分析》,《辽宁行政学院学报》2011 年第 2 期。

[49]《中共中央、国务院关于加快发展现代农业,进一步增强农村发展活力的若干意见》,2013 年中央一号文件。

[50]《国有土地上房屋征收与补偿条例》,2011 年 1 月 19 日国务院第 141 次常务会议通过。

［51］李友梅：《从财富分配到风险分配：中国社会结构重组的一种新路径》，http：//www.aisixiang.com/data/24218.html。

［52］《征地补偿低致矛盾频发 改革要动地方政府奶酪》，http://news.jn.soufun.com/2012-11-12/8950279.htm。

［53］应星：《草根动员与农民群体利益的表达机制》，《社会学研究》2007年版。

［54］方文：《群体资格：社会认同事件的新路径》，http://www.sachina.edu.cn/Htmldata/article/2009/01/1755.html。

［55］胡锦涛在省部级主要领导干部专题研讨班的讲话，新华网2005-06-26。

［56］《全国主要城市土地收入翻倍》，《深圳商报》2010年1月3日第1版。

［57］张天潘：《土地有偿出让，背后一把大剪刀》，《南方都市报》2012年1月8日第A01版。

［58］钱昊平、涂重航：《土地纠纷已成影响农村社会稳定首要问题》，《新京报》2010年11月5日。

［59］段修建：《记者调查发现南京郊区农民不想种地盼拆迁致富》，《新京报》2011年2月10日。

［60］郑凤田：《农民为什么盼征地》，《中国经济周刊》2012年第49期。

后　　记

  中国城市化的进程，从某种意义上说，几乎可以缩写为"征地拆迁"四个大字，两者如影随形，由此而导致的社会冲突，早已成为上至中央，下至普通百姓，广至社会各界普遍关注的热点焦点问题。在本书写作过程中，恰逢老家宅基地因修建高铁而被征收，老父亲当时因难舍而悲戚的神态，让我至今忆起，心里依旧隐隐作痛。在后来的实地调查过程中，面对被征地拆迁农民的各种诉求，我特别能感同身受，当然，我始终没有忘记自己作为"研究者"的身份，力求"价值中立"地去看待征地拆迁矛盾。只是，在殚精竭虑的写作过程中，使得我有时难以避免地抑郁，甚至是焦虑。一个时代的问题并不是个人的力量所能解决的，而对于涉及制度、结构、利益等极具复杂性的征地拆迁问题，更是如此，它加深了中国社会的结构分化、认同分化和社会矛盾的频发，也加剧了城市化的风险，从而使得分析和解决这个问题充满了挑战和困难，同时也使得和谐拆迁应然成为一种时代使命而更加凸显。在这伟大的时代使命面前，我竭尽所能，在彷徨中探索和前行，微弱的呐喊，哪怕只是自己能听见，于我而言，亦觉无憾。欣慰的是，至本书完成之时，国家和政府相关征地拆迁的制度和政策得到了进一步的完善，为政者的和谐拆迁理念进一步加强，老百姓的利益诉求渠道进一步拓宽，特别是网络社会的发达更是为底层百姓发出自己的声音提供了更为便捷的通道，和谐拆迁正在成为一种新常态。

  伴随本书撰写的心路历程，虽然有着刻骨铭心的艰难，但一路走来，却始终沐浴爱的阳光，心中充满感恩，感恩这个时代，感恩这个社会，感恩我的老师，感恩我的亲人和朋友。

  感恩我的博士生导师，中国人民大学刘少杰教授，本书能得以顺利完成，得益于先生的精心指导和悉心点拨。本书完成后，先生欣然为本

后 记

书作序，更是对我莫大的鞭策和鼓励！我在人大的求学生涯里，得益于先生的治学严谨和宽大包容。先生雅达慈惠，德学齐馨，开启新途，点拨迷津，格心品行，学生没齿难忘，亦将秉行终生！在此，特向尊敬的先生致以最崇高的敬意！

感恩我的硕士生导师，中共中央党校向春玲教授，本书撰写过程中，先生不遗余力，及时点拨，时刻鼓励，让我总是能充满信心，走出迷惘！我虽已毕业多年，但先生对我的关爱，一如既往，学生感动！在此，特向尊敬的先生致以最诚挚的谢意！

感谢湖南涟源市谢学农市长，涟源市经济开发区刘乐根主任，湖南娄底娄星区曾晚生区长，湖南岳阳临湘五里牌乡刘庆明乡长，湖南长沙岳麓区征地办邓焰龙主任，没有你们的热情支持，本书的实地调查根本无法进行！没有你们的全程参与，本书的问卷调查和深度访谈根本不可能完成！感谢样本区县、街道、社区参与本项目座谈、问卷调查的同志们，唯恐遗漏，不再一一例举，但你们的友情支持、无私帮助会永远铭记在我的心中！祝福你们一切安好！

感谢湖南省委党校的领导和同事们，给我提供了学习的平台，让我能有充裕的时间进行研究，保证了本书的顺利完成。

感恩我最敬爱的父亲和母亲，感恩我最亲爱的先生和儿子，是你们的温暖和包容给了我无尽的学习动力和生活希翼；是你们始终如一的鼓励和支持让我潜心完成本书的写作；感恩你们一直以来的默默付出！

本书的完成得到全国哲学社会科学规划基金青年项目的经费资助，在此表示感谢！

我不知道永远有多远，但我知道，这份感恩与感谢却是永远的！我不知道永久有多久，但我知道，我这份回报与回谢是永久的！

是起点终会有终点，有开始总会有结束。优美与崇高、雅致与神圣在追寻中时隐时现，但终归远去，理性与理智、清晰与清显在探究中时有时无，但终究光顾。在执著之中，在艰苦之际，本书终于得以付梓，心中虽诚惶诚恐，惟精惟危，但在努力前行的路上，我无怨无悔，面对未来，道路更加清晰，信念更加坚定……

周爱民
2015 年 10 月 7 日于岳麓山下